elefante

conselho editorial
Bianca Oliveira
João Peres
Tadeu Breda

edição
Tadeu Breda

revisão técnica
Rosane Borges

preparação
Natalia Engler

revisão
Daniela Uemura

projeto gráfico & diagramação
Leticia Quintilhano

direção de arte
Bianca Oliveira

bell hooks

tradução
Stephanie Borges

olhares negros
raça e representação

*Dedico este livro a todos nós que amamos
a negritude, que ousamos criar no dia a dia de
nossas vidas espaços de reconciliação e
perdão onde deixamos vergonhas,
medos e mágoas do passado, e nos seguramos
uns nos outros, bem próximos.*

*Somente o ato e a prática de amar a negritude
nos permitirá ir além e abraçar o mundo sem
a amargura destrutiva e a raiva coletiva corrente.*

*Abraçar uns aos outros apesar das diferenças,
além do conflito, em meio à mudança,
é um ato de resistência.*

*Sou especialmente grata àqueles que me
mantiveram bem perto; aos que me desafiaram
a viver a teoria num lugar além das palavras
(a vocês, Angela, Anthony, Anu, Gwenda, Julie,
Karen, Paul, Susan, Valeria, e aos não nomeados
de quem meu coração se lembra).*

prefácio à edição brasileira
    das perspectivas que inauguram novas visadas
    Rosane Borges, 08

prefácio à nova edição, 24

introdução
    atitude revolucionária, 30

01. amar a negritude como resistência política, 42
02. comendo o outro: desejo e resistência, 62
03. mulheres negras revolucionárias: nos transformamos em sujeitas, 94
04. vendendo uma buceta quente: representações da sexualidade da mulher negra no mercado cultural, 126
05. um desafio feminista: devemos chamar todas as mulheres de irmã?, 152
06. reconstruindo a masculinidade negra, 166
07. o olhar opositor: mulheres negras espectadoras, 210
08. filmes de Micheaux: celebrando a negritude, 238
09. Paris está em chamas?, 256
10. Madonna: amante da casa-grande ou irmã de alma?, 276
11. representações da branquitude na imaginação negra, 290
12. "renegados" revolucionários: americanos nativos, afro-americanos e indígenas negros, 312

bibliografia selecionada, 338

sobre a autora, 348

prefácio à
edição brasileira

das perspectivas que inauguram novas visadas
Rosane Borges

Costuma-se afirmar que cada tempo possui configurações e desafios políticos específicos. O século XIX, pedaço da história em que o homem ocidental se afirma como sujeito que conhece e pensa por meio das representações do mundo, colhe os frutos da revolução tecnocientífica: foi uma época de crença entusiasmada na noção de progresso e na filosofia da consciência. Um tempo em que certa concepção de humanismo apostava na civilização, na felicidade e na realização individual. O sintoma de que algo não ia bem num contexto tão alvissareiro vem com a psicanálise, fundada por Sigmund Freud.

O século XX é visto como o século tanto do átomo e do cosmos quanto da linguagem, momento em que as promessas do projeto de modernidade, tão em voga no XIX, passaram por duras reavaliações. A barbárie, vista na versão edulcorada do XIX como algo soterrado em camadas distantes da nossa história, volta assustadoramente com as duas grandes guerras mundiais, reacendendo os faróis do desamparo e do horror. Os filósofos da decepção diriam que o céu de brigadeiro pintado pelo

Iluminismo fora uma ilusão. Mais do que uma ideia linear de progresso, o século XX, pelo triunfo do capitalismo e da tecnociência, nos ensinou que o projeto de modernidade carrega em seu germe a ideia de perpétua crise, que se fez sentir por todos os terrivelmente outros, não contemplados por uma concepção de humano e humanismo: negros e indígenas, asiáticos e africanos.

Seguindo a tarefa de etiquetar os momentos históricos, eu arriscaria dizer que a nossa época, o século XXI, está sendo marcada por embates na ordem do imaginário, por uma guerra de imagens e signos, por uma sede de representação e visibilidade — até análises sobre o Estado Islâmico buscam no estatuto da visibilidade e da sociedade do espetáculo as chaves de compreensão desse fenômeno complexo. Não sem motivos, entre as certezas que cultivamos, ainda que provisórias, em tempos tão voláteis, seguro-me a essa ideia de modo ferrenho, como um horizonte epistêmico.

Não podemos desconsiderar que a proeminência desse traço reacendeu uma discussão bizantina, que se perde sob os lençóis do tempo: as supostas altercações entre universalistas e particularistas — ou identitaristas, para alguns.

Presos a uma concepção (decadente) legada pela modernidade, os que caem nessa armadilha (universalistas *versus* identitaristas) reduzem as reivindicações dos grupos historicamente discriminados a uma questão específica, identitária, como se identidade fosse coisa pouca. Pior: acusam esses grupos de desviarem a luta fundamental (contra o capitalismo, contra as estruturas) para caminhos curtos, adiando ou inviabilizando as mudanças necessárias, que ganhariam força quando levadas adiante por sujeitos indistintos, sem marcadores de raça, gênero ou orientação sexual, entre outros.

As discussões em torno das novas ordens de representação e novos regimes de visibilidade habitam o coração da política global contemporânea, que tem como um de seus principais fundamentos a indissociabilidade entre *política* e *representação*. Nessa chave, é preciso defender uma ação transformadora capaz de encontrar maneiras de (re)inventar um mundo possível, numa perspectiva estética, ética e política. As antigas ordens de representação, agora em crise, mostram-se incapazes de abarcar o "mosaico possível de acepções do humano", o que supõe a tarefa de fundar uma nova gramática política, livre das orientações de um pensamento oxidado. Não se deve reduzir a questão ao par *universalismo* e *particularismo*, no qual muitos querem alocá-la.

Eis que a Elefante traz ao público brasileiro uma obra inescapável para pensarmos tais questões, que afligem e fraturam o mundo contemporâneo. *Olhares negros: raça e representação*, da feminista negra norte-americana bell hooks. Por diversos motivos, esta publicação é motivo de celebração e ampla difusão.

Considerando a nova configuração do mundo, conforme esbocei brevemente acima, bell hooks se dedica a empreender uma crítica dos produtos e dispositivos da indústria cultural (filmes, livros, programas televisivos, ícones da cultura pop) que circulam na atmosfera do tecnocapitalismo planetário, da cultura-mundo, das trocas comunicativas que se intensificam por força da ubiquidade das redes de comunicação e expressão.

Oportunamente, podemos questionar: o que uma crítica ainda pode realizar se, desde a dissolução dos movimentos de emancipação, vivenciamos uma monotonia da teoria? O que ela ainda tem a nos dizer em tempos tão cansados de teoria?

Se "cada crítica é um trabalho pioneiro na dor do tempo e um pedaço de uma cura exemplar", como anunciou o filósofo alemão Peter Sloterdijk, *Olhares negros* é uma obra que incide nas dores do nosso tempo enquanto oferece a cura. De maneira arguta, a autora esclarece qual o objetivo e a quem o livro se destina: trata-se, segundo ela, de reflexões que levam, antes, a questionar os pontos de vista, a perspectiva que recorta e orienta nossa visão de mundo, principalmente quando a tela é emoldurada pelas pessoas negras e pelos signos da negritude. O foco se desloca das práticas costumeiras que se dedicam a pensar apenas nos bons e maus conjuntos de imagens. Em suma, o livro se volta a espectadores, na síntese de bell hooks.

Necessário se faz estacionarmos um pouco mais neste tópico (do ponto de vista, do espectador, de sua perspectiva), pois ele fundamenta todas as escolhas e opções teóricas e analíticas do livro, ao mesmo tempo que se presta para dimensionar a centralidade dos dispositivos do olhar para os modos de existência contemporâneos. Num mundo em que *o olhar* se tornou o neovalor do capital, como pensar as políticas da imagem, as relações de poder em torno dos regimes de visibilidade? Qual a potência de *Olhares negros* para promover deslocamentos nos sistemas de representação numa sociedade profundamente centrada na visão, na imagem e na tela?

É de dentro do edifício moderno que bell hooks aponta as suas bases carcomidas, convidando-nos a desertar dele. Mas o convite não é feito sem consequências: ao apontar o caráter traumático da experiência colonial, realçando o laço indissolúvel entre dominação e representação, ela nos oferece outro lugar, o lugar dos gestos de desobediência, da atitude revolucionária, para laborarmos em prol da emergência de outras ordens de representação que supõem a adoção de outros olhares.

Essa atitude revolucionária a que ela se refere tem, megalomania à parte, o estatuto da revolução copernicana, uma vez que bell hooks não apenas reivindica uma transformação nos modos de ver, mas questiona qual olhar é esse que vê. Ao fazê-lo, nos põe em uma das veias por onde pulsa o projeto moderno: ao sujeito racional, senhor de si, que pensa pela sua própria consciência, corresponde um sujeito que organiza a cena do mundo, que se institui como onividente universal.

Sabe-se que a função do olhar sofre uma mudança significativa na sociedade moderna. Para os povos antigos, o olhar tinha relação com o conhecimento e o desejo. A desconcertante *História do olho*, de Georges Bataille, nos leva a perceber, por meio de uma composição metafórica, que o olho passa por variações, adotando certo número de objetos substitutivos, conservando sempre seu aspecto voraz.

Voracidade que se pode perceber na "dimensão maquínica" (fotografia, cinematógrafo, televisão/vídeo e imagem da informática) que produz e articula os discursos contemporâneos. As invenções tecnológicas da modernidade impactaram diretamente a construção do visível, modificaram a cultura e os sujeitos, constituíram um universo visual congestionado. O apelo à transparência e à visibilidade, a tirania da vigilância eletrônica (câmeras, imagens a partir de satélites, internet e redes virtuais), reposicionaram várias questões alusivas à *função do olhar* na contemporaneidade.

Segundo Jacques Lacan, "a função do olho pode levar quem procura esclarecê-la a longínquas explorações. Desde quando, por exemplo, a função do órgão, e logo de saída sua simples presença, apareceram na linhagem do vivo?". É do conhecimento filosófico que provém um painel de referências sobre o olhar: a relação com o *saber* e o *desejo*, as distinções entre *ver* e *olhar*, os pontos de interseção entre o *inteligível* e o *sensível*, foram alguns dos temas recorrentes nas explorações filosóficas desde a Antiguidade.

Cotejando as concepções do olhar ao longo da história, Antonio Quinet diz que a investigação da Antiguidade tem algo a nos ensinar sobre o olhar da contemporaneidade, mas que foi apagado pela episteme da representação, marca do classicismo. O que seria esse algo que a filosofia antiga tem a oferecer e que foi apagado pela fenomenologia da percepção e pela óptica geometral? Sumariamente, seriam o *desejo*, o *visível* e o *gozo*, retomados pela psicanálise e rearticulados por bell hooks a partir de outras demandas.

Essa soberania do olhar não mais pelo viés do encantamento, mas pelo campo geometral, vai fazer com que a psicanálise opere aí também uma virada ontológica. O "*cogito*" do olhar cartesiano parte do entendimento de que o homem olha e organiza a cena do mundo, é um onividente universal. Retomando alguns princípios da filosofia antiga, Freud (com a pulsão escópica) e Lacan (com o objeto olhar) retomam a temática do olho não como fonte da visão, mas do desejo, da libido. Esse ponto de vista subverte os postulados da ciência moderna. Entre eles, destaco: "eu só vejo de um ponto, mas em minha existência sou olhado de toda parte [...] para começar, preciso insistir nisso — no campo escópico, o olhar está do lado de fora, sou olhado, quer dizer, sou quadro".

Essas ideias-estrela irão sustentar algumas subversões: não somos, por assim dizer, espectadores privilegiados dos fenômenos que nos rodeiam; ao contrário, há um olhar que vem de fora e que nos captura de forma inexorável. É na esteira da fenomenologia de Maurice Merleau-Ponty que Lacan vai postular uma preexistência do olhar, um dado a ver, tomando o olhar como um objeto — objeto "a", objeto de instauração da falta, do desejo.

As capas de *Olhares negros*, em suas duas edições norte-americanas, incidem sobre essas questões: bell hooks esclarece que, na primeira edição, escolheu a fotografia de uma jovem nativa norte-americana de pele marrom. Na segunda, optou pela imagem de sua avó materna, uma mulher negra indígena, Sarah Oldham, filha de uma mulher cherokee (ver pp. 16-17).

olhares negros e as novas epistemes visuais

Com essa operação, que é a um só tempo teórica, analítica e metodológica, bell hooks elabora um roteiro capaz de construir diques que contenham o reforço sistemático e a reescrita renovada da supremacia branca. Cada capítulo se mostra como uma plataforma potente para fazer surgir outro olhar e outros sujeitos. Não é à toa que a pensadora feminista intitula seu primeiro capítulo de "Amar a negritude como resistência política". Também não é à toa que se alinha a verdadeiros faróis da reflexão e da ação política, como Malcolm X, Stuart Hall e James Cones (o teólogo que ousou elaborar um questionamento crítico da branquitude), o que se mostra suficiente para criticar os "monumentos brancos" que abordam o tema do reconhecimento do outro e da aceitação da diferença sem se desapegar das noções de semelhança, a exemplo do filósofo pragmatista e liberal Richard Rorty. A cultura de resistência requer uma avaliação de como a supremacia branca impacta coletivamente nossas psiques.

O segundo capítulo — "Comendo o Outro: desejo e resistência" — faz morada no núcleo do livro: a diferença cultural e a Outridade como commodities para o usufruto de quem se reafirma hegemônico. bell hooks demonstra como a fascinação do Ocidente com o primitivo tem a ver com a sua própria crise de identidade: "do ponto de vista do patriarcado supremacista branco capitalista, a esperança é que os desejos pelo 'primitivo' ou fantasias sobre o Outro possam ser exploradas de modo contínuo, e que tal exploração ocorra de uma maneira que reforce e mantenha o status quo".

A voracidade do olhar racista e sexista é exercida devorando corpos e culturas sem que haja uma redistribuição imaginária e real dos

Capa da primeira edição de *Olhares negros*, publicada pela editora South End Press em 1992. A foto foi extraída do livro *The Black West* [O oeste negro], de William Loren Katz, publicado pela Open Hand em 1987.

Foto de capa da segunda edição de *Olhares negros*, publicada pela editora Routledge em 2015, que traz um retrato da avó materna de bell hooks, Sarah Oldham, uma mulher negra indígena.

lugares dos sujeitos que têm o poder (os que olham e consomem) e dos que não têm (os que são vistos e são mercadorias de olhares).

Em "Mulheres negras revolucionárias: nos transformamos em sujeitas", tema do terceiro capítulo, hooks se ocupa de ressaltar o protagonismo das mulheres negras para a construção de uma subjetividade negra radical. Antes, porém, delineia uma trajetória que flagra as dificuldades dessa construção, em virtude das narrativas de vitimização e auto-ódio que se tornaram predominantes para tipificar mulheres negras. bell hooks defende a ideia de que as experiências de luta das mulheres negras sejam consideradas para além do registro da dor e da falta. Pensar em termos plurais é a saída para que as nossas identidades sejam recuperadas fora do escopo das noções ocidentais de um ser unitário, como se fosse um bloco monolítico. As definições de um novo self das mulheres negras resulta de imagens que são constantemente reatualizadas nas narrativas ficcionais contemporâneas, sejam escritas ou visuais.

Tais reatualizações são escrutinadas no quarto capítulo, "Vendendo uma buceta quente: representações da sexualidade da mulher negra no mercado cultural". De Josephine Baker, passando por Tina Turner e Naomi Campbell, a autora demonstra como o imaginário de uma sexualidade objetificada se encarna nas mulheres negras que compuseram as diversas esferas do estrelato em diferentes épocas do século xx. O corpo da sul-africana Sarah Baartman é o paradigma que oferece elementos para reafirmar uma sexualidade e uma corporeidade desviante ou exótica. Mas, como venho insistindo, não há rituais sem falhas, e os contradiscursos estão aí para estabelecer novos *frames*. bell hooks menciona os filmes *Dreaming Rivers* (1989) e *The Passion for Remembrance* (1986), produzidos pelo coletivo negro britânico

Sankofa, como contrapontos importantes. Ela destaca ainda a produção fílmica de algumas diretoras como referências que se opõem a visões tradicionais da sexualidade das mulheres negras, tal como o filme de Kathleen Collins, *Losing Ground* (1982).

Como se vê, o trajeto percorrido por bell hooks é pontilhado de dificuldades, armadilhas, desafios. Uma das expressões dessas dificuldades é tratada no quinto capítulo, "Um desafio feminista: devemos chamar todas as mulheres de irmã?", em que ela se detém, de maneira detalhada, nas denúncias de uma mulher negra, Anita Hall, contra o juiz Clarence Thomas. O episódio diz respeito às declarações públicas de Hall de que fora assediada sexualmente por Thomas, na época em que o magistrado foi indicado para a Suprema Corte dos Estados Unidos. O drama evidencia a força do patriarcado supremacista branco capitalista, que possibilitou a um homem negro, fora de sua lógica, integrar-se nele provisoriamente para deslegitimar uma mulher negra.

De que modo pensar, então, em outras projeções da masculinidade negra? Essa é a questão que orienta o capítulo seis, "Reconstruindo a masculinidade negra", normalmente vista como rasa e unidimensional. Para bell hooks, as representações estreitas da masculinidade negra "perpetuaram estereótipos, mitos, e apresentaram relatos unidimensionais. Homens negros contemporâneos foram moldados por essas representações". Desafortunadamente, ao tentar escapar dos estereótipos racistas, alguns homens negros não conseguem criticar as normas da cultura dominante sobre a identidade masculina, fazendo com que se tornem reféns de uma idealização falocêntrica de masculinidade.

Mas o mesmo olhar que subjuga, aprisiona, reduz e destitui pode sofrer processos inversos e se converter em um olhar insurgente. Novamente bell hooks convoca o papel das mulheres na condição de sujeitas dos modos de ver. O sétimo capítulo, "O olhar opositor: mulheres negras espectadoras", oferece o outro lado da moeda. Como pensar na agência de mulheres negras (e homens negros também) sob a regência do olhar, considerando que "as políticas da escravidão, das relações de poder racializadas, eram tais que os escravizados foram privados de seu direito de olhar". A imbricação entre as relações de poder, as políticas da imagem e o dispositivo do olhar ganha centralidade neste item, enredando-nos nas temáticas gerais sobre as quais o livro se movimenta.

Nos capítulos oito e nove, "Filmes de Micheaux: celebrando a negritude" e "Paris está em chamas?", respectivamente, bell hooks irá examinar as imagens que supostamente desafiam e rompem com as representações convencionais da negritude, abrindo um leque de possibilidades para as identidades provisórias fornecidas pela performance do *crossdressing* e da *drag queen*, e de que maneira isso significa, para homens negros, um cota menor de poder, uma falta.

Os três últimos capítulos nos levam por pautas de intervenção a partir de situações em que um eu hegemônico e um Outro subalternizado duelam em torno das apropriações culturais de ambos. Em "Madonna: amante da casa-grande ou irmã de alma?", bell hooks levanta questões pertinentes para o debate sobre o amor declarado de pessoas brancas à negritude. Mais do que amor, a autora fala de inveja (notemos: a expressão vem de *invídia*, que deriva do latim como noção de ver, *videre*), que é sempre capaz de destruir, apagar, dominar e consumir o objeto de seu desejo: "É exatamente isso o que Madonna tenta fazer quando se apropria de aspectos da cultura negra e os transforma em mercadoria".

Mas, o que dizer quando o Outro subalternizado tenta assimilar os símbolos da branquitude? Como reposicionar a questão da alteridade nesse processo que advém de uma recusa de si? Provocações de ordem filosófica e política desfilam no capítulo onze, denominado "Representações da branquitude na imaginação negra".

O último capítulo apresenta, como era de se esperar, um roteiro propositivo para o combate da supremacia branca capitalista. Adequadamente, bell hooks aponta os fios de conexão que poderão aproximar os não hegemônicos: americanos nativos, afro-americanos e indígenas negros.

Ao percorrer essa variedade de reflexões, não há como negar que *Olhares negros* é um livro que nasce clássico, desafiando as políticas de visibilidade e as noções de representação, levando em conta o que significou e significa o processo de colonização e de dominação nos países marcados pela pior tragédia da humanidade: a escravidão transatlântica. bell hooks reafirma sua vocação de intelectual negra feminista que, de onde vê e intervém no mundo, oferece ferramentas teóricas e práticas para reescrever a história dos dominados. Tal reescrita não terá êxito se não implodir as formas de organização do olhar que esculpiram as pessoas negras e os símbolos da negritude como objetos que se prestam à espoliação e ao consumo.

Este livro é, portanto, uma referência obrigatória para os estudos visuais, as teorias da representação e do reconhecimento e os tratados sobre política global. Nas reivindicações por outras incidências do imaginário, é preciso requerer que os sentidos e os significantes asfixiados pela lógica da dominação ganhem vida e circulem socialmente como discurso, pois, como bem lembrou o psicanalista Alain Didier-Weill, "o significante não detém somente o poder de anular o sentido do código, como nos imprevistos, ele é também a pedra angular que pode ser substituída pelo rebotalho, pela escória: no lugar onde o real não teve acesso ao simbólico, jaz, prescrito, o significante, que pode voltar e recuperar aquilo que, um dia, deixou cair".

Olhares negros é um regresso em busca daquilo que as narrativas hegemônicas "deixaram cair" ao longo da história. Consolida-se como uma obra que nos impõe um compromisso ao mesmo tempo epistemológico e ético.

Rosane Borges é jornalista, pós-doutorada em ciências da comunicação, professora e colaboradora de grupos de pesquisa sobre estética e vanguarda e teorias e práticas feministas na Universidade de São Paulo (USP) e na Universidade Estadual de Campinas (Unicamp). É autora de *Esboços de um tempo presente* (Malê, 2016) e co-organizadora de *Espelho infiel: o negro no jornalismo brasileiro* (Imprensa Oficial do Estado de São Paulo, 2004) e *Mídia e racismo* (DP et Alii, 2012).

prefácio à
nova edição

Nenhum livro de crítica cultural que eu tenha escrito é tão essencial para a nossa compreensão das ligações entre raça, representação, questões de autodefinição das pessoas negras e a descolonização de todos nós quanto *Olhares negros*. E, no entanto, este é um livro que eu desejaria de todo o coração que já tivesse perdido relevância, pois, se assim fosse, uma significativa revolução de valores teria acontecido em nossa sociedade, e então não seríamos mais bombardeados por imagens profundamente negativas do que é ser negro: imagens que atacam a psique de todos.

Desde que *Olhares negros* foi publicado pela primeira vez, passou a existir um corpus crescente de crítica cultural que explora e desconstrói a associação entre o auto-ódio internalizado pelas pessoas negras e o consumo constante de representações odiosas, em especial nos domínios da cultura popular. Apesar da existência desses trabalhos, que estimulam todos a se manter criticamente vigilantes em relação às imagens das quais nos cercamos, as imagens que consumimos na mídia de massa continuam a apresentar ao público global as mesmas velhas representações prejudiciais. Ironicamente, embora muitas pessoas negras tenham se tornado produtoras, diretoras e roteiristas, muito do que elas produzem segue os mesmos padrões da cultura dominante imperialista supremacista branca[1] capitalista patriarcal.

Nós que militamos em favor da causa antirracista continuamos insistindo que a supremacia branca e o racismo não terão fim enquanto não houver uma mudança fundamental em todas as esferas da cultura, em especial no universo da criação de imagens. Ainda assim, quando imagens libertadoras são criadas e apresentadas no mercado cultural, é difícil disseminar novas ideias, novas visões. Ao mesmo tempo, trabalhar dentro das restrições de uma estética racista traz dinheiro, fama e atenção, sobretudo na cultura popular, enquanto é muito fácil que a ênfase em imagens libertadoras seja escanteada.

Desde a primeira edição de *Olhares negros* houve um aumento no número de indivíduos negros que se tornaram super-ricos produzindo cultura popular. O ator e diretor Tyler Perry é um exemplo perfeito de artista negro que trabalha com representações estereotipadas negativas e direciona seu trabalho para audiências de massa. A maioria dos espectadores que acompanha seu trabalho é de pessoas negras. E nenhuma crítica o fez interrogar sua relação com a raça e a representação. Quando o gênero é uma questão, o machismo é a ordem do dia — isso também com outros homens negros diretores de cinema. O popu-

---

1. Os termos "supremacia branca" ou "cultura supremacista branca", mencionados várias vezes neste livro, não estão ligados a ideologias de pureza racial, mas a circunstâncias relacionadas à ideologia racista e ao colonialismo, em que as narrativas culturais e a produção de conhecimento partem do ponto de vista de pessoas brancas. Daí a existência de tantos protagonistas brancos na literatura e no cinema, e a leitura de teóricos brancos, especialmente europeus, dispensando perspectivas de negros e indígenas, que foram definidos como inferiores pelo pensamento racista/colonial. [N.T.]

lar *12 Anos de Escravidão* (2013) apresenta diversas imagens da masculinidade negra, enquanto oferece às audiências os mesmos velhos estereótipos negativos de mulheres negras sexualmente licenciosas, nuas, estupradas ou surradas.

Acompanhando o sucesso crescente da *drag queen* RuPaul — que criou uma imagem de beleza da "mulher" negra, reforçando uma estética de cabelos longos loiros lisos, uma aparência que sugere "se não posso ser uma mulher branca, posso pelo menos parecer uma cópia da coisa real" —, artistas, atletas, estrelas de cinema e cantoras negras começaram a ficar loiras. Isso abriu o caminho para Beyoncé, uma jovem cantora negra, alcançar estrelato e riqueza sem precedentes. Na capa da revista *Time* como uma das cem pessoas mais influentes do mundo, ela usa seus cabelos loiros soltos, longos e lisos. Ao preservar essa construção da branquitude, vestindo calcinha e sutiã, Beyoncé dá continuidade ao estereótipo segundo o qual mulheres negras são mais ativas e abertas sexualmente que outros grupos de mulheres. A atriz Laverne Cox é retratada em outra capa da revista *Time* com cabelos loiros longos e uma silhueta hipersexualizada.

A aparente adoração e reverência por ideais de beleza que brotam de uma estética supremacista branca não é mais questionada. Aqueles indivíduos dissidentes que fizeram e dispararam críticas relacionadas a raça e representação, desafiando o consumo passivo e a aceitação dessas imagens, são desconsiderados por terem "uma visão estreita" ou por adotarem uma política de "respeitabilidade". Quando o comediante negro Dave Chappelle desistiu de seu contrato de cinquenta milhões de dólares para mais uma temporada de sua série de TV porque sentiu que estava sendo obrigado a interpretar de uma forma que reforçava estereótipos racistas, ele foi totalmente caluniado e massacrado pela mídia, apresentado como "louco". E, mesmo depois de ter aparecido no *The Oprah Winfrey Show* e compartilhado com o público suas preocupações de que as imagens que cria sejam pautadas pela ética, de que sejam socialmente responsáveis, sua carreira não foi mais a mesma.

Corajoso, Chappelle falou com franqueza sobre seu desejo de criar imagens que não reforçassem o ódio contra a negritude. Ele observou que comediantes negros foram encorajados ao longo da história a se apresentar de *drag*, vestidos como mulheres (e eu acrescentaria que de forma machista e racialmente preconceituosa, representando mulheres negras como agressivas, masculinizadas e raivosas), e sua recusa em continuar com essa tradição foi vista como um gesto de desobediência hostil. O tratamento que a mídia de massa deu a Chappelle certamente enviou uma mensagem clara sobre o tipo de comportamento obediente exigido para se fazer sucesso.

Nem a presença de um presidente negro na Casa Branca contestou de alguma forma ou mudou as representações odiosas da masculinidade negra. Simultaneamente, durante seu período como primeira-dama, Michelle Obama foi representada pela mídia de massa como raivosa, castradora, má, todas as maneiras odiosas recorrentes como as mulheres negras são desmoralizadas. E, embora ela tenha trazido para o debate público a questão da obesidade, nada fez para questionar os modos em que mulheres negras são representadas.

Infelizmente, parece que não só houve pouco progresso em relação às questões de raça e representação, mas se aumentou a quantidade de imagens odiosas. Há pouco tempo fui a uma igreja negra num domingo em que cantava um coro infantil e observei que quase todas as menininhas negras usavam algum aplique de cabelo falso. Muitos deles eram lisos, e mesmo as tranças falsas eram longas demais, portanto pesadas o suficiente para danificar as raízes naturais. Claramente, não eram meros casos de estilo e escolha pessoal; eram decisões influenciadas por tudo o que a mídia de massa nos diz sobre o que é desejável e bonito. A ausência de mudanças progressistas gerais na representação racial torna um livro como *Olhares negros* atual, necessário.

Na primeira edição de *Olhares negros*, escolhi para a capa a fotografia de uma jovem mulher nativa americana de pele marrom. Para mim, aquela imagem era uma narrativa visual que desafiava e interrogava noções estreitas de identidade e beleza negras, enquanto reforçava, ao mesmo tempo, os laços interétnicos e inter-raciais entre pessoas negras e indígenas na nossa sociedade. A segunda edição traz a imagem de uma mulher negra indígena, Sarah Oldham (conhecida carinhosamente em nossa família como Baa Baa). Ela é minha avó materna, filha de uma mulher cherokee do norte dos Estados Unidos (minha bisavó) e de Papa, nosso bisavô negro. Sua imagem também é uma narrativa visual nos desafiando a ver mulheres negras como sujeitos, e não como objetos. Como as ideias em *Olhares negros*, seu olhar direto convida ao questionamento, à contestação, a ousar nos olharmos e nos vermos de maneiras diferentes.

introdução: atitude revolucionária

> *A descolonização [...] continua a ser um ato de confrontação com um sistema de pensamento hegemônico; é, consequentemente, um imenso processo de liberação histórica e cultural. Como tal, a descolonização se torna a contestação de todas as formas e estruturas dominantes, sejam elas linguísticas, discursivas ou ideológicas. Ademais, a descolonização passou a ser entendida como um ato de exorcismo tanto para o colonizado quanto para o colonizador. Para os dois lados, deve ser um processo de libertação: da dependência, no caso do colonizado, e, por parte dos colonizadores, das percepções, instituições e representações imperialistas e racistas que, infelizmente, permanecem conosco até hoje. [...] A descolonização só pode ser completa quando é compreendida como um processo complexo que envolve ambos, o colonizador e o colonizado.*
> — Samia Mehrez

Se compararmos o progresso relativo dos afro-americanos na educação e no emprego à luta para garantir algum controle sobre a forma como somos representados, especialmente na mídia de massa, vemos que houve poucas mudanças nos domínios da representação. Ao abrir uma revista ou um livro, ligar a TV, assistir a um filme ou olhar fotografias em espaços públicos, é muito provável que vejamos imagens de pessoas negras que reforçam e reinstituem a supremacia branca. Essas imagens podem ser construídas por pessoas brancas que não se despiram do racismo, ou por pessoas não brancas ou negras que veem o mundo pelas lentes da supremacia branca — o racismo internalizado. É claro, aqueles entre nós comprometidos com a luta pela libertação dos negros, com a liberdade e a autonomia de todas as pessoas negras, precisam encarar todos os dias a realidade trágica de que, coletivamente, realizamos poucas revoluções em termos de representação racial — se é que fizemos alguma.

Teorizar a experiência de ser negra nos Estados Unidos é uma tarefa difícil. Socializadas no interior de sistemas educacionais supremacistas brancos e por uma mídia de massa racista, muitas pessoas negras são convencidas de que nossas vidas não são complexas e, portanto, não são dignas de reflexões e análises críticas sofisticadas. Mesmo aqueles que estão, com razão, empenhados na luta pela libertação dos negros, que sentem ter descolonizado suas mentes, com frequência acham difícil "falar" da nossa experiência. Quanto mais dolorosas as questões que confrontamos, maior a nossa falta de articulação. James Baldwin entendia isso. Em *Da próxima vez, o fogo*, ele lembra os leitores de que "quase não havia linguagem" para descrever "os horrores" da vida dos negros.

Sem uma forma de nomear a nossa dor, nós também não temos palavras para articular nosso prazer. De fato, uma tarefa fundamental dos pensadores negros críticos tem sido a luta para romper com os modelos hegemônicos de ver, pensar e ser que bloqueiam nossa capacidade de nos enxergarmos em outra perspectiva, nos imaginarmos, nos descrevermos e nos inventarmos de modos libertadores. Sem isso, como poderemos desafiar e convidar os aliados não negros e os amigos a ousar olhar para nós de jeitos diferentes, a ousar quebrar sua perspectiva colonizadora?

Falando sobre seu filme *Camp de Thiaroye* [Campo de Thiaroye] (1988), o cineasta senegalês Ousmane Sembene explicou:

> Você precisa entender que, para pessoas como nós, não existem coisas como modelos. Somos convocados constantemente a criar nossos modelos. Para o povo africano ou os africanos na diáspora, é quase a mesma coisa. O colonialismo significa que nós sempre devemos repensar tudo.

Desafiados a repensar, artistas e intelectuais negros insurgentes buscam novas formas de escrever e falar sobre raça e representação, trabalhando para transformar a imagem.

Existe uma conexão direta e persistente entre a manutenção do patriarcado supremacista branco nesta sociedade e a naturalização de imagens específicas na mídia de massa, representações de raça e negritude que apoiam e mantêm a opressão, a exploração e a dominação de todas as pessoas negras em diversos aspectos. Muito antes da supremacia branca chegar ao litoral do que hoje chamamos Estados Unidos, eles construíram imagens da negritude e de pessoas negras que sustentam e reforçam as próprias noções de superioridade racial, seu imperialismo político, seu desejo de dominar e escravizar. Da escravidão em diante, os supremacistas brancos reconheceram que controlar as imagens é central para a manutenção de qualquer sistema de dominação racial. No ensaio "Identidade cultural e diáspora", Stuart Hall enfatiza que podemos entender bem o caráter traumático da experiência colonial ao reconhecer a conexão entre dominação e representação:

As maneiras pelas quais os negros, as experiências negras, foram posicionados e sujeitados nos regimes dominantes de representação surgiram como efeitos de um exercício crítico de poder cultural e normalização. Não só, no sentido "orientalista" de Said, fomos construídos por esses regimes, nas categorias de conhecimento do Ocidente, como diferentes e outros. Eles tinham o poder de fazer com que nos víssemos, e experimentássemos a nós mesmos, como "outros". Todo regime de representação é um regime de poder formado, como lembrou Foucault, pelo binômio fatal "conhecer/poder". Mas esse tipo de conhecimento não é externo, é interno. Uma coisa é posicionar um sujeito ou um conjunto de pessoas como o Outro de um discurso dominante. Coisa muito diferente é sujeitá-los a esse "conhecimento", não só como uma questão de dominação e vontade imposta, mas pela força da compulsão íntima e a conformação subjetiva à norma.

É mais evidente que o campo da representação permanece um lugar de luta quando examinamos criticamente as representações contemporâneas da negritude e das pessoas negras.

Fui dolorosamente lembrada desse fato há pouco tempo, ao visitar amigos numa ilha negra que já foi colônia. A filhinha deles estava chegando àquele estágio pré-adolescente da vida em que nos tornamos obcecados com nossa imagem, com nossa aparência e com como as pessoas nos veem. A pele dela é escura. Seu cabelo é alisado com química. Ela não só está completamente convencida de que o cabelo alisado é mais bonito do que o cacheado, o crespo, o cabelo natural, como acredita que a pele mais clara a torna mais digna, mais valorizada aos olhos dos outros. Embora seus pais tenham se esforçado para dar aos filhos um contexto positivo da negritude, ela internalizou os valores e a estética da supremacia branca, uma forma de olhar e ver o mundo que nega o próprio valor.

É claro que essa história não é nova. Eu poderia dizer o mesmo das minhas sobrinhas e sobrinhos e de milhões de crianças negras nos Estados Unidos. O que me impressionou com relação a essa garotinha foi a profundidade da sua dor e da sua raiva. Ela era raivosa. E, no entanto, sua fúria não tinha voz. Não poderia dizer: "Mamãe, estou triste porque durante todos esses anos, desde que era bebê, achei que era uma menina maravilhosa, bonita, talentosa, e descobri que o mundo não me vê desse jeito". Com frequência ela "fazia birra" — comportando-se de um jeito que, na minha infância, teria feito as pessoas negras mais velhas "colonizadas" se referirem a ela como má, uma pequena Sapphire.[2] Quando tentei intervir e falar com a mãe dela sobre a necessidade de abordar essas questões de raça e representação diretamente, senti uma grande relutância, até mesmo negação. E me dei conta de que, para as pessoas negras, a dor que sentimos ao constatar que não podemos controlar nossa imagem, a forma como nos vemos (se nossas visões não forem descolonizadas) ou como somos vistos, é tão intensa que nos estraçalha. Isso destrói e arrebenta as costuras de nossos esforços de construir o ser e de nos reconhecer. Com frequência, ficamos devastados pela raiva reprimida, nos sentimos exaustos, desesperançados e, às vezes, simplesmente de coração partido. Essas lacunas na nossa psique são os espaços nos quais penetram a cumplicidade irrefletida, a raiva autodestrutiva, o ódio e o desespero paralisante.

---

2. "Sapphire" é um estereótipo racista comum nos Estados Unidos, usado para se referir a mulheres negras ambiciosas, que arrumam parceiros e se tornam a figura dominante do relacionamento, que descontam sua raiva e frustração nos filhos. São associadas à ideia de mães negras pobres que controlam as famílias porque emasculam o companheiro. [N.T.]

Para encarar essas feridas, para curá-las, as pessoas negras progressistas e os nossos aliados nessa luta devem estar comprometidos em realizar os esforços de intervir criticamente no mundo das imagens e transformá-lo, conferindo uma posição de destaque em nossos movimentos políticos de libertação e autodefinição — sejam eles anti-imperialistas, feministas, pelos direitos dos homossexuais, pela libertação dos negros e mais. Se fosse esse o caso, estaríamos sempre conscientes da necessidade de fazer intervenções radicais. Consideraríamos cruciais o tipo de imagens que produzimos, o modo como escrevemos e falamos criticamente a respeito delas. E, sobretudo, encararíamos o desafio de falar sobre aquilo que não foi falado.

Já há algum tempo, o desafio crítico para as pessoas negras tem sido expandir a discussão sobre raça e representação para além dos debates envolvendo bons e maus conjuntos de imagens. Em geral, o que é considerado bom é apenas uma reação contra as representações obviamente estereotipadas criadas por pessoas brancas. No entanto, atualmente somos bombardeados por imagens estereotipadas similares criadas por pessoas negras. Não é uma questão de "nós" e "eles". A questão é de ponto de vista. A partir de qual perspectiva política nós sonhamos, olhamos, criamos e agimos? Para aqueles que ousam desejar de modo diferente, que procuram desviar o olhar das formas convencionais de ver a negritude e as nossas identidades, a questão da raça e da representação não se restringe apenas a criticar o status quo. É também uma questão de transformar as imagens, criar alternativas, questionar quais tipos de imagens subverter, apresentar alternativas críticas e transformar nossas visões de mundo e nos afastar de pensamentos dualistas acerca do bom e do mau. Abrir espaço para imagens transgressoras, para a visão rebelde fora da lei, é essencial em qualquer esforço para criar um contexto para a transformação. E, se houve pouco progresso, é porque nós transformamos as imagens sem alterar os paradigmas, sem mudar perspectivas e modos de ver.

Os ensaios críticos reunidos em *Olhares negros: raça e representação* são gestos de desobediência. Eles representam minha luta política para ampliar as fronteiras da imagem, encontrar palavras para expressar o que vejo, em especial quando observo formas que vão contra a corrente, quando estou vendo coisas que a maioria das pessoas simplesmente não quer acreditar que estão ali. Estes ensaios são sobre identidade. Uma vez que a descolonização enquanto processo político é sempre uma luta para nos definir internamente, e que vai além do ato de resistência à dominação, estamos sempre no processo de recordar o passado, mesmo enquanto criamos novas formas de imaginar e construir o futuro.

Stuart Hall nomeia esse processo de modo eloquente nessa poderosa declaração, também no ensaio "Identidade cultural e diáspora":

> Identidade cultural [...] tanto é uma questão de "ser" quanto de "se tornar, ou devir". Pertence ao passado, mas também ao futuro. Não é algo que já exista, transcendendo a lugar, tempo, cultura e história. As identidades culturais provêm de alguma parte, têm histórias. Mas, como tudo o que é histórico, sofrem transformação constante. Longe de estarem fixadas eternamente em algum passado essencializado, estão sujeitas ao contínuo "jogo" da história, da cultura e do poder. As identidades, longe de se alicerçarem numa simples "recuperação" do passado, que espera para ser descoberto e que, quando o for, há de garantir nossa percepção de nós mesmos pela eternidade, são apenas os nomes que aplicamos às diferentes maneiras que nos posicionam, e pelas quais nos posicionamos, nas narrativas do passado.

Em *Olhares negros*, interrogo criticamente as velhas narrativas, sugerindo formas alternativas de contemplar a negritude, a subjetividade das pessoas negras e, por necessidade, a branquitude.

Ao mesmo tempo que também abordo literatura, música e televisão, muitos destes ensaios se concentram no cinema. A referência aos filmes é enfatizada porque, mais do que em qualquer outra experiência de mídia, eles determinam como a negritude e as pessoas negras são vistas e como outros grupos responderão a nós com base nas suas relações com a construção e o consumo de imagens. No ensaio "Black Feminism: The Politics of Articulation" [Feminismo negro: a política da articulação], a diretora Pratibha Parmar afirma: "as imagens desempenham um papel crucial na definição e no controle do poder político e social a que têm acesso indivíduos e grupos sociais marginalizados. A natureza profundamente ideológica das imagens determina não só como outras pessoas pensam a nosso respeito, mas como nós pensamos a nosso respeito".

Muita gente nos Estados Unidos resiste à ideia de que as imagens têm uma intenção ideológica. Isso também é verdade para o público negro. Um questionamento crítico implacável às vezes é a única prática capaz de perfurar a barreira de negação que os consumidores de imagens constroem para não ter que encarar o quanto o mundo real da criação de imagens é político — e que a política da dominação influencia a forma como a grande maioria das imagens que consumimos é elaborada e comercializada. Grande parte das pessoas negras não quer pensar criticamente sobre os motivos pelos quais são capazes de sentar no escuro do cinema e sentir prazer com imagens que ridicularizam e zombam da negritude. É por isso que os ensaios de *Olhares negros* se centram nos espectadores.

Peço que consideremos a perspectiva a partir da qual olhamos, questionando de modo vigilante com quem nos identificamos, quais imagens amamos. Se nós, pessoas negras, aprendemos a apreciar imagens odiosas de nós mesmos, então que processo de olhar nos permitirá reagir à sedução das imagens que ameaçam desumanizar e colonizar? É evidente que esse é o jeito de ver que possibilita uma integridade existencial que consegue subverter o poder da imagem colonizadora. Apenas mudando coletivamente o modo como olhamos para nós mesmos e para o mundo é que podemos mudar o modo como somos vistos. Nesse processo, buscamos criar um mundo onde todos possam olhar para a negritude e para as pessoas negras com novos olhos.

Em 1962, com 32 anos, apenas alguns anos antes de sua morte inesperada devido ao câncer, a dramaturga negra Lorraine Hansberry escreveu uma carta em resposta a um "rapaz branco do interior que vivia em uma fazenda rica e fértil na linha Mason-Dixon", e que estava preocupado com o fato de as pessoas negras se tornarem tão militantes. Ela respondeu que "as condições de nosso povo estimulam o que só podem ser chamadas de atitudes revolucionárias". Na carta, ela também afirmava que "a aceitação de nossa condição presente é a única forma de extremismo que nos desvaloriza diante dos nossos filhos". Muitas pessoas negras se recusam a avaliar nossa condição presente porque elas não querem ver as imagens que podem forçá-las a militar. Mas a militância é uma alternativa à loucura. E muitos de nós estão adentrando os domínios da loucura. Como Pecola, no romance *O olho mais azul*, de Toni Morrison, as pessoas negras se afastam da realidade porque a consciência é dolorosa demais. No entanto, só nos tornamos mais conscientes quando começamos a ver com clareza.

Vivenciamos nossa crise coletiva como afro-americanos no domínio das imagens. Seja no rosto de moradores de rua nas metrópoles ou nos becos de cidades pequenas, no olhar perdido dos desempregados, ao ver pessoas que amamos viciadas em drogas, ou alguma cena trágica de um filme que fica na cabeça, *nós vemos que estamos com problemas*. Ainda consigo ver as imagens de jovens negros matando uns aos outros brutalmente como parte da narrativa ficcional do filme *Os Donos da Rua* (1991), de John Singleton. São imagens dolorosas de se ver. É assim que deveria ser. Deveria ferir os nossos olhos ver o genocídio racial perpetuado nas comunidades negras, seja na realidade ou na ficção. No entanto, no cinema onde assisti a esse filme, a maior parte da audiência negra parecia encontrar prazer naquelas imagens. Essa reação é um testemunho poderoso, que revela as formas de representação na sociedade supremacista branca que ensinam as pessoas negras a internalizar o racismo tão profundamente em nossa consciência coletiva que podemos sentir prazer com imagens de nossa própria morte e destruição. O que o futuro nos reserva se nosso entretenimento no presente é o espetáculo da colonização contemporânea, da desumanização e do esvaziamento do poder, no qual a imagem serve como uma ferramenta assassina? A menos que transformemos as imagens da negritude e das pessoas negras, nossos modos de olhar e as formas como somos vistos, não poderemos fazer intervenções radicais fundamentais que alterem a nossa situação.

Essa luta também precisa incluir aliados não negros. Imagens de raça e representação se tornaram uma obsessão contemporânea. O tratamento da negritude como uma commodity criou um contexto social em que a apropriação da imagem negra por pessoas não negras não encontra limites. Se muitas das pessoas não negras que produzem imagens ou narrativas críticas a respeito da negritude e das pessoas negras não questionarem suas perspectivas, elas podem simplesmente recriar a perspectiva imperialista — o olhar que procura dominar, subjugar e colonizar. Isso em especial para pessoas brancas que observam e falam sobre negritude. Em seu ensaio "The Miscegenated Gaze" [O olhar miscigenado], o artista negro Christian Walker sugere que, "se artistas brancos, comprometidos com a criação de uma sociedade sem racismo, sem machismo e sem hierarquia, em algum momento compreenderem por completo e abraçarem sua própria identidade e sua perspectiva miscigenada, eles terão que acolher e celebrar o conceito de uma subjetividade não branca". Seus modos de olhar devem ser fundamentalmente alterados. Eles devem ser capazes de se engajar na luta da militância negra pela transformação das imagens.

Como intervenção radical, devemos desenvolver atitudes revolucionárias em relação a raça e representação. Para isso, devemos estar dispostos a pensar as imagens de forma crítica. Devemos estar dispostos a correr riscos. Os ensaios de *Olhares negros* têm o objetivo de inquietar e desviar, de serem disruptivos e subversivos. Eles podem aborrecer algumas pessoas, afastá-las ou chateá-las. A ideia é essa: provocar e engajar — como aquele retrato de Billie Holiday feito por Moneta Sleet que eu amo tanto, em que, em vez de uma imagem glamourizada do estrelato, somos convidados a ver a cantora numa postura de profunda reflexão, os braços machucados pelas agulhas, as cicatrizes delicadas no rosto, e aquele olhar triste e distante. Quando encaro essa imagem, esse olhar negro, algo em mim se despedaça. Eu preciso recolher os pedaços e cacos de quem sou e começar tudo outra vez — transformada pela imagem.

01.
amar a negritude como resistência política

> *Temos que mudar nossa própria mente [...] Temos que mudar nossos pensamentos a respeito uns dos outros. Temos que nos ver com novos olhos. Temos que nos aproximar de modo caloroso...*
>
> — Malcolm X

O curso que leciono sobre mulheres negras escritoras geralmente é um dos favoritos entre os estudantes. No último semestre em que dei essa aula, tivemos a discussão acalorada corriqueira sobre o romance *Passing*, de Nella Larsen. Quando sugeri para a turma (que estava mais entusiasmada em debater sobre pessoas negras que desejam ser brancas) que Clare, a mulher negra que pôde se passar por branca durante toda a sua vida adulta e se casou com um empresário branco rico, com quem teve uma filha, é a única personagem do romance que verdadeiramente deseja "ser negra", e que esse desejo faz com que ela seja assassinada, ninguém respondeu. Clare declara com ousadia que preferia viver o resto de sua vida como uma mulher negra e pobre no Harlem do que como uma dona de casa rica em Manhattan. Pedi à turma que considerasse a possibilidade de que amar a negritude é perigoso em uma cultura supremacista branca — uma atitude tão ameaçadora, uma brecha tão grave na ordem social, que é punida com a morte. Pela falta de respostas, ficou dolorosamente óbvio que aquele grupo diverso de estudantes (muitos deles negros) estava mais interessado em debater como pessoas negras desejam ser brancas, uma vez que se fixaram nesse assunto. Tanto que sequer podiam levar a sério um debate crítico sobre "amar a negritude".

Eles queriam falar do auto-ódio das pessoas negras, ouvir os demais confessarem (especialmente os estudantes não brancos) em narrativas eloquentes as diversas maneiras como tentaram conquistar a branquitude, ao menos simbolicamente. Eles davam uma profusão de detalhes sobre as formas como tentavam parecer "brancos" falando de determinada maneira, usando certas roupas ou escolhendo grupos específicos de amigos brancos. Alunos brancos loiros aproveitaram a oportunidade para testemunhar que nunca haviam percebido como o racismo tem esse impacto na psique de pessoas não brancas até começarem a andar com amigos negros, a fazer cursos de estudos negros ou a ler O olho mais azul, de Toni Morrison. E, melhor ainda, nunca se deram conta de que havia algo como "privilégio branco" até se relacionarem com pessoas não brancas.

Saí dessa turma — que tem mais de quarenta alunos, a maioria dos quais se vê como radical e progressista — me sentindo como se acabasse de observar uma demonstração ritualística do impacto que a supremacia branca tem coletivamente em nossa psique, moldando a natureza de nossa vida cotidiana: como falamos, andamos, sonhamos e olhamos uns para os outros. O aspecto mais assustador desse ritual foi a fascinação dos estudantes com o tópico do auto-ódio dos negros, tão intensa que silenciou um debate construtivo sobre amar a negritude. A maioria das pessoas nessa sociedade não quer admitir abertamente que ódio e medo estão entre os primeiros sinais que a "negritude" evoca na imaginação pública dos brancos (e de todos os outros grupos que aprenderam que o jeito mais rápido de demonstrar concordância com a ordem supremacista branca é compartilhar suas suposições racistas). Em um contexto supremacista branco, "amar a negritude" raramente é uma postura política refletida no dia a dia. Quando é mencionada, é tratada como suspeita, perigosa e ameaçadora.

A cultura negra de resistência[3] que surgiu no contexto do apartheid e da segregação foi um dos poucos lugares que abriu espaço para o tipo de descolonização que torna possível o amor pela negritude. A integração racial, em um contexto social em que os sistemas da supremacia branca estão intactos, solapa os espaços marginais de resistência ao reforçar a premissa de que a igualdade social pode ser obtida sem mudanças de atitude culturais em relação à negritude e às pessoas. Negros progressistas sofreram grandes decepções com brancos progressistas quando nossas experiências de trabalho conjunto revelaram que eles poderiam querer estar conosco (e até ser nossos parceiros sexuais) sem enfraquecer as ideias da supremacia branca em relação à negritude. Nós vimos que eles com frequência eram incapazes de abandonar as noções de que os brancos são, de alguma forma, melhores, mais espertos, mais propensos à intelectualidade, e até mesmo de que são mais gentis do que as pessoas negras. Indivíduos negros progressistas descolonizados são surpreendidos diariamente pela

---

[3]. Do inglês *oppositional*, que pode ser traduzido para o português como "de resistência", "de oposição" ou "opositor", a depender do contexto. [N.T.]

quantidade massiva de pessoas negras (todos eles se identificando como antirracistas) apegadas às estruturas de pensamento da supremacia branca, permitindo que essa perspectiva determine como eles veem a si mesmos e a outras pessoas negras. Muitas pessoas negras veem a si mesmas e a todos nós como se "faltasse algo", como se fôssemos inferiores quando comparados aos brancos. É impressionante a escassez de trabalhos acadêmicos que contemplam a questão do auto-ódio dos negros, examinando as formas como a colonização e a exploração de pessoas negras é reforçada pelo ódio racial internalizado por meio do pensamento supremacista branco. Poucos acadêmicos negros abordaram extensivamente a obsessão negra com a branquitude.

O teólogo James Cone foi um dos pensadores negros insurgentes que estimulou o questionamento crítico da "branquitude", ao mesmo tempo que problematizava construções de uma identidade branca dentro da cultura da supremacia branca. Em sua obra *A Black Theology of Liberation* [Uma teologia negra da libertação], Cone incita as pessoas a entenderem a negritude como um "símbolo ontológico" que é o significante mais puro do que significa "opressão" nos Estados Unidos. Ele convoca as pessoas brancas, negras e todos os demais grupos não negros a se posicionar contra a supremacia branca através da valorização da — e até mesmo do amor à — negritude. Ao defender seu argumento com ousadia, Cone propõe:

> A maioria das pessoas brancas, inclusive a parcela que se envolve em protestos, acredita em "liberdade na democracia" e luta para fazer dos ideais da Constituição uma realidade empírica para todos. Eles parecem crer que, se trabalharmos duro o suficiente para isso, esse país pode ser o que deveria. No entanto, nunca ocorre aos bem-

-intencionados que o que está errado com os Estados Unidos não é o fracasso em tornar a Constituição uma realidade para todos, mas certamente a crença de que os indivíduos possam sustentar a branquitude e a humanidade ao mesmo tempo. Esse país foi fundado por brancos e tudo o que aconteceu nele surgiu da perspectiva dos brancos. [...] O que nós precisamos é da destruição da branquitude, que é a fonte do sofrimento humano no mundo.

Sem surpresas, muitos dos leitores de Cone ficaram perturbados por sua abordagem binária. À primeira vista, pode parecer uma mera inversão dos paradigmas brancos racistas. Em boa parte da sua obra, a negritude está relacionada ao que é bom, correto, positivo, e a branquitude, a tudo o que é mau, negativo, pecaminoso.

Cone queria despertar a consciência crítica e educar os leitores não apenas para que rompessem com a negação e reconhecessem os males da supremacia branca, as graves injustiças da dominação racista, mas também para que se sentissem tão tocados que, por princípio e de forma militante, se engajassem na luta antirracista. Ao encorajar os leitores a se distanciar da supremacia branca como um ponto de vista epistemológico através do qual apreendem o mundo, ele insistia na "branquitude" como um signo a ser questionado. Queria que o público aprendesse a distinguir o racismo relacionado ao preconceito declarado das formas mais sutis da supremacia branca. Em suas primeiras obras, frequentemente escolhia uma retórica de "choque" para impressionar e, então, convencer a consciência do leitor sobre a seriedade das questões. Infelizmente, muitos leitores foram desestimulados pela sua postura retórica, sua ênfase na oposição binária, e não conseguiram ouvir a sabedoria implícita em sua convocação a uma crítica da branquitude. Ao focar seu estilo pessoal, muitos leitores prontamente se permitiram desconsiderar ou ignorar a relevância (polêmicas à parte) de seu discurso sobre a branquitude como uma intervenção crítica necessária, estimulando o questionamento constante das formas convencionais de pensar a raça ou as estratégias para erradicar o racismo.

Cone propunha um tipo de mudança de posicionamento que se tornou um princípio crucial e amplamente aceito da luta antirracista, defendido em vários trabalhos críticos recentes, especialmente as obras produzidas a partir da teoria feminista, dos estudos culturais e do discurso pós-colonial. Sejam elas capazes ou não de colocar em prática tal mudança em sua vida, muitas pessoas brancas atuantes na luta antirracista hoje conseguem reconhecer que todos os brancos (assim como todos dentro de uma cultura supremacista branca) aprenderam a supervalorizar a "branquitude", assim como aprenderam a desvalorizar a negritude. Elas entendem, ao menos intelectualmente, a necessidade de alterar seu pensamento. A desconstrução da categoria "branquitude" é central para esse processo de desaprender atitudes e valores supremacistas brancos.

Hoje em dia é mais aceitável, ou até mesmo popular, questionar o significado e a relevância da "branquitude" nas discussões críticas contemporâneas sobre raça. Enquanto a análise de Cone era, às vezes, limitada por um discurso que investia em oposições binárias (recusando-se a pegar leve com os brancos), sua intervenção crítica significativa insistia que a lógica da supremacia branca poderia ser minada radicalmente se todos aprendessem a amar e a se identificar com a negritude. Cone não estava evocando a noção de apagamento racial, isto é, a ideia sentimental (frequentemente expressada por pessoas religiosas) de que o racismo deixaria de existir se todos esquecessem a raça e apenas vissem uns aos outros como seres humanos iguais. Em vez disso, ele insistia que a política de dominação racial tinha criado uma realidade negra que é claramente diferente da dos brancos, e a partir desse lugar surge uma cultura negra distinta. Seu chamado profético era para que os brancos aprendessem como se identificar com essa diferença — para vê-la como uma base para a solidariedade.

Essa mensagem pode ser ouvida nos textos feministas atuais sobre raça. Distanciando-se da noção de que a semelhança é a chave para a harmonia racial, ativistas feministas conscientes têm insistido que a luta antirracista avança melhor com uma teoria que fale sobre a importância de admitir que o reconhecimento e a aceitação positiva da diferença são um ponto de partida necessário enquanto trabalhamos para erradicar a supremacia branca. Discutindo criticamente o livro de Richard Rorty, *Contingency, Irony and Solidarity* [Contingência, ironia e solidariedade], o filósofo Ron Scapp, no ensaio "Rorty: Voice and the Politics of Empathy" [Rorty: voz e a política da empatia], aponta que os liberais geralmente falam de uma visão de diversidade e pluralidade que não praticam, enquanto se mantêm apegados a noções de semelhança em que somos todos um, em que, usando a letra da canção de Michael Jackson,[4] "não importa se você é negro ou branco". Scapp afirma:

> Liberais podem se orgulhar de sua habilidade de tolerar os outros, mas apenas depois que o outro foi redefinido como alguém por quem o liberal é capaz de se "sensibilizar" quanto às questões de

[4] "Black or White", single do álbum *Dangerous*, lançado em 1991. [N.T.]

crueldade e humilhação. Esse ato de redefinição é ainda uma tentativa de se apropriar dos outros, feita apenas para soar como um ato de generosidade. É uma tentativa de fazer um ato de consumo parecer um ato de reconhecimento.

Muitos workshops para desaprender o racismo se propõem a ajudar pessoas brancas a ver que elas também são muito feridas pelo racismo e que, portanto, têm algo a ganhar participando da luta antirracista. Embora de certa forma isso seja verdadeiro, uma construção de solidariedade política enraizada na narrativa de vitimização compartilhada não apenas posiciona os brancos novamente no centro mas arrisca obscurecer determinadas maneiras em que a dominação racista impacta a vida dos grupos marginalizados. Implícita na suposição de que "mesmo quem é privilegiado pela hierarquia racista sofre" está a ideia de que apenas quando os que estão no poder tiverem noção do quanto também são vítimas é que eles se rebelarão contra as estruturas de dominação. A verdade é que muitas pessoas lucram imensamente com a dominação dos outros e não estão feridas e sofrendo de nenhum jeito que se aproxime da condição dos explorados e oprimidos.

O trabalho antirracista que tenta fazer com que esses indivíduos se vejam como "vitimados" pelo racismo, na esperança de que isso funcione como uma intervenção, usa uma estratégia equivocada. E nós realmente precisamos estar dispostos a reconhecer que indivíduos com muitos privilégios, que não são injustiçados de modo algum, são capazes de trabalhar em favor dos oprimidos por meio de suas escolhas políticas. Tal solidariedade não precisa estar embasada na experiência compartilhada; pode estar enraizada no entendimento ético e político do racismo e da rejeição à dominação. Portanto, podemos ver a necessidade de um tipo de educação para a consciência crítica que tenha condições de capacitar quem dispõe do poder e do privilégio baseados nas estruturas de dominação a abrir mão deles sem precisar se ver como vítima. Tal pensamento não precisa negar a consciência coletiva de que a cultura de dominação busca fundamentalmente distorcer e perverter a psique de todos os cidadãos, e de que essa perversão provoca feridas.

Em sua obra, Cone reconhece que o racismo prejudica os brancos; no entanto, enfatiza a necessidade de reconhecer a diferença entre o que sentem opressores feridos e a dor dos oprimidos.

> O erro básico das observações dos brancos sobre suas próprias opressões é a suposição de que eles *conhecem* a natureza de sua escravidão. Isso não é possível, porque, se eles realmente soubessem, eles se libertariam se unindo à comunidade negra. Eles se destruiriam e nasceriam de novo como belas pessoas negras.

Uma vez que é óbvio que as pessoas brancas não podem escolher pela força da vontade se tornarem "negras", esse desejo utópico deve ser distinguido de uma solidariedade com a negritude enraizada em ações nas quais o indivíduo deixa de se identificar com a branquitude como símbolo de vitimização e impotência.

Recentemente, dei uma palestra destacando que a comodificação contemporânea da cultura negra pelos brancos, ao transformar a negritude no "tempero capaz de tornar a merda sem graça que é a cultura branca dominante em algo mais empolgante", de modo algum desafia a supremacia branca. No final da palestra, uma mulher branca que parecia muito séria me perguntou: "Você não acha que nós todos fomos criados numa cultura racista e todos fomos ensinados a ser racistas, queiramos ou não?".

Observe que ela constrói uma moldura social de semelhança, uma homogeneidade de experiência. Minha resposta foi que todas as pessoas brancas (e todas as outras nesta sociedade) têm a escolha de ser ativamente antirracistas 24 horas por dia se assim desejarem, e nenhum de nós somos vítimas passivas da socialização. Elaborando esse ponto, comentei como estava exausta da maneira como as pessoas brancas querem desviar atenção de sua responsabilidade pela mudança antirracista ao fazer parecer que todo mundo foi socializado para ser racista contra a sua vontade. Meu medo é que isso se torne outra desculpa frequente para o racismo, uma que procura apagar a responsabilidade e a necessidade de tomar uma atitude que poderia realmente empoderar. Ficou claro que a mulher branca que fez a pergunta não se sentiu satisfeita com a minha resposta. Quando dei a entender que ela estava menos interessada no que eu tinha a dizer e talvez tivesse sua própria pauta, ela declarou que queria apontar como "negros são tão racistas quanto os brancos — que todos nós somos racistas". Quando questionei criticamente essa afirmação, explicando a diferença entre sentimentos preconceituosos (que as pessoas negras e brancas têm em relação umas às outras, assim como outros grupos) e a dominação supremacista branca institucionalizada, ela saiu imediatamente.

A visão de homogeneidade cultural que tenta desviar a atenção ou criar desculpas para o impacto opressor e desumanizante da supremacia branca ao sugerir que pessoas negras também são racistas indica que a cultura permanece ignorante a respeito do que é realmente o racismo e de como ele funciona. Mostra que as pessoas estão em negação. Por que é tão difícil para tantas pessoas brancas entender que o racismo é opressor não porque as pessoas brancas têm sentimentos preconceituosos em relação aos negros (elas poderiam ter esses sentimentos e nos deixar em paz), mas porque é um sistema que promove a dominação e a submissão? Os sentimentos preconceituosos que algumas pessoas negras podem expressar em relação a pessoas brancas não estão ligados ao sistema de dominação que não nos confere qualquer poder para controlar coercitivamente a vida e o bem-estar das pessoas brancas. Isso precisa ser entendido.

Ao mesmo tempo, todas as manifestações sociais de separatismo negro em geral são vistas pelos brancos como um sinal de racismo contra os brancos, quando elas comumente representam uma tentativa de as pessoas negras construírem santuários políticos onde possam escapar, apenas por um tempo, da dominação branca. As ideias conservadoras de pensadores negros que acreditam na noção de que negros são racistas são com frequência evocadas pelos brancos, que os veem como informantes nativos confirmando essa hipótese como fato. Shelby Steele é um bom exemplo dessa tendência. Creio que seus ensaios são alguns dos textos mais fotocopiados na academia pelas pessoas brancas que querem mostrar aos seus colegas negros o quanto tinham razão o tempo todo quando afirmaram que as pessoas negras eram racistas. Steele sugere que, toda vez que as pessoas negras decidem se reunir apenas entre si, apoiamos o separatismo racial por causa de sentimentos arraigados de inferioridade, ou nos recusamos a ver as diferenças raciais como algo desimportante (isto é, aceitar a ideia de que todos nós somos iguais). Comentando a questão da autossegregação em *The Content of our Character* [O conteúdo de nosso caráter], ele declara: "Existe uma geopolítica envolvida nessa atividade, em que a raça é atrelada ao território de forma que imita as designações de 'apenas brancos / apenas pessoas não brancas' usadas no passado".

Em nenhum ponto de sua análise Steele sugere que pessoas negras possam querer estar longe dos brancos e ter um espaço onde não seremos alvo de ataques racistas.

Toda pessoa negra consciente de que foi "o único" em um ambiente predominantemente branco sabe que tal posição é em geral convidativa para ouvir narrativas racistas, rir de piadas sem graça, ser submetido a várias formas de assédio racista. E a autossegregação parece particularmente intensa entre estudantes universitários negros que foram criados com privilégios materiais em ambientes majoritariamente brancos, onde foram socializados para crer que o racismo não existe, que nós todos somos apenas seres humanos — e então, de repente, deixam seus lares e entram em instituições e vivem a experiência dos ataques racistas. De modo geral, eles estão despreparados para confrontar e desafiar o racismo branco, e com frequência buscam o conforto de estar apenas com outros negros.

A recusa de Steele em reconhecer essa dor — essa maneira como a supremacia branca se manifesta em interações sociais diárias — faz parecer que os indivíduos negros simplesmente não gostam de socializar com os brancos. A realidade é que muitas pessoas negras têm medo de se machucar se baixarem a guarda, temem ser alvo de ataques racistas, uma vez que a maioria das pessoas brancas não desaprendeu o racismo. No ambiente de sala de aula, ouço muitos relatos de alunos negros que aceitaram a ideia de que o racismo não existe, que sentiram que não havia nada de errado em ter amigos brancos e interesses em comum, apenas para se verem em circunstâncias em que foram confrontados com o racismo dessas pessoas. A última história que ouvi foi de uma jovem mulher negra contando que sempre andava com amigos brancos no ensino médio. Um dia, todos estavam passeando no carro de um deles e passaram por um grupo de jovens negros atravessando a rua. Alguém no carro sugeriu que deveriam "atropelar esses criolos". Ela falou de sua descrença de que o comentário tinha sido feito, da sua dor. Ela não disse nada, mas sentiu que esse foi o começo de um estranhamento com seus colegas brancos, que persistiu. O texto de Steele supõe que as pessoas brancas que desejam socializar com pessoas negras não são ativamente racistas, estão partindo de um lugar de boa vontade. Ele não considera a realidade de que a boa vontade pode coexistir com o pensamento racista e com atitudes supremacistas brancas.

Durante o meu período como professora na Universidade Yale, eu era frequentemente confrontada pelos alunos brancos que levantavam a questão de por que os alunos negros sentavam juntos no café, geralmente em uma mesa. Eles viam isso como uma expressão de separatismo racial, exclusão etc. Quando eu perguntava por que eles nunca levantavam a questão de que a maioria das mesas eram de alunos brancos se autossegregando, eles invariavelmente diziam coisas como: "nós sentamos juntos às pessoas com quem temos interesses e preocupações em comum". Raramente chegavam ao ponto de poder questionar se a "branquitude" compartilhada permitia a eles se relacionarem uns com os outros mais facilmente.

Enquanto andar com pessoas negras e expressar prazer com a cultura negra se tornou "legal" para as pessoas brancas, a maioria das pessoas brancas não sente que esse prazer deveria estar associado a desaprender o racismo. Na realidade, existe com frequência um desejo de aprimorar o status do sujeito no universo da "branquitude", ainda que o indivíduo se aproprie da cultura negra. No ensaio "A Place Called Home: Identity and The Cultural Politics of Difference" [Um lugar para chamar de lar: identidade e a política cultural da diferença], Jonathan Rutherford comenta:

Paradoxalmente, o capital se apaixonou pela diferença: a publicidade prospera nos vendendo coisas que vão aprimorar nossa singularidade e individualidade. Não é mais uma questão ter tanto quanto os outros, o importante é ser diferente deles. De *world music* a férias exóticas em lugares do Terceiro Mundo, de refeições étnicas congeladas a chapéus peruanos, a diferença cultural *vende*.

Faz todo sentido que pessoas negras ou não brancas se autossegreguem com frequência para se proteger desse tipo de interação objetificante.

Steele nunca vê o desejo de criar um contexto em que alguém possa "amar a negritude" como uma posição válida para criar relações, ainda que esses relacionamentos assumam a forma da autossegregação. Felizmente, há pessoas não negras que se despiram de seu racismo de formas que lhes permitem criar laços de intimidade baseados em sua capacidade de amar a negritude sem assumir o papel de turista cultural. Ainda está por vir uma quantidade significativa de textos desses indivíduos que relatem como mudaram suas atitudes e resistem, numa vigilância diária, a voltar a contribuir com a supremacia branca. Ao mesmo tempo, pessoas negras que "amam a negritude", isto é, que descolonizaram suas mentes e romperam com o tipo de pensamento supremacista branco que insinua que somos inferiores, inadequados, marcados pela vitimização etc., geralmente concluem que somos punidos pela sociedade por ousar romper com o status quo. Em nossos empregos, quando nos expressamos a partir de um ponto de vista descolonizado, arriscamos ser vistos como perigosos e pouco cordiais.

Aquelas pessoas negras que estão mais dispostas a fingir que a "diferença" não existe mesmo enquanto conscientemente trabalham para ser o mais parecidas possível a seus companheiros brancos receberão grandes recompensas materiais na sociedade supremacista branca. A lógica da supremacia branca é perpetuada dessa forma. Em vez de usar táticas coercitivas de dominação para colonizar, ela seduz as pessoas negras com a promessa do sucesso dominante, mas apenas se estiverem dispostas a negar o valor da negritude. Contrariando as esperanças de James Cone de que os brancos se despiriam do racismo e renasceriam no espírito da empatia e da união com as pessoas negras, nos pedem coletivamente que demonstremos a nossa solidariedade com o status quo supremacista branco supervalorizando a branquitude, vendo a negritude apenas como um marcador de impotência e vitimização. Conforme as pessoas negras personificam essas atitudes e se comportam de modo semelhante aos estereótipos racistas, observamos maior apoio ou aceitação na cultura. Um grande exemplo é o branco consumidor de rap misógino que reproduz a ideia de que homens negros são animais violentos e brutos.

No romance *Passing*, de Nella Larsen, Clare decide assumir uma identidade branca porque vê a negritude só como um sinal de vitimização e impotência. Enquanto ela pensa dessa maneira, sustenta um laço com a burguesia negra que com frequência se autossegrega, embora mantenham um desprezo pela negritude, em especial pelos negros de classes mais baixas. A relação de Claire com Irene, sua amiga burguesa negra, é rompida quando ela tenta definir a negritude em termos positivos. Em *Passing*, é a classe burguesa e o mundo da branquitude do marido de Claire que personificam o que se volta contra ela quando tenta retomar a identidade negra que negara anteriormente. No final do romance, não sabemos quem a assassinou, o amigo negro burguês ou o marido branco. Ela representa uma "ameaça" à ordem social hierárquica conservadora baseada em raça, classe e gênero que eles dois se propunham a preservar.

Apesar das lutas pelos direitos civis, do movimento black power [poder negro] nos anos 1960 e de slogans poderosos como *black is beautiful* [negro é lindo], multidões de pessoas negras continuam a ser socializadas via mídia de massa e sistemas educacionais não progressistas para internalizar pensamentos e valores da supremacia branca. Sem uma luta de resistência contínua e movimentos progressistas de libertação dos negros pela autodefinição, massas de pessoas negras (e de todas as outras pessoas) não terão uma visão de mundo alternativa que afirme e celebre a negritude. Rituais de afirmação (celebrando a história dos negros, feriados etc.) não podem intervir na socialização da supremacia branca se existirem fora de uma luta antirracista ativa que busque transformar a sociedade.

Uma vez que, passados os anos 1960, tantas pessoas negras sucumbiram à ideia de que o sucesso material é mais importante que a integridade pessoal, a luta pela autodefinição dos negros que enfatiza a descolonização e o amor pela negritude tiveram pouco impacto. Enquanto as pessoas negras forem ensinadas a rejeitar nossa negritude, nossa história e nossa cultura como única maneira de alcançar qualquer grau de autossuficiência econômica, ou ser privilegiado materialmente, então sempre haverá uma crise na identidade negra. O racismo internalizado continuará a erodir a luta coletiva por autodefinição. Massas de crianças negras vão continuar a sofrer de baixa autoestima. E, ainda que sejam motivados a se empenhar ainda mais para alcançar o sucesso, porque desejam superar os sentimentos de inadequação e falta, esses sucessos serão minados pela persistência da baixa autoestima.

Uma das ironias trágicas da vida negra contemporânea é que geralmente os indivíduos têm sucesso em obter ganhos materiais sacrificando suas conexões positivas com a cultura negra e a experiência da negritude. O romance de Paule Marshall, *Praisesong for the Widow* [Louvor à viúva], é um retrato ficcional de tal tragédia. Um jovem casal negro, Avey e Jay, começa uma vida familiar juntos, empoderados por sua celebração e afirmação da cultura negra, mas essa conexão é erodida conforme Jay se empenha em conquistar sucesso material. Em seu percurso, ele adota várias formas de pensar a respeito das pessoas negras que são populares entre os supremacistas brancos, expressando o desdém pela cultura que tinha sido fonte de alegria e satisfação espiritual. Viúva, seus filhos crescidos, Avey começa um processo crítico de rememoração, no qual questiona o seu passado, se perguntando:

> Seria possível ter os dois? Isto é, ter posses, como eles tiveram durantes todos esses anos, os meios necessários para resgatá-los da Rua Halsey e sustentar as crianças, e ao mesmo tempo preservar, salvaguardar, entesourar aquelas coisas que os apoiaram ao longo das gerações, que os definiram de um modo particular? As mais vívidas, mais valiosas partes de quem eles eram!

Para recuperar a si mesma e retomar seu amor pela negritude, Avey precisa nascer de novo. Nesse estado de renascimento e redespertar, ela é capaz de compreender o que poderiam ter feito, o que ela deveria ter buscado: "Consciência. Eu deveria ter procurado a consciência do valor do que possuíam. Vigilância. A vigilância necessária para protegê-lo. Segurá-lo como uma joia fora do alcance dos invejosos que a destruiriam ou diriam que ela pertencia a eles". Para se recuperar, Avey precisa reaprender o passado, entender sua cultura e história, reconhecer seus ancestrais e assumir a responsabilidade de ajudar outras pessoas negras a descolonizar seus pensamentos.

Uma cultura de dominação exige a autonegação de todos os seus cidadãos. Quanto mais marginalizados, mais intensa a demanda.

Uma vez que as pessoas negras, especialmente as mais pobres, são bombardeadas por mensagens de que não temos valor, de que não somos importantes, não é de surpreender que caiamos na armadilha do desespero niilista ou nas formas de vício que fornecem um escape momentâneo, ilusões de grandeza e libertação temporária da dor de encarar a realidade. No ensaio "Healing the Heart of Justice" [Curando o coração da justiça], escrito especialmente para uma edição especial de *Creation Spirituality* destacando o trabalho de Howard Thurman, Victor Lewis compartilha suas compreensões a respeito do impacto profundo da opressão internalizada e do vício na vida das pessoas negras. Ele conclui:

> Valorizar quem somos corretamente, infinitamente, libertos da vergonha e da autorrejeição, exige saber que precisamos estar atentos à totalidade da vida. Compartilhar em uma comunidade amorosa a visão que amplie nossas forças e afaste o medo e o desespero, aqui nós encontramos a terra firme para uma justiça que possa fluir num curso poderoso. Aqui encontramos um fogo que queima longe da confusão da pressão que se amontoa sobre nós durante a fraqueza de nossa infância. Aqui nós podemos ver o que precisa ser feito e encontrar a força para fazê-lo. Valorizar quem somos do jeito certo. Amarmos uns aos outros. Isso é curar o coração da justiça.

Não podemos nos dar valor do jeito certo sem antes quebrar as paredes de autonegação que ocultam a profundidade do auto-ódio dos negros, a angústia interior, a dor sem reconciliação. Assim como Avey — a personagem de Paule Marshall —, podemos trabalhar para nos curar através da consciência, uma vez que nossas negações desmoronam. Eu sempre me surpreendo com o fato de que a jornada para o lar, aquele lugar na cabeça e no coração onde nos recuperamos no amor, está constantemente ao nosso alcance, dentro de nós, e, no entanto, muitas pessoas negras nunca encontram o caminho. Atolados na negatividade e na negação, somos como sonâmbulos. Contudo, se ousarmos despertar, o caminho está logo ali. Em *Hope and History* [Esperança e história], Vincent Harding pede que os leitores reflitam: "Em uma sociedade composta em sua maioria por pessoas não brancas, que conheceram o desprezo e a dominação do mundo Euro-Americano, seria fascinante cogitar o autoamor como um chamado religioso". Coletivamente, pessoas negras e nossos aliados somos empoderados quando praticamos o autoamor como uma intervenção revolucionária que mina as práticas de dominação.

Amar a negritude como resistência política transforma nossas formas de ver e ser e, portanto, cria as condições necessárias para que nos movamos contra as forças de dominação e morte que tomam as vidas negras.

02.
comendo o outro: desejo e resistência

> *Este é o dilema severo da teoria: que o desejo se expresse mais inteiramente onde estão presentes apenas aqueles absorvidos em suas delícias e tormentos, que triunfe mais completamente sobre as preocupações humanas em locais protegidos dos olhares. No entanto, é paradoxalmente no esconderijo que os segredos do desejo vêm à tona, que imposições hegemônicas e seus reversos, evasões e subversões são honestas e ativas ao máximo, e que as identidades e disjunções entre a paixão sentida e a cultura estabelecida se colocam em exibição mais vívida.*
>
> — Joan Cocks,
> *The Oppositional Imagination*
> [A imaginação opositora]

Dentro dos debates recorrentes sobre raça e diferença, a cultura de massa é o local contemporâneo que ao mesmo tempo declara publicamente e perpetua a ideia de que existe prazer a ser descoberto no reconhecimento e na apreciação da diferença racial.

A comodificação da Outridade[5] tem sido bem-sucedida porque é oferecida como um novo deleite, mais intenso, mais satisfatório do que os modos normais de fazer e de sentir. Dentro da cultura das commodities, a etnicidade se torna um tempero, conferindo um sabor que melhora o aspecto da merda insossa que é a cultura branca dominante. Tabus culturais acerca da sexualidade e do desejo são transgredidos e tornados explícitos conforme a mídia bombardeia as pessoas com mensagens de diferença que não estão mais baseadas na premissa supremacista branca de que "as loiras se divertem mais". A "verdadeira diversão" é trazer à tona todas aquelas fantasias e desejos inconscientes "obscenos" associados ao contato com o Outro, incrustados na estrutura profunda secreta (nem tão secreta) da supremacia branca. De várias formas, é uma retomada do interesse no "primitivo", com um viés claramente pós-moderno. Como Marianna Torgovnick debate em *Gone Primitive: Savage Intellects, Modern Lives* [Tornando-se primitivo: intelectos selvagens, vidas modernas]: "Está claro agora que a fascinação do Ocidente com o primitivo tem a ver com sua própria crise de identidade, com uma necessidade de demarcar claramente sujeito e objeto, ainda que flertando com outras formas de experimentar o universo".

Certamente, do ponto de vista do patriarcado supremacista branco capitalista, a esperança é que os desejos pelo "primitivo" ou fantasias sobre o Outro possam ser exploradas de modo contínuo, e que tal exploração ocorra de uma maneira que reforce e

---

5. Do inglês *otherness*. Aqui se trata de um "outro" que não é psicanalítico nem etnográfico (ao qual poderíamos nos referir falando em "alteridade"), mas de uma pessoa às vezes próxima, da nossa convivência, cujas diferenças que a constituem em temos de raça/gênero são tratadas como algo exótico. [N.T.]

mantenha o status quo. Se o desejo pelo contato com o Outro, pela conexão baseada no anseio pelo prazer, pode agir ou não como um ato de intervenção crítica que desafia e subverte a dominação racista, convidando e possibilitando a resistência crítica, essa é uma possibilidade política que ainda não foi realizada. Explorar como o desejo pelo Outro é expressado, manipulado e transformado pelos encontros com a diferença e o diferente é um terreno crítico que pode indicar se esses anseios potencialmente revolucionários serão algum dia realizados.

As gírias da classe trabalhadora britânica contemporânea se aproximam alegremente do discurso do desejo, da sexualidade e do Outro, evocando a frase conseguir "um pouquinho do Outro" como forma de falar de um encontro sexual. Foder é com o Outro. Ao deslocar a noção de Outridade da raça, etnicidade, cor da pele, o corpo se revela como um lugar de contestação onde sexualmente é o Outro metafórico que ameaça dominar, consumir e transformar através da experiência do prazer. Desejado e disputado, o prazer sexual altera o sujeito que consente, desconstruindo noções de desejo, controle e dominação coercitiva. A cultura das commodities nos Estados Unidos explora o pensamento convencional em relação a raça, gênero e desejo sexual ao "trabalhar" tanto a ideia de que a diferença racial marca alguém como Outro, quanto a suposição de que a atitude sexual expressada no caso de um encontro sexual num contexto racial é uma experiência de conversão que altera o lugar e a participação do sujeito na política cultural contemporânea. A promessa sedutora é de que esse encontro irá se opor às forças aterrorizantes do status quo, que tornam as identidades fixas, estáticas, uma condição de refreamento e morte. E é essa disposição de cruzar as fronteiras raciais dentro do território sexual que erradica o medo de que alguém deva sempre se conformar com a norma para permanecer "seguro". A diferença pode seduzir precisamente porque a imposição da semelhança pela cultura dominante é uma provocação aterrorizante. Como Jean Baudrillard sugere em *As estratégias fatais*,

> Ao contrário da sedução, que permite às coisas atuarem e aparecerem no segredo, no duelo da ambiguidade, a provocação não nos deixa a liberdade de ser, ela nos obriga a nos revelar tal como somos. Ela é sempre uma chantagem à identidade (e por isso um assassinato simbólico, já que nunca somos *isso*, exceto justamente por ter sido condenados a isso).

Tornar-se vulnerável à sedução da diferença, buscar um encontro com o Outro, não exige que o sujeito abdique de sua posição dominante de forma definitiva. Quando a raça e a etnicidade são comodificados como recursos para o prazer, a cultura de grupos específicos, assim como os corpos dos indivíduos, pode ser vista como constituinte de um playground alternativo onde os integrantes das raças, gêneros e práticas sexuais dominantes afirmam seu poder em relações íntimas com o Outro. Enquanto dei aulas em Yale, num belo dia de primavera, eu caminhava na região central de New Haven, que é próxima ao campus e invariavelmente faz com que entremos em contato com diversas pessoas negras pobres que moram nos arredores, e me vi andando atrás de um grupo de rapazes atléticos muito brancos e muito loiros. (A região do centro com frequência era mencionada como uma arena onde a dominação racista era disputada nas calçadas, onde pessoas brancas, em geral homens, especialmente atléticos, usavam seus corpos para forçar as pessoas negras para fora das calçadas, ou empurrar nossos corpos para o lado, sem jamais nos olhar nem reconhecer nossa presença). Aparentemente desapercebidos da minha existência, os rapazes falavam de seus planos de transar com o maior número de garotas de outra raça ou grupo étnico que conseguissem "pegar" antes da formatura. Eles soltaram o verbo. As garotas negras estavam no topo da lista, as estadunidenses de origem indígena eram difíceis de encontrar, as meninas asiáticas (amontoadas todas na mesma categoria), consideradas mais fáceis de seduzir, eram vistas como "alvo principal". Falando com os meus alunos sobre essa conversa ouvida furtivamente, descobri que era comumente aceito que alguém "circulasse" para escolher parceiros sexuais, da mesma forma como "experimentavam" cursos em Yale, e que raça e etnicidade eram uma categoria séria nas quais se baseavam as escolhas.

Para esses jovens rapazes e seus amigos, transar era uma maneira de confrontar o Outro, assim como uma forma de se aprimorar, de deixar para trás a "inocência" branca e entrar no mundo dos "experientes". Como é comum nesta sociedade, eles acreditavam que pessoas não brancas têm mais experiência de vida, são mais mundanas, sensuais e sexuais porque são diferentes. Conseguir um pouquinho do Outro, neste caso tendo relações sexuais com mulheres não brancas, era considerado um ritual de transcendência, um movimento de se aventurar num mundo em que a diferença seria transformadora, um rito de passagem aceitável. O objetivo direto não era apenas possuir o Outro sexualmente: era ser mudado de alguma forma pelo encontro. "Naturalmente", a presença do Outro e o corpo do Outro eram vistos como algo existente para servir às finalidades do desejo do homem branco. Escrevendo sobre as formas como a diferença é recuperada no Ocidente em "O inconsciente 'primitivo' da arte moderna ou pele branca, máscaras negras", Hal Foster relembra os leitores de que Picasso via os objetos tribais que adquiriu como "testemunhas" em vez de "modelos". Foster critica a abordagem em relação ao Outro, enfatizando que esse reconhecimento era "contingência do instrumento": "Dessa forma, por meio da afinidade e do uso, o primitivo é imitado dentro do que serve à tradição Ocidental (e então é visto como parcialmente produzido por ela)". Uma crítica similar pode ser feita em relação a tendências contemporâneas de desejo e contatos sexuais inter-raciais iniciados por homens brancos. Eles tratam os corpos do Outro não branco como instrumentos, como terrenos inexplorados, como fronteiras simbólicas que serão solo fértil para sua reconstituição da norma masculina, para se afirmarem como sujeitos desejantes transgressores. Eles decidem usar o Outro como testemunha e participante dessa transformação.

Para rapazes brancos, discutir abertamente seu desejo por moças (ou rapazes) não brancos é anunciar em público seu rompimento com um passado supremacista branco que teria articulado tais desejos apenas como tabu, segredo e vergonha. Eles veem sua disposição em nomear abertamente seu desejo pelo Outro como uma afirmação de pluralidade cultural (que influencia na preferência sexual e na escolha). Diferente dos homens brancos racistas que historicamente violaram os corpos de mulheres negras e não brancas para marcar sua posição como colonizadores/conquistadores, esses jovens se veem como não racistas, já que escolhem ultrapassar as fronteiras raciais dentro dos domínios do sexo não para dominar o Outro, mas para que possam ser afetados, transformados internamente. Sem se atentar a determinados aspectos de suas fantasias sexuais que irrevogavelmente os unem à dominação racista coletiva, acreditam que seu desejo por contato representa uma mudança progressista nas atitudes dos brancos em relação às pessoas não brancas. Eles não veem que estão perpetuando o racismo. Para eles, o indicador mais forte dessa mudança é a franca expressão da vontade, a declaração aberta do desejo, a necessidade de ser íntimo com Outros de pele escura. O importante é ser transformado por essa convergência de prazer e Outridade. O sujeito ousa — age — na presunção de que a exploração do mundo da diferença, no corpo do Outro, fornecerá um prazer maior, mais intenso, do que qualquer prazer que exista no mundo ordinário de seu grupo racial familiar. E mesmo que a convicção seja de que o mundo familiar permanecerá intacto ainda que o indivíduo se aventure fora dele, a esperança é de que não serão mais os mesmos ao regressar a esse mundo.

A atual onda de "nostalgia imperialista" (definida por Renato Rosaldo em *Culture and Truth* [Cultura e verdade] como uma "nostalgia, encontrada frequentemente no imperialismo, na qual as pessoas lamentam a perda daquilo que elas mesmas alteraram", ou como "um processo de ansiar por aquilo que o sujeito destruiu como uma forma de mistificação") geralmente obscurece as estratégias culturais contemporâneas aplicadas não para lamentar, mas para celebrar a sensação de um *continuum* do "primitivismo". Na cultura de massa, a nostalgia imperialista toma forma na reencenação e na rerritualização, de diferentes modos, das jornadas imperialistas e colonizadoras como fantasias narrativas de poder e desejo, de sedução pelo Outro. Esse desejo está enraizado na crença atávica de que o espírito do "primitivo" reside nos corpos dos Outros de pele escura cujas culturas, tradições e estilos de vida podem ter sido, na realidade, irrevogavelmente alterados pelo imperialismo, pela colonização e pela dominação racista. O desejo de fazer contato com esses corpos considerados Outros, sem nenhum intuito aparente de dominar, ameniza a culpa do passado, ou ainda toma a forma de um gesto de desobediência em que o sujeito nega sua responsabilidade e conexão histórica. Mais importante, isso estabelece uma narrativa em que os sofrimentos impostos pelas estruturas de dominação àqueles designados como Outro são evitados pela ênfase na sedução e na vontade, nas quais o desejo não é fazer com que a imagem do Outro seja superada pelo indivíduo, mas se tornar o Outro.

Enquanto a pesarosa nostalgia imperialista constitui o mundo traído e abandonado do Outro como uma acumulação de ausência e perda, o anseio contemporâneo pelo "primitivo" é expresso pela projeção no Outro de uma percepção de fartura, de recompensa, de um campo de sonhos. Comentando essa estratégia em "Readings in Cultural Resistance" [Leituras de resistência cultural], Hal Foster afirma:

> A diferença é então usada de modo produtivo; de fato, em uma ordem social que parece não conhecer o que está fora (e que precisa arquitetar suas próprias transgressões para redefinir seus limites), a diferença geralmente é fabricada de acordo com os interesses do controle social e também como uma commodity de inovação.

Massas de jovens insatisfeitos com o imperialismo dos Estados Unidos, com o desemprego, com a falta de oportunidades econômicas, sofrendo da doença pós-moderna da alienação, sem senso de origens e base, sem identidade redentora, podem ser manipulados por estratégias culturais que oferecem Outridade como apaziguamento. A crise de identidade contemporânea no Ocidente, especialmente a vivida pelos jovens brancos, é amenizada quando o "primitivo" é recuperado pelo foco na diversidade e no pluralismo que insinuam que o Outro pode fornecer alternativas que deem sentido à vida. Ao mesmo tempo, diversos grupos étnicos/raciais também podem aceitar essa noção de distinção, de que as histórias e experiências outrora vistas como dignas apenas de desprezo podem agora ser examinadas com reverência.

A apropriação cultural do Outro alivia os sentimentos de privação e de vazio que assaltam a psique da juventude branca radical que opta por trair a civilização ocidental. Enquanto isso, grupos marginalizados, considerados Outros, que têm sido ignorados, tratados como invisíveis, podem ser seduzidos pela ênfase na Outridade, pela sua comodificação, porque ela oferece a promessa de reconhecimento e reconciliação. Quando a cultura dominante exige que o Outro seja apresentado como um sinal da mudança política que está em andamento, de que o "sonho americano" pode ser realmente inclusivo com a diferença, isso é um convite para o ressurgimento de um nacionalismo cultural essencialista. A aceitação do Outro deve assumir formas identificáveis. Assim, não é a cultura afro-americana criada na resistência a situações contemporâneas que emerge, mas uma evocação nostálgica de um "passado glorioso". E, embora o foco em geral esteja nas maneiras como esse passado era "superior" ao presente, essa narrativa cultural se apoia nos estereótipos do "primitivo", mesmo quando se esquiva do termo, para evocar um mundo em que as pessoas negras estavam em harmonia com a natureza e umas com as outras. Essa narrativa está ligada às concepções brancas ocidentais do Outro de pele escura, não a um questionamento radical dessas representações.

Jovens de quaisquer outras cores que não saibam como se aproximar do Outro, nem como entrar em contato com o "primitivo", encontram a promessa do caminho numa cultura consumidora. É dentro do reino comercial da publicidade que o drama da

Outridade encontra uma expressão. Encontros com a Outridade são claramente marcados como mais excitantes, mais intensos e mais ameaçadores. O fascínio está na combinação de prazer e perigo. No mercado cultural, o Outro é codificado como quem tem a capacidade de ser mais vivo, guardando um segredo que permite, a quem ousa e se aventura, romper com a anedonia[6] cultural (definida por Sam Keen, em *The Passionate Life* [A vida apaixonada], como "a insensibilidade para o prazer, a incapacidade de experimentar a felicidade") e experimentar renovação sensual e espiritual. Antes de sua morte precoce, Michel Foucault, o pensador transgressor do Ocidente por excelência, confessou que teve dificuldades reais em experimentar o prazer:

> Eu acho que o prazer é uma conduta difícil. Não é tão simples quanto se divertir. E devo dizer que esse é o meu sonho. Eu gostaria e tenho a esperança de morrer de uma overdose de algum tipo de prazer. Porque acredito que é realmente difícil e sempre tenho a sensação de que não sinto *o prazer*, o prazer completo e total que, para mim, está relacionado à morte. Porque creio que o tipo de prazer que eu consideraria o *verdadeiro prazer* seria tão profundo, tão intenso e tão imenso que eu não sobreviveria a ele. Eu morreria.

Embora se referisse a sua experiência individual, Foucault expressou um dilema sentido por muitos no Ocidente. É precisamente o anseio pelo *prazer* que levou o Ocidente branco a sustentar uma

---

6. Anedonia é uma desordem psíquica que provoca a perda da sensação de prazer ao realizar atividades que antes traziam empolgação e alegria. Também é caracterizada por uma perda de interesse pelo convívio social. É identificada como sintoma de transtornos como a depressão. [N.T.]

fantasia romântica com o "primitivo" e uma busca concreta pelo paraíso primitivo real, que poderia estar localizado em um país ou um corpo, um continente escuro ou uma carne escura, percebidos como a encarnação perfeita dessa possibilidade.

Dentro dessa fantasia da Outridade, a ânsia pelo prazer é projetado como uma força que pode subverter e romper com o desejo de dominar. Age duplamente como mediador e desafio. Na peça de Lorraine Hansberry, *Les Blancs* [Os brancos], é o desejo de experimentar a proximidade e a comunidade que faz Charles, um jornalista branco estadunidense, travar contato e tentar fazer amizade com Tshembe, o revolucionário negro. Charles luta para se despir do privilégio supremacista branco, se esquiva do papel de colonizador e recusa a visão racista dos negros como exóticos. No entanto, continua supondo que pode decidir sozinho a natureza de seu relacionamento com uma pessoa negra. Evocando a ideia de um sujeito transcendente universal, ele atrai Tshembe ao repudiar o papel de opressor, declarando: "Sou um homem que gosta de conversar". Quando Tshembe se recusa a aceitar a relação de proximidade oferecida por ele, se recusa a satisfazer o desejo de Charles por camaradagem e contato, é acusado de odiar homens brancos. Chamando a atenção para situações em que as pessoas brancas oprimiram outras pessoas brancas, Tshembe desafia Charles, declarando que "a raça é um instrumento — nem mais, nem menos", que não "explica nada". Satisfeito com o repúdio à importância da raça, Charles concorda, afirmando que a "raça não tem nada a ver com isso". Tshembe então desconstrói a categoria de "raça" sem minimizar nem ignorar o impacto do racismo, dizendo a ele:

Eu acredito em reconhecer instrumentos como *instrumentos* — mas também acredito que esses instrumentos são reais. Em um século os homens escolheram esconder suas conquistas sob a religião, noutro, sob a raça. Então você e eu podemos reconhecer que o instrumento é fraudulento nos dois casos, mas persiste o fato de que um homem que é atravessado por uma espada por não se tornar muçulmano ou cristão — ou é linchado no Mississippi ou em Zatembe porque é negro — está sofrendo as consequências absolutamente reais desse instrumento de conquista. E é inútil fingir que ele não *existe* — simplesmente porque é uma mentira...

Várias e várias vezes Tshembe precisa deixar claro para Charles que o contato entre sujeitos brancos e negros que sinaliza a ausência de dominação, de uma relação opressor/oprimido, deve surgir de escolha e negociação mútuas. Que, somente exprimindo seus desejos por contato "íntimo" com pessoas negras, pessoas brancas não acabam com a política de dominação racial expressa em interações pessoais.

O reconhecimento mútuo do racismo, seu impacto nos dois, em quem é dominado e em quem domina, é o único ponto que torna possível um encontro entre raças que não seja baseado em negação e fantasia. Porque é a sempre presente realidade da dominação racista, da supremacia branca, que transforma em algo problemático o desejo das pessoas brancas de ter contato com o Outro. Geralmente é essa a realidade mais mascarada quando as representações do contato entre brancos e não brancos, negros e brancos, aparecem na cultura de massa. Uma área em que a política de diversidade e sua insistência concomitante em representação inclusiva teve um sério impacto foi a publicidade. Agora que pesquisas de mercado sofisticadas revelam quanto e o que as pessoas menos privilegiadas materialmente e os pobres de todas as raças/etnias consomem, às vezes em quantidades desproporcionais aos seus ganhos, tornou-se mais evidente que esses mercados podem ser atraídos por meio da publicidade. Pesquisas de mercado revelaram que pessoas negras compram mais Pepsi do que outros refrigerantes e, de repente, vemos mais comerciais de Pepsi com pessoas negras.

O mundo da moda também compreendeu que a venda de produtos pode ser aquecida com a exploração da diferença. O sucesso dos anúncios da Benetton, que se tornaram um modelo para várias estratégias de publicidade com suas imagens de diversidade racial, resume perfeitamente essa tendência. Muitos anúncios que focam a diferença não fazem comentários explícitos, ou usam apenas mensagens visuais, mas o catálogo da Tweeds do último outono fornece um ótimo exemplo das formas como a cultura contemporânea explora noções de Outridade tanto em textos quanto em imagens. A capa do catálogo mostra um mapa do Egito. Inserida no coração do país, por assim dizer, está a foto de um homem branco (no estilo do filme *Entre Dois Amores* [1985]) segurando uma criança egípcia nos braços. Atrás deles não está um cenário do Egito com cidades modernas, mas silhuetas sombreadas que lembram cabanas e palmeiras. Nas páginas interiores, o catálogo cita comentários de Gustave Flaubert em seu *Flaubert in Egypt* [Flaubert no Egito]. Em 75 páginas, o Egito se torna uma paisagem de sonhos, com seu povo de pele escura ao fundo, cenário para destacar a branquitude e os desejos dos brancos de habitar, ao menos por um tempo, o mundo do Outro. A primeira página afirma:

> Não queríamos que nossa jornada fosse cheia de fotografias de uma terra antiga. Em vez disso, queríamos redescobrir nossas roupas em um contexto cultural diferente. Seria possível, nos perguntamos,

expressar nosso estilo de um jeito inesperado, cercado pelas cores e texturas egípcias, ou até mesmo banhado pela luz do antigo Egito?

Não é a nostalgia imperialista em seu auge uma expressão potente do anseio pelo "primitivo"? Alguém deseja "um pouquinho do Outro" para aprimorar a paisagem deserta da branquitude. Nada é dito sobre o povo egípcio; porém, suas imagens estão espalhadas ao longo das páginas. Geralmente seus rostos estão desfocados pela câmera, uma estratégia para garantir que os leitores não fiquem mais entusiasmados com as imagens do Outro do que da branquitude. O objetivo dessa tentativa fotográfica de romper com a familiaridade é se distanciar da branquitude, para que assim possamos regressar a ela com mais determinação.

Na maioria das "fotografias", todas cuidadosamente posadas e escolhidas, não há troca de olhares. O indivíduo deseja contato com o Outro ao mesmo tempo que deseja que as fronteiras permaneçam intactas. Quando os corpos entram em contato, tocam-se, é quase sempre uma mão branca tocando, mãos brancas pousadas sobre os corpos de pessoas não brancas, a menos que o Outro seja uma criança. Uma das fotos de um contato "íntimo" mostra duas mulheres de braços dados, do jeito que duas amigas próximas fariam. Uma mulher é egípcia, identificada por uma legenda que diz "com seu marido e filho, Ahmedio A'bass, 22 anos, leva uma vida cigana"; a outra é uma modelo de pele branca. Os braços dados insinuam que essas suas mulheres compartilham alguma coisa, têm uma base de contato comum e, de fato, elas têm, elas se parecem, são mais semelhantes do que diferentes. A mensagem mais uma vez é que o "primitivismo", embora mais visível no Outro, também habita o *self* branco. Não é o mundo egípcio, da vida "cigana", que é reforçado por essa fotografia, mas a habilidade das pessoas brancas de se mover pelo mundo fazendo contatos. Usando calças, de pé, ao lado de sua "irmã" escura que veste uma saia tradicional, a mulher branca parece transgredir um código de vestimenta (um tema recorrente para a Tweeds). Visualmente, a imagem dá a entender que ela e as mulheres do primeiro mundo, como ela, são liberadas, têm maior liberdade para viajar do que as que adotam estilos de vida nômades.

É significativo que o catálogo lançado depois desse tenha escolhido a Noruega. O povo norueguês não era representado, apenas os cenários. Deveríamos supor que as pessoas brancas estadunidenses estão tão "em casa" na Noruega quanto se sentem aqui, por isso não há necessidade de legendas e explicações? Nesse contexto visual, é a branquitude o traço que une as pessoas — não a cultura. Para explorar a Outridade e dramatizar a "branquitude" no Egito, a Tweeds obviamente não pode incluir modelos de pele escura, uma vez que, desta maneira, o jogo de contrastes que tem o objetivo de destacar a "branquitude" não aconteceria, assim como a exploração que estimula o consumo do Outro não poderia aguçar o apetite do mesmo modo; assim como a inclusão de modelos de pele escura na edição da Noruega poderia insinuar que o Ocidente não é tão unificado pela branquitude como esse conteúdo visual dá a entender. Resumidamente, os dois catálogos evocam a sensação de que as pessoas brancas são homogêneas e compartilham uma cultura branca, padronizada, com o mesmo "sabor".

Os intelectuais brancos progressistas que são particularmente críticos das ideias "essencialistas" de identidade quando escrevem sobre cultura de massa, raça e gênero não focaram suas críticas na identidade branca e na forma como o essencialismo informa representações de branquitude. É sempre o Outro não branco — ou, em alguns casos, não heterossexual — o culpado pelo essencialismo. Poucos intelectuais brancos chamam a atenção para a forma como a obsessão contemporânea com o consumo do Outro de pele escura pelos brancos tem servido de catalisador para o ressurgimento do nacionalismo baseado no essencialismo étnico/racial. O nacionalismo negro, com sua ênfase no separatismo negro, está ressurgindo como uma resposta à crença de que o imperialismo cultural branco e o desejo branco de possuir o Outro estão invadindo a vida dos negros, se apropriando e violando a cultura negra. Como estratégia de sobrevivência, o nacionalismo negro emerge mais forte quando a apropriação da cultura negra pelos brancos ameaça descontextualizar e, portanto, apagar conhecimentos sociais e históricos específicos da experiência negra de onde emergem produções culturais e diferentes estilos negros. No entanto, a maioria dos intelectuais brancos que escrevem criticamente sobre a cultura negra não enxerga essas dimensões construtivas do nacionalismo negro e tende a vê-lo como um essencialismo ingênuo, enraizado em ideias de pureza étnica que se assemelham às crenças racistas da supremacia branca.

No ensaio "Hip, and the Long Front of Color" [Estilo, e a grande fachada da cor], o crítico branco Andrew Ross interpreta a declaração de Langston Hughes ("Você tomou meu blues e se foi/ Você canta eles na Broadway/ E você canta eles no Hollywood Bowl/ E você os misturou com suas sinfonias/ E modificou eles/ Então eles não soam mais como eu. Sim, você levou meu blues embora") como uma "queixa" que "celebra [...] o purismo *folk*". Contudo, a declaração de Hughes pode ser ouvida como um comentário crítico a respeito da apropriação cultural — não uma reclamação. A distinção deve ser feita entre o desejo de um reconhecimento de determinadas produções culturais afro-americanas que surgem a partir de experiências negras específicas como fontes criativas da cultura vigente, e investimentos essencialistas em ideias de pureza étnica que fortalecem versões simplistas do nacionalismo negro.

Atualmente, a comodificação da diferença promove paradigmas de consumo nos quais qualquer diferença em que o Outro habite será erradicada por meio da troca, pelo consumo canibal que não apenas desloca o Outro, mas nega a importância da história do Outro através de um processo de descontextualização. Como o "primitivismo", que segundo Hal Foster continua a "absorver o primitivo, em parte *via* o conceito de afinidade", ideias contemporâneas de cruzamento expandem os parâmetros da produção cultural para possibilitar que as vozes dos não brancos sejam ouvidas por audiências maiores, ainda que neguem a especificidade dessas vozes, ou enquanto as recuperam para uso próprio.

Esse roteiro é representado no filme *Um Espírito Grudou em Mim* (1990) quando Moony, um policial branco racista, recebe em um transplante o coração de Stone, um homem negro que ele tentava destruir porque Stone seduziu Chris, a moça branca por quem Moony era apaixonado. Transformado por seu novo "coração negro", Moony aprende a ser mais sedutor, muda suas atitudes em relação à raça e, no melhor estilo de Hollywood, conquista a moça no final. Dramatizando desavergonhadamente um processo de "devorar o Outro" (nas práticas de religiões antigas de povos chamados "primitivos", o coração de uma pessoa podia ser arrancado e comido para que alguém incorporasse o espírito ou características especiais daquela pessoa), *Um Espírito Grudou em Mim* aborda fantasias de uma audiência branca. No fim do filme, Moony, casado com Chris e cercado pela família negra e carinhosa de Stone, acaba se tornando o "pai" do bebê mestiço de Chris e Stone, que tem a pele escura, a cor de pele de seu pai. Stone, o fantasma que assombrava Moony, de repente é "passado": desaparece. Curiosamente, esse filme comercial insinua que a luta patriarcal sobre a "posse" (isto é, posse sexual do corpo das mulheres brancas) é justificativa para o racismo. Uma vez que Moony é capaz de aceitar e se relacionar com Stone nas bases falocêntricas de sua posse e de seu "desejo" por Chris, o laço social baseado na semelhança torna a irmandade possível e acaba com o racismo que os mantinha afastados. É significativo que o elo patriarcal medeie e se torne o fundamento para a erradicação do racismo.

Em parte, *Um Espírito Grudou em Mim* oferece uma versão do pluralismo racial que desafia o racismo por sugerir que a vida do homem branco será mais rica, mais aprazível, se ele aceitar a diversidade. Contudo, também oferece um modelo de mudança que ainda deixa intacto o patriarcado supremacista branco capitalista, embora não esteja mais baseado na dominação coercitiva das pessoas negras. Ele insiste que o desejo do homem branco deve ser sustentado pelo "trabalho duro" (neste caso, o coração) de um Outro de pele escura. A fantasia, é claro, é de que esse trabalho não será mais realizado por meio da dominação, mas será dado de boa vontade. Não surpreende que a maioria das pessoas negras tenha se referido a esse filme como "racista". O homem negro jovem e desejável (sobre quem ficamos sabendo, pelo seu autorretrato, que não é "bem dotado") deve morrer para que o homem branco de meia-idade possa restaurar sua potência (ele acorda do transplante e encontra uma réplica de um pênis negro imenso entre suas pernas) e ser mais sensível e amoroso. Torgovnick recorda os leitores em *Gone Primitive* que um dos elementos centrais da fascinação ocidental pelo primitivismo é o foco em "superar a alienação do corpo, restaurar o corpo, e deste modo o *self*, a uma relação fácil e cheia de harmonia com a natureza e o cosmos". É essa conceitualização do primitivo e do homem negro como seu representante essencial que é dramatizada em *Um Espírito Grudou em Mim*. Um dos pontos fracos no texto de Torgovnick é a recusa em reconhecer o quão intensamente a ideia do "primitivo" está impregnada nas psiques das pessoas nos dias de hoje, moldando estereótipos racistas contemporâneos, perpetuando o racismo. Quando ela propõe que "nossa cultura em grande parte rejeita a associação da negritude com a sexualidade e a irracionalidade descontroladas, com a decadência e a corrupção, com a doença e a morte", só podemos nos perguntar que cultura é essa à qual ela se refere.

Filmes como *Um Espírito Grudou em Mim* transformam a vida e a cultura dos negros em pano de fundo, cenários para narrativas centradas essencialmente nas pessoas brancas. Representantes do nacionalismo negro criticam essas misturas culturais, sua descentralização da experiência negra ao mesmo tempo que se trata de pessoas negras, e sua insistência de que é aceitável para pessoas brancas explorar a negritude contanto que seu objetivo principal seja a apropriação. Politicamente, "no caso" de criticarem a apropriação cultural da experiência negra pelos brancos por reinscrevê-la dentro de uma narrativa "legal" da supremacia branca, essas vozes não podem ser desconsideradas como ingênuas. Elas são equivocadas quando insinuam que o imperialismo cultural branco é criticado e combatido da melhor forma pelo separatismo negro, ou quando evocam ideias ultrapassadas de pureza racial que negam a maneira como pessoas negras vivem no Ocidente, são ocidentais, e que, às vezes, são influenciadas positivamente por aspectos da cultura branca.

O ensaio de Steve Perry "The Politics of Crossover" desconstrói ideias de pureza racial ao destacar as diversas trocas interculturais entre músicos brancos e negros, mas parece incapaz de reconhecer que essa realidade não altera o fato de que a apropriação da cultura negra pelo imperialismo cultural mantém a supremacia branca e é uma ameaça constante à libertação dos negros. Embora Perry consiga admitir que artistas negros bem-sucedidos e apreciados pelo grande público, como Prince, levam o "apelo ao grande público" ao ponto em que "começa a se tornar uma negação da negritude", ele é incapaz de ver isso como uma ameaça para as pessoas negras que resistem diariamente ao racismo, defendendo a descolonização em andamento, e que precisam de uma luta efetiva pela libertação dos negros.

Sob a condescendência de Perry, e sua atitude às vezes desdenhosa em relação ao nacionalismo negro, está a insistência esquerdista de que a classe precede a raça. Esse ponto de vista inibe sua capacidade de entender as necessidades políticas específicas de pessoas negras que são abordadas, ainda que de forma inadequada, pelo movimento separatista negro. Como Howard Winant esclarece em "Postmodern Racial Politics in the United States: Difference and Inequality" [Políticas raciais pós-modernas nos Estados Unidos: diferença e inequidade], é preciso entender raça para entender classe porque, "na moldura política pós-moderna contemporânea nos Estados Unidos, a hegemonia é determinada pela articulação de raça e classe". E, mais importante, a "habilidade da direita de representar os problemas de classe em termos raciais" é "central para o padrão vigente da hegemonia conservadora". Certamente um nacionalismo negro baseado no essencialismo impregnado de vários estereótipos racistas e disposto a perpetuá-los é uma resposta inadequada e ineficaz à demanda urgente por uma luta revolucionária pela libertação negra viável e renovada, que pede, como seus objetivos centrais, uma politização radical das pessoas negras, estratégias de descolonização, críticas ao capitalismo e uma resistência contínua à dominação racista.

O ressurgimento do nacionalismo negro como uma expressão do desejo das pessoas negras de se preservar contra a apropriação cultural branca indica até que ponto a comodificação da negritude (incluindo a pauta nacionalista) foi retomada e vendida com uma narrativa atávica, uma fantasia da Outridade que reduz protestos a espetáculos e estimula um desejo ainda maior pelo "primitivo". Dado esse contexto cultural, o nacionalismo negro é mais um gesto de impotência do que um sinal de resistência crítica. Quem pode levar a sério a insistência do Public Enemy de que os dominados e seus aliados "combatam os poderes" quando não há uma luta coletiva organizada? Quando jovens reproduzem a retórica do nacionalismo negro dos anos 1960, quando usam tecidos kente, medalhões de ouro e cabelos com dreads, e insultam as pessoas brancas com quem se relacionam, eles expõem a maneira como a comodificação retira o significado e a integridade política desses símbolos, negando a possibilidade de que possam servir como um catalizador para a ação política concreta. O poder desses símbolos de inflamar a consciência crítica é diluído quando estes são transformados em commodity. Comunidades de resistência são substituídas por comunidades de consumo. Como Stuart e Elizabeth Ewen enfatizam em *Channels of Desire* [Canais do desejo]:

> A política do consumo deve ser entendida como algo mais do que apenas o que comprar, ou até o que boicotar. O consumo é uma relação social, a relação mais importante em nossa sociedade — que torna mais e mais difícil para as pessoas se relacionarem, criarem comunidades. Em um momento em que, para muitos de nós, a possibilidade de mudança significativa parece se esquivar do

nosso alcance, [o consumo] é uma questão de proporções políticas e sociais imensas. Para estabelecer uma iniciativa popular, é preciso transcender o consumismo — uma tarefa difícil, mas central para todas as pessoas que ainda buscam uma forma melhor de viver.

As obras de artistas negros que são abertamente políticas e radicais raramente são associadas a uma política cultural de resistência. Quando transformadas em commodities, é fácil para os consumidores ignorar sua mensagem política. E ainda que um produto como o rap articule narrativas sobre alcançar uma consciência política crítica, ele também explora estereótipos e ideias essencialistas de negritude (como as de que pessoas negras têm um ritmo natural ou que são mais sexuais). O programa de televisão *In Living Color* [Em cores vivas] abre com uma canção que diz aos espectadores "*do what you wanna do*" [faça o que quiser]. De um lado, esse programa defende a transgressão; no entanto, de outro, promove estereótipos racistas, machismo e homofobia. A cultura dos jovens negros passou a representar os limites mais extremos da "exterioridade". O nexo comercial explora o desejo da cultura (expressado por brancos e negros) de marcar a negritude como um símbolo do "primitivo", da selvageria, e, com isso, a insinuação de que as pessoas negras têm acesso secreto ao prazer intenso, particularmente aos prazeres do corpo. É o corpo do jovem homem negro que é visto como a epítome dessa promessa de selvageria, de poder físico ilimitado e de erotismo incontrolável. Era esse o corpo negro mais "desejado" para o trabalho na escravidão, e é esse corpo o mais representado na cultura popular contemporânea como o corpo a ser vigiado, imitado, desejado, possuído. Em vez de um sinal de prazer na vida diária fora do reino do consumo, o corpo do jovem negro é representado mais graficamente como o corpo com dor.

Visto de forma fetichizada na imaginação racial psicossexual da cultura jovem, os corpos reais dos homens negros são diariamente atacados com crueldade pela violência racista branca, ou pela violência dos negros contra os negros, a violência do excesso de trabalho e a violência do vício e da doença. Em sua introdução a *The Body in Pain* [O corpo em dor], Elaine Scarry declara que "não existe uma linguagem comum para a dor", que "a dor física é difícil de expressar; e que essa incapacidade de expressão tem consequências políticas". Isso certamente é verdade para a dor do homem negro. Homens negros são incapazes de articular completamente e reconhecer a dor em suas vidas. Eles não têm um discurso público ou um espaço dentro da sociedade racista que lhes permita falar a respeito de sua dor. Infelizmente, homens negros com frequência evocam a retórica racista que identifica o homem negro como animal, falando de si mesmos como "espécies em extinção", como "primitivos", em suas súplicas para ter seu sofrimento reconhecido.

Quando jovens negros adquirem presenças e vozes públicas poderosas via produções culturais, como tem acontecido com a explosão do rap, não significa que contem com um veículo que lhes permita articular sua dor. Apresentando narrativas que são principalmente sobre poder e prazer, que defendem a resistência ao racismo, mas apoiam o falocentrismo, o rap nega essa dor. É verdade, foram as condições de sofrimento e sobrevivência, de pobreza, privação e ausência que caracterizaram as regiões marginais onde o rap e o break surgiram. Descritos como "rituais" pelos moradores dessas comunidades urbanas pobres e não brancas, tais práticas ofereciam aos indivíduos formas de ganhar o reconhecimento público e uma voz. Muito da dor psíquica que as pessoas negras experimentam diariamente no contexto da supremacia branca é causada pelas forças opressivas desumanizantes, forças que nos tornam invisíveis e nos recusam o reconhecimento. Michael H., comentando sobre estilo no livro *All Consuming Images* [Todas imagens de consumo], de Stuart Ewen, também fala sobre esse desejo por atenção, declarando que o break e o rap são meios de dizer: "ouçam a minha história, sobre mim, a vida e o romance". O rap fornece uma voz pública para jovens negros que geralmente são silenciados e ignorados. Ele surge nas ruas — fora do confinamento de uma domesticidade moldada e influenciada pela pobreza, fora dos espaços enclausurados onde os corpos dos jovens homens negros precisam ser contidos e controlados.

Em seu estágio embrionário, o rap era "coisa de homem". Jovens de pele negra e marrom não podiam dançar break e apresentar seus raps em casas de família cheias de gente. A criatividade masculina, expressada pelo rap e pela dança, exigia espaços abertos, fronteiras simbólicas onde o corpo poderia fazer o que quisesse, se expandir, crescer e se mover, cercado por um público atento. O espaço doméstico, associado à repressão e à contenção, e também ao "feminino", era rejeitado e visto com resistência para que então pudessem emergir um paradigma patriarcal assertivo da masculinidade competitiva e sua ênfase concomitante na habilidade física. Como resultado, muito do rap se confunde com machismo e misoginia. A história pública da vida dos homens negros narradas pelo rap fala diretamente sobre e contra a dominação branca racista, mas só indiretamente dá pistas sobre a imensidão da dor do homem negro. Construindo o corpo do homem negro como um lugar de poder e prazer, o rap e as danças associadas a ele sugerem vibração, intensidade e uma alegria insuperável. Pode muito bem ser que viver no limite, tão perto da possibilidade de ser "exterminado" (que é como muitos homens negros jovens se sentem), aprimore as habilidades de se arriscar e de tornar o prazer mais intenso. É essa energia, gerada pela tensão entre o prazer e o perigo, a morte e o desejo, que Foucault evoca quando fala daquele *prazer total e completo* que está relacionado à morte. Embora Foucault esteja falando como indivíduo, suas palavras ressoam em uma cultura afetada pela anedonia — a inabilidade de sentir prazer. Nos Estados Unidos, onde nossos sentidos são assaltados e bombardeados diariamente de tal forma que a dormência emocional se instalou, pode ser necessário "estar no limite" para que os indivíduos sintam alguma coisa intensamente. Portanto, a tendência geral na cultura é ver os jovens negros como perigosos e desejáveis.

Certamente, o relacionamento entre a experiência da Outridade, do prazer e da morte é explorado no filme *O Cozinheiro, o Ladrão, sua Mulher e o Amante* (1989), que critica a dominação masculina branca, ainda que esse aspecto do filme raramente tenha sido comentado quando ele foi discutido nos Estados Unidos. Críticos não falaram sobre a representação dos personagens negros; pelos textos era possível supor que todo o elenco era branco e britânico. No entanto, os homens negros são parte da comunidade de subordinados que são dominados por um homem branco controlador. Depois de ele matar seu amante, sua mulher branca e loira fala com o cozinheiro de pele escura, que claramente representa os imigrantes não brancos, sobre as relações entre a morte e o prazer. É ele quem explica a ela a forma como a negritude é vista pela imaginação branca. O cozinheiro diz que a culinária negra é desejada porque faz aqueles que a comem se recordarem da morte, e é por isso que seu preço é tão alto. Quando ela é saboreada (no filme, sempre e somente por pessoas brancas), o cozinheiro nos diz, como um informante nativo, que é uma maneira de flertar com a morte, de ostentar poder. Ele diz que consumir a culinária negra é uma forma de dizer: "morte, estou comendo você", e desse modo derrotar o medo e conhecer o poder. O racismo dos brancos, o imperialismo e a dominação machista prevalecem pelo consumo da coragem. É devorando o Outro (nesse caso, a morte) que os brancos garantem poder e privilégio.

Uma confrontação similar pode estar acontecendo na cultura popular da sociedade estadunidense quando jovens brancos buscam contato com Outros de pele escura. Eles podem há muito ter vencido seu medo da escuridão e da morte. Para a direita reacionária, a juventude branca pode estar simplesmente tentando afirmar o "poder branco" quando flerta com travar contato com o Outro. No entanto, existem muitos jovens brancos que desejam se mover para além da branquitude. Críticos do imperialismo branco e "atraídos" pela diferença, eles desejam espaços culturais onde as fronteiras podem ser ultrapassadas, onde novas relações podem ser formadas. Esses desejos são dramatizados por dois filmes contemporâneos, *Hairspray — E Éramos Todos Jovens* (1988), de John Waters, e *Trem Mistério* (1989), de Jim Jarmush. Em *Hairspray*, Traci, uma garota branca descolada da classe trabalhadora, e seu namorado de classe média transgridem as fronteiras de raça e classe para dançar com pessoas negras. Em um beco infestado de ratos, com bêbados passando, ela diz a ele: "Eu queria ter a pele escura". E ele responde: "Traci, nossas almas são negras, ainda que nossas peles sejam brancas". A negritude — a cultura, a música, o povo — mais uma vez é associada com o prazer, juntamente com a morte e a decadência. No entanto, o reconhecimento desses prazeres e dores específicos da experiência das pessoas negras não leva à apropriação cultural, mas a uma apreciação que se manifesta no espectro político — Traci ousa apoiar a integração racial.

Nesse filme, o desejo e o anseio por contato com pessoas negras é expresso junto do reconhecimento do valor da cultura. Os personagens não ultrapassam as fronteiras para permanecer os mesmos, para reafirmar a dominação branca. *Hairspray* é quase único em sua tentativa de construir um universo fictício onde os brancos "indesejáveis" da classe trabalhadora são solidários com as pessoas negras. Quando Traci diz que quer ser negra, a negritude se torna uma metáfora da liberdade, um fim das fronteiras. A negritude é vital não porque representa o primitivo, mas porque convida a um engajamento em um *ethos* revolucionário que ousa desafiar e interferir no status quo. Como os rappers brancos MC Serch e Prime Minister Pete Nice, que afirmam "querer levar adiante um tipo de mensagem positiva para as pessoas negras, de que existem pessoas brancas que entendem o que envolve tudo isso, que compreendem que precisamos fazer com que todo ódio acabe", Traci muda seu posicionamento para se alinhar em solidariedade com as pessoas negras. Ela está preocupada com sua liberdade e vê que sua libertação está ligada à libertação dos negros e a um esforço para acabar com a dominação racista.

Expressando uma solidariedade similar com a pauta da "libertação", que inclui a liberdade de transgredir, Sandra Bernhard, em seu filme *Without You I'm Nothing* [Sem você não sou ninguém] (1990), também associa a negritude a essa luta. Na edição do mês de março da *Interview*, ela diz que o filme tem "todo esse tema negro, que é como uma metáfora pessoal sobre ser excluída". Essa declaração mostra como a percepção que Bernhard tem da negritude é problemática e complexa. O filme começa com ela fingindo que é negra. Vestindo roupas africanas, ela torna problemática a questão da raça e da identidade, pois essa representação insinua que a identidade racial pode ser construída socialmente, ao mesmo tempo que dá a entender que a apropriação cultural falha porque é sempre uma imitação, falsa. Da mesma forma, ela contrasta sua tentativa de se travestir como uma mulher negra com a tentativa de uma mulher negra imitar a aparência de uma mulher branca. O filme de Bernhard sugere que a cultura branca alternativa deriva seu ponto de vista, seu ímpeto, da cultura negra. Identificada com os Outros marginalizados, a herança judaica e também as práticas eróticas sexualmente ambíguas de Bernhard já a colocam fora da experiência dominante. No entanto, o filme não esclarece a natureza de sua identificação com a cultura negra. Ao longo do filme, ela se põe em relações de comparação e competição com mulheres negras, aparentemente expondo a inveja que as mulheres brancas sentem das mulheres negras, e seu desejo de "ser" imitações de mulheres negras. Contudo, também tira sarro das mulheres negras. A mulher negra não identificada que aparece no filme, como um fantasma, olhando-se no espelho, não tem nome nem voz. Ainda assim, sua imagem é sempre contrastada com a de Bernhard. Será que ela é a fantasia da Outra que Bernhard gostaria de se tornar? Será a fantasia de uma Outra que Bernhard deseja? A última cena no filme confirma que a as mulheres negras são a medida pela qual Bernhard avalia a si mesma. Embora insinue comicamente no filme que o trabalho de cantoras negras como Nina Simone e Diana Ross é derivativo, "roubado" do trabalho dela, essa inversão da realidade ironicamente chama a atenção para a forma como as mulheres brancas "pegaram emprestado" das mulheres negras sem reconhecer o quanto lhes devem. De várias maneiras, o filme critica a apropriação cultural da "negritude" que não deixa vestígios. De fato, Bernhard reconhece que começou sua carreira em clubes negros, entre pessoas negras. Apesar de admitir de onde vem, o filme mostra Bernhard claramente definindo um espaço de performance artística que apenas ela, como mulher branca, pode ocupar. Mulheres negras não têm público, plateias dispostas a pagar por nossas imitações engraçadas de mulheres brancas. Realmente, é difícil imaginar qualquer outro arranjo além de um espaço exclusivo de pessoas negras em que as mulheres negras pudessem usar a comédia para criticar e ridicularizar o comportamento das mulheres brancas da mesma forma que Bernhard brinca com as atitudes das mulheres negras.

Encerrando a cena coberta por uma capa que parece a bandeira dos Estados Unidos, Bernhard revela seu corpo quase inteiramente nu. O filme termina com a imagem de uma mulher negra, que até aquele momento estivera apenas no fundo, um elemento de cena, a única espectadora assistindo a essa performance sedutora até o final. Embora esteja em busca do reconhecimento de sua identidade, de seu poder, Bernhard encara a mulher negra, que retribui seu olhar com ares de desprezo. Como se esse olhar de desinteresse e desconsideração não fosse o suficiente para deixar clara sua indiferença, ela retira um batom vermelho da bolsa e escreve na mesa: "Foda-se, Sandra Bernhard". Sua mensagem parece ser: "Você pode precisar da cultura negra, uma vez que sem nós não é nada, mas as mulheres negras não precisam de você". No filme, todas as mulheres brancas tiram as roupas, mostram sua sexualidade e parecem direcionar suas atenções ao olhar dos homens negros. É esse ponto de vista que o filme sugere poder levá-las a ignorar as mulheres negras e só perceber o que elas pensam quando estamos "bem na cara delas".

O filme de Bernhard caminha numa corda bamba crítica. Por um lado, zomba da apropriação da cultura negra pelos brancos, o desejo dos brancos pelos negros (como na cena em que Bernhard, como uma personagem branca e loira, é vista sendo "ameaçada" por um homem negro, que depois descobrimos estar mais preocupado com seu cabelo — isto é, sua própria imagem), e ainda assim o filme funciona principalmente como espetáculo por causa das formas inteligentes como Bernhard "usa" a cultura negra e os estereótipos raciais padrão. Como muitas das representações da negritude no filme são estereótipos, ele não vai realmente contra a lógica cinematográfica de Hollywood. E, como no catálogo da Tweeds no Egito, pessoas negras são basicamente reduzidas "a uma metáfora pessoal", como Bernard disse à *Interview*. A negritude é o pano de fundo da Outridade que ela usa para reforçar e esclarecer seu status como Outra, como descolada, na moda e transgressora. Embora tenha revelado ao público que, quando era uma "novata" no entretenimento, começou trabalhando próxima a pessoas negras, a questão era destacar onde ela começou e o quão longe chegou. Quando Bernhard "chega lá", capaz de explorar a Outridade em grande estilo, chega sozinha, não na companhia de colegas negros. Eles são cenário, acessórios de cena, pano de fundo. Até mesmo o fim do filme problematiza esse ato de despedida. Bernhard está abandonando as pessoas negras ou ela foi rejeitada e dispensada? Talvez seja mútuo. Assim como sua amiga Madonna, Bernhard sai de seus encontros com o Outro mais rica do que era no começo. Nós não temos a menor ideia de como o Outro sai depois de encontrá-la.

Quando comecei a pensar neste ensaio e a fazer pesquisa, questionei pessoas de diversos lugares sobre se achavam que a abordagem da raça, da Outridade e da diferença na cultura de massa desafiava o racismo. Havia uma concordância geral de que a mensagem de que o reconhecimento e a exploração racial da diferença podem ser aprazíveis representa uma ruptura, um desafio à supremacia branca, a vários sistemas de dominação. O medo maior é que a as diferenças raciais, culturais e étnicas sejam continuamente transformadas em commodities e oferecidas como novas refeições para aprimorar o paladar dos brancos — que os Outros sejam comidos, consumidos e esquecidos. Depois de semanas debatendo sobre a distinção entre apropriação cultural e apreciação cultural, estudantes do meu curso introdutório à literatura negra estavam convencidos de que algo radical estava acontecendo, que essas questões eram "abordadas abertamente". Dentro de um contexto em que o desejo pelo contato com aqueles que são diferentes ou considerados Outros não é visto como algo ruim, politicamente incorreto ou errado, podemos começar a conceituar e identificar as maneiras como o desejo influencia nossas escolhas e afiliações políticas. Ao reconhecer as formas como o desejo pelo prazer — e isso inclui os anseios eróticos — mobiliza nossas políticas, nosso entendimento da diferença, talvez possamos entender melhor como o desejo desestabiliza, subverte e torna a resistência possível. Não podemos, entretanto, aceitar essas novas imagens acriticamente.

03.
mulheres negras revolucionárias: nos transformamos em sujeitas

Sentada em um círculo com várias mulheres negras e um homem negro, crianças correndo para lá e para cá, numa tarde quente de sábado no escritório do Conselho de Violência Doméstica, depois de um dia intenso de trabalho, meu espírito está renovado por compartilhar com esse grupo alguns aspectos de meu desenvolvimento como pensadora feminista e escritora. Eu me concentro em escutar enquanto uma irmã companheira fala de suas impressões sobre o meu trabalho. Inicialmente, fez com que ela se sentisse perturbada. "Eu não queria ouvir", ela diz. "Eu me senti ofendida." A conversa no grupo é sobre mulheres negras e violência, não apenas a violência infligida pelos homens negros, mas a violência que as mulheres negras cometem com as crianças, e as violências que praticamos umas com as outras. Especialmente desafiadas pelo ensaio "Violência em relacionamentos íntimos: uma perspectiva feminista", do livro *Erguer a voz*, por causa do foco do texto em um *continuum* de dominação violenta que começa não com a violência dos homens contra as mulheres, mas com a violência a que os pais submetem as crianças, as mulheres negras daquele grupo sentiram individualmente que precisavam questionar suas práticas de criação dos filhos.

Existem poucas obras feministas sobre a violência contra as crianças na perspectiva negra. Compartilhando nossas histórias, falamos sobre as maneiras como os estilos de criação dos filhos em diversas comunidades negras apoiam e perpetuam o uso da violência como forma de controle social doméstico. Relacionamos a aceitação geral da violência contra crianças com a aceitação, na comunidade, da violência dos homens contra as mulheres. De fato, sugeri que muitas de nós havíamos crescido em famílias que aceitavam totalmente a ideia de que a violência era uma resposta apropriada para lidar com crises. Nesses cenários, não era raro que mulheres negras fossem verbalmente abusivas ou fisicamente violentas umas com as outras. No grupo, as memórias mais vívidas de mulheres negras brigando entre si se passavam em lugares públicos, onde elas se enfrentavam por causa de homens ou fofocas. Não havia ninguém no grupo que nunca tivesse testemunhado um incidente em que uma mulher negra tivesse sido violenta com outra.

Li para o grupo o verso de Nikki Giovanni em "Woman Poem" [Poema mulher]: "Não sou merda nenhuma. Você precisa ser menos do que isso para se importar".[7] Esses versos falam diretamente da raiva e hostilidade que pessoas oprimidas/exploradas podem direcionar contra si mesmas internamente, ou externamente contra aqueles que se importam com elas. Esse tem sido o caso, com frequência, nos encontros entre mulheres negras. A grande maioria das mulheres negras nesta sociedade recebeu cuidados essenciais apenas de outras mulheres negras. Esse cuidado nem sempre media ou altera a raiva, ou o desejo de infligir

---

7. No original: "I ain't shit. You must be lower than that to care". [N.T.]

dor; pode inclusive provocá-lo. Reações hostis ao cuidado ecoam a verdade das palavras de Nikki Giovanni. Quando lancei esses versos para elas pela primeira vez, pude ouvir as vozes ao fundo questionando: "Como você valeria alguma coisa se você cuida de mim, que não valho nada?". Entre as mulheres negras, essa dor internalizada tão profunda e a autorrejeição estimulam a agressividade direcionada à imagem no espelho — outra mulher negra. É essa realidade que Audre Lorde descreve corajosamente em seu ensaio "Olho no olho: mulheres negras, ódio e raiva". Questionando criticamente, Lorde pergunta:

> Por que essa raiva se manifesta mais claramente contra outras mulheres negras, por menor que seja o motivo? Por que eu as julgo sob uma luz mais crítica do que qualquer outra, enfurecendo-me quando elas não correspondem às expectativas? Se por trás do que eu ataco estiver o rosto do meu ser, que não foi aceito, o que poderia extinguir um incêndio alimentado por emoções tão mútuas?

Eu me lembrei do ensaio de Lorde enquanto estava sentada entre aquelas mulheres negras, ouvindo-as falar sobre a intensidade da "raiva" que, a princípio, sentiram do meu trabalho. Em retrospecto, aquela raiva era evocada vividamente, então eu sabia que cada uma daquelas mulheres negras se engalfinhara com ela, fora além dela, e chegara a um lugar de consciência política que nos permite reconhecer essa raiva abertamente como parte do processo de conscientização e de continuar nos apoiando criticamente. Elas queriam que eu entendesse o processo de transformação, o movimento de suas emoções, da raiva, passando por se importar, até o reconhecimento. É esse o processo de empoderamento que possibilita que nos olhemos nos olhos, que nos cumprimentemos com solidariedade, irmandade e amor. Neste espaço, falamos a respeito de nossas diferentes experiências de ser mulher negra, influenciadas pela classe, localização geográfica, formação religiosa etc. Não supomos que todas as mulheres negras são violentas ou internalizaram o ódio e a hostilidade.

Entretanto, ainda em "Olho no olho", Lorde escreve:

> Nós não amamos a nós mesmas, por isso não podemos amar uma à outra. Porque vemos no rosto da outra o nosso próprio rosto, o rosto que nunca deixamos de querer. Porque sobrevivemos, e sobreviver gera o desejo por mais de nós mesmas. Um rosto que nunca deixamos de querer, ao mesmo tempo que o tentamos destruir. Por que não nos olhamos nos olhos? Esperamos pela traição no olhar da outra, ou pelo reconhecimento?

O ensaio de Lorde relata um entendimento das formas como mulheres negras "feridas", que não estão em recuperação, interagem umas com as outras, ajudando a ver como os sistemas racista e machista de dominação podem moldar e determinar como olhamos umas para as outras. Ao mesmo tempo que fiquei profundamente comovida com seu relato sobre como as formas de racismo e machismo internalizadas influenciam a formação da identidade social das mulheres negras, a forma como podem e em geral conseguem nos afetar, eu me senti perturbada pela suposição, expressa por seu uso contínuo do "nós" coletivo, de que estava falando de uma experiência que todas as mulheres negras compartilham. Seu ensaio afirma que a experiência compartilhada por todas as mulheres é receber passivamente e absorver mensagens de auto--ódio, e então redirecionar a raiva e a hostilidade mais intensamente entre nós. Enquanto concordo de todo coração com Lorde que muitas mulheres negras se sentem como ela descreve, estou interessada na realidade dessas mulheres negras, poucas que sejam, que, mesmo sendo alvo da raiva de outras mulheres negras, não direcionam sua hostilidade ou raiva contra suas semelhantes. Ao longo de "Olho no olho", Lorde constrói um paradigma monolítico da experiência da mulher negra que não lida com as nossas diferenças. Embora seu ensaio encoraje as mulheres negras a examinar abertamente a dureza e a crueldade que podem fazer parte das interações entre mulheres negras, para que então possamos olhar umas para as outras de modo diferente, uma forma de expressar esse olhar seria reconhecer, sem ódio ou inveja, que nem todas as mulheres negras compartilham da experiência que ela descreve. De certa forma, o ensaio de Lorde exclui, apaga, se fecha e nega as experiências das mulheres negras que não se adequam à norma que ela constrói a partir de sua experiência. Nunca em seu ensaio Lorde aborda a questão de mulheres negras com origens culturais diferentes (caribenhas, latinas etc.) construírem ou não identidades diversas. Todas nós temos os mesmos sentimentos em relação a ser uma mulher negra? E as diferenças regionais? E aquelas mulheres negras que tiveram a boa sorte de serem criadas em contextos politizados, em que suas identidades foram construídas pela resistência e não pela aceitação passiva? Ao evocar essa experiência negativa de ser uma mulher negra como algo "comumente" compartilhado, Lorde a apresenta de um modo que dá a entender que ela representa a realidade "autêntica" da mulher negra. Não compartilhar a crítica que ela apresenta é se tornar, mais uma vez, uma *outsider*. No ensaio "Manifesto ciborgue", Donna Haraway alerta pensadoras feministas a respeito de assumir posições que "pareçam ser o *telos* da totalidade", para que não produzamos "epistemologias que acabam por policiar qualquer posição que se desvie da experiência oficial das mulheres". Embora Haraway fale sobre a prática feminista dominante, seu alerta é válido para grupos marginalizados que estão no processo de criação e recriação de textos críticos que nomeiam nossas experiências e políticas.

Anos atrás, participei de um pequeno encontro de mulheres negras que se reuniam para planejar uma conferência nacional de feminismo negro. Sentadas em círculo, falando de nossas experiências, as mulheres que recebiam mais atenção eram as que relatavam histórias do quanto foram tratadas brutalmente pela "comunidade negra". Resistindo à construção de uma experiência monolítica, contei que fui criada em uma comunidade rural segregada que era muito unida. Nossas igreja e escola segregadas eram lugares que estimulavam nossa confiança. Eu ouvia continuamente nesses lugares que eu era "especial", que seria "alguém" um dia e que faria um trabalho importante para "dar orgulho" à minha raça. Eu me sentia amada e cuidada na comunidade negra segregada onde cresci. Isso me deu a base de uma experiência positiva de "negritude" que me sustentou quando deixei a comunidade para fazer parte de ambientes racialmente mistos, onde o racismo influenciava a maioria das interações sociais. Antes que pudesse terminar de falar, fui interrompida por uma das mulheres negras "famosas" presentes, que me criticou por tentar ignorar as dores de outras mulheres negras ao trazer uma experiência diferente. Seu tom era hostil e raivoso. Ela começou sua fala comentando que estava "de saco cheio de pessoas como eu". Senti que fui silenciada e incompreendida. Parecia que a expressão catártica da dor coletiva aniquilava qualquer chance de que a minha insistência na diversidade de experiências negras fosse ouvida.

Minha história foi reduzida a uma narrativa concorrente, percebida como uma tentativa de desviar a atenção do "verdadeiro" relato da experiência da mulher negra. Nesse encontro, a identidade da mulher negra foi tratada várias e várias vezes como um sinônimo de "vitimização". A voz da mulher negra que era considerada "autêntica" era a voz da dor; somente o som da mágoa poderia ser ouvido. Nenhuma narrativa de resistência era compartilhada e respeitada nesse espaço. Fui embora me perguntando por que essas mulheres negras apenas se sentiam ligadas umas às outras quando as narrativas ecoavam, somente quando contávamos a mesma história de dor compartilhada e vitimização. Por que era impossível falar de uma identidade elaborada a partir de um lugar diferente?

Uma linha específica do feminismo negro "essencialista" foi construída naquele lugar. Não permitia a diferença. Qualquer pessoa presente que demonstrasse pensamentos inapropriados ou exibisse traços de ideias politicamente incorretas era alvo de hostilidade imediata. Sem surpresas, aquelas com mais a dizer sobre vitimização eram as mesmas que julgavam as outras com dureza, que silenciavam as demais. Uma mulher negra que não fosse parte daquele círculo fechado aprendia que, se não soubesse a coisa "certa" a dizer, era melhor ficar calada. Dizer algo contra a corrente era arriscar uma punição. Seu discurso seria interrompido, ou a mulher poderia ser submetida a um abuso verbal humilhante.

No encerramento desse encontro, muitas mulheres deram testemunhos de como essa tinha sido uma experiência maravilhosa de irmandade e conexão entre mulheres negras. Não havia espaço para aqueles indivíduos cujo espírito fora atacado e assediado expressarem suas experiências. Ironicamente, elas deixaram a reunião com uma sensação de estranhamento, carregando uma lembrança de dor. Algumas delas sentiam que aquela era a primeira vez na vida que haviam sido tratadas com tanta crueldade por outra mulher negra. A mulher mais velha presente, uma intelectual acadêmica que foi alvo de assédio verbal em vários momentos, que chorava em seu quarto à noite com frequência, jurou nunca mais ir a um evento como esse. A memória de sua dor ficou na minha cabeça. Eu não esqueci essa "fúria" coletiva das mulheres negras diante da diferença, uma raiva direcionada a qualquer mulher negra que ousasse, individualmente, falar como se nós fôssemos mais do que nossas dores, mais do que a dor coletiva que as mulheres negras experimentaram historicamente.

Dessa vez, no escritório do Conselho de Violência Doméstica, era diferente. Depois de muitos anos de movimento feminista, me parece que as mulheres negras agora podem se unir admitindo a diferença. No conselho, mulheres podiam falar aberta e honestamente a respeito de suas experiências, descrever suas reações positivas e negativas ao meu trabalho, sem medo de reprimendas. Podiam nomear sua raiva, irritação, frustração e, ao mesmo tempo, criticá-las. Em um ambiente similar onde mulheres negras me falaram abertamente sobre como o meu trabalho as "enfureceu", pedi a uma irmã que falasse sobre as razões de sua hostilidade. Ela respondeu que eu estava "ousando ser diferente, ter uma reação diferente com a merda que as mulheres negras encaram todos os dias". Ela disse: "É como se você dissesse que esse é o verdadeiro problema e isso é o que podemos fazer em relação a ele. Enquanto a maioria de nós apenas andou seguindo uma receita e dizendo para nós mesmas que era tudo o que podíamos fazer. Você estava dizendo que não tínhamos que ser assim". A raiva que ela articulou era uma resposta ao pedido de que as mulheres negras reconhecessem o impacto do machismo em nossas vidas e se engajassem no movimento feminista. Era uma demanda por transformação. Nos escritórios do conselho, eu estava entre companheiras negras comprometidas com um processo de transformação. Coletivamente, estávamos trabalhando para problematizar nossas ideias a respeito da subjetividade das mulheres negras. Nenhuma de nós supunha uma identidade essencial fixa. Era muito evidente que não compartilhávamos uma compreensão comum do que era ser mulher e negra, ainda que algumas das nossas experiências fossem semelhantes. Nós compartilhávamos um entendimento de que é difícil para mulheres negras construírem uma subjetividade radical dentro do patriarcado capitalista supremacista branco, de que nossa luta para sermos "sujeitos", embora semelhante, também era diferente da travada pelos homens negros, e que as políticas de gênero criam essas diferenças.

Várias autoras negras contemporâneas de ficção destacam as políticas de gênero em suas obras, especificamente o machismo dos homens negros, a pobreza, o trabalho das mulheres negras, a luta pela criatividade. No ensaio "Woman Warriors: Black Women Writers Load the Canon" [Mulheres guerreiras: escritoras negras carregam o cânone], publicado no *Voice Literary Supplement* em maio de 1990, Michelle Cliff celebra o "poder" da escrita das mulheres negras e afirma:

> Existe uma continuidade nas obras literárias de muitas mulheres afro-estadunidenses, quer elas se identifiquem primariamente como escritoras ou não. Você pode traçar uma linha a partir da narrativa de escravidão de Linda Brent — passando pela vida de Elizabeth Kecley, *Seus olhos viam Deus*, *Coming of Age in Mississipi* [Amadurecendo no Mississipi], *Sula* — até *Praisesong for the widow* [Elogio à viúva]. Todas estruturam essa resposta como uma busca, uma jornada a ser cumprida, um *self* a ser reconhecido; todas envolvem uma tentativa de romper com as expectativas impostas sobre a

identidade de ser mulher e negra. Todas trabalham contra as adversidades para reivindicar o *eu*.

Declarações veementes como essa, apesar de sedutoras, amontoam todas as mulheres negras que escrevem, de modo a sugerir que existe um propósito abrangente que determina a subjetividade das mulheres negras. Essa narrativa constrói um sujeito homogêneo da mulher negra cuja subjetividade é definida mais radicalmente pelas experiências que ela compartilha com outras mulheres negras. Nessa afirmação, assim como no ensaio inteiro, Cliff glorifica as mulheres negras escritoras, embora alerte contra um tipo de glorificação que tem o poder de conter e reprimir — especialmente aquela feita e sustentada pela crítica literária acadêmica sobre a obra de uma escritora, que confere status.

O ensaio de Cliff também contém essa glorificação. Ao definir as obras de mulheres negras coletivamente como um projeto crítico que problematiza a busca pela identidade, ela classifica essa busca focando apenas os ritos de passagem vivenciados pelas mulheres negras em sua jornada para descobrir quem são. Ela não diz se essa jornada é proveitosa. Ao focar sua atenção, primeiramente, na jornada, ela apresenta paradigmas de leitura e de compreensão das escritoras negras que convidam os leitores (e críticos também) a parar ali, a romantizar a jornada, sem questionar o local onde esse percurso termina. Infelizmente, em grande parte da ficção contemporânea das mulheres negras, a luta da mulher negra pela subjetividade, apesar de forjada numa resistência radical ao status quo (em oposição à opressão racista e, com menos frequência, à de gênero e classe), geralmente assume a forma de mulheres negras ultrapassando limites impostos pelos outros, apenas para aproveitar sua recém-descoberta "liberdade" definindo limites e fronteiras para si mesmas. Portanto, ainda que as mulheres negras possam se tornar "sujeitas", elas não se tornam sujeitas radicais. Com frequência apenas se conformam com as normas existentes, até mesmo algumas às quais resistiam anteriormente.

Apesar de todas as mudanças "radicais" de pensamento, lugar, classe social etc. enfrentadas por Celie no romance A cor púrpura, de Alice Walker, desde sua transição de objeto para sujeito até seu sucesso como empreendedora capitalista, Celie é recolocada dentro de um contexto familiar e de relações domésticas no fim do livro. A mudança primordial é que essas relações não são mais abusivas. Celie não se tornou de modo algum uma "feminista", uma ativista pelos direitos civis, um ser político. Ao libertar-se da prisão patriarcal que é a sua "casa" no início do romance, ela cria seu próprio ambiente doméstico. No entanto, políticas radicais de luta coletiva contra o racismo e o machismo não influenciam sua luta pela autorrealização.

Em obras anteriores de autoras negras, como a narrativa de escravidão de Linda Brent, são registradas as lutas de resistência em que mulheres negras confrontam e superam barreiras inacreditáveis em suas jornadas para se autodefinir. Uma vez que essas barreiras são ultrapassadas, as heroínas se conformam com papéis de gênero convencionais. Nenhuma história de luta de uma mulher negra para se autodefinir é tão poderosa quanto a narrativa de Brent. Ela é consciente o tempo todo da forma como ser mulher torna a escravidão "ainda mais dolorosa". Seu relato cria uma base poderosa para a construção de uma subjetividade radical das mulheres negras. Ela desencadeia um processo de pensamento radical que lhe possibilita se rebelar contra a ideia de que seu corpo pode ser vendido, e insiste em situar a santidade ontológica de ser negra fora dos modos de troca. Entretanto, essa "abordagem" radical, visionária, da subjetividade não influencia quem ela se torna quando consegue se libertar. Depois de romper os grilhões da escravidão, Harriet Jacobs assume o pseudônimo Linda Brent ao escrever sobre o passado e acaba caindo na armadilha das noções convencionais de feminilidade. A identidade radical inventada de "Linda Brent" não tem lugar na vida de Harriet Jacobs? Liberta, as descrições de sua vida não indicam o uso da incrível imaginação questionadora que foi um recurso importantíssimo, que lhe possibilitou ultrapassar barreiras, correr riscos e ousar sobreviver. Será que a repressão do ser radical de Jacobs estabelece o mapa que as mulheres negras vão seguir, tanto na vida real quanto na ficção?

Mais do que qualquer outro romance contemporâneo de uma autora negra, *Sula*, de Toni Morrison, narra a tentativa de uma mulher negra de constituir uma subjetividade radical. Sula enfrenta todas as restrições impostas a ela, rompendo todas as barreiras. Desafiando as noções convencionais de uma sexualidade feminina passiva, ela se afirma como uma sujeita desejante. Rebelando-se contra a domesticidade forçada, escolhe vagar pelo mundo, mantendo-se sem marido nem filhos. Recusando os padrões machistas de trocas de corpos femininos, ela se envolve em trocas de corpos masculinos para deslocar a importância deles. Reafirmando a prioridade da amizade entre mulheres, tenta romper com a identificação patriarcal com os homens e perde a amizade de seu "amigo" conservador, Nel, que de fato se rende às convenções.

Embora os leitores de *Sula* testemunhem sua autoafirmação e a celebração da autonomia, que Sula demonstra até quando está morrendo, nós também sabemos que ela não é autorrealizada o suficiente para permanecer viva. Sua consciência do que significa ser um sujeito radical não cruza as fronteiras entre o público e o privado: sua autodescoberta é privada. A morte precoce de Sula não dá ao leitor uma percepção de seu "poder"; em vez disso ela parece impotente ao seguir a pauta de um mundo que não tem interesse na subjetividade radical de mulheres negras, que tenta reprimi-la, contê-la e aniquilá-la. Sula é aniquilada. O leitor nunca sabe qual força a está matando, devorando-a de dentro para fora. Uma vez que sua jornada tinha o objetivo de inventar a si mesma, a narrativa dá a entender que o desejo de "ser quem é" a conduz à destruição. Aquelas mulheres negras que sobrevivem, que vivem para contar a história, por assim dizer, são as boas meninas, as que se sacrificam, as mulheres negras que trabalham duro. O destino de Sula leva a crer que percorrer a jornada da subjetividade negra radical é muito perigoso, arriscado demais. E enquanto Sula fica contente ao quebrar as regras, ela não é uma figura vitoriosa. Sula, assim como várias outras personagens negras na ficção contemporânea, não tem consciência política, nunca associa sua luta por autodefinição com a demanda coletiva das mulheres negras. No entanto, esse romance foi escrito no auge de uma onda do movimento feminista. Dado o "poder" da escritora negra que criou/escreveu *Sula*, Toni Morrison, por que ela aparece na página como uma "artista sem uma forma de arte"? Seria demais, como uma "traição" — uma deslealdade à condição de mulher negra — questionar esse retrato de (o que ouso chamar de) "vitimização", recusar ser seduzida pelas experiências de Sula ou ignorar suas consequências?

Há personagens negras em romances contemporâneos que estão envolvidas no trabalho político. Velma, a ativista política de *The Salt Eaters* [Os comedores de sal], de Toni Cade Bambara, estabeleceu sua luta por um propósito dentro do ativismo pela libertação negra. Sobrecarregada pelas responsabilidades, pela sensação de lidar com muitas coisas, um peso excessivo, ela tenta o suicídio. Esse romance começa com mulheres negras mais velhas problematizando a questão da subjetividade da mulher negra. Confrontando a tentativa de autodestruição e autoapagamento de Velma, elas querem saber: "Você tem certeza, querida, de que quer ficar bem?". Bem-estar, aqui, é sinônimo de subjetividade radical. De fato, as anciãs continuam enfatizando que a situação deplorável de Velma, e de outras mulheres negras como ela, reflete a perda de "mapas" que irão guiar a jornada das mulheres negras. Elas dão a entender que a tentativa da geração mais jovem de assimilar, de seguir mapas alheios leva à perda de perspectiva. Velma só volta à vida (embora ela não consiga se suicidar, está morta espiritualmente) quando declara para si que vai escolher o bem-estar, vai reivindicar sua vida e nutrir sua subjetividade radical. Como *Praisesong for the Widow*, de Paule Marshall, e *Mama Day* [Dia da mamãe], de Gloria Naylor, as mulheres negras "radicais" mais velhas, com memórias mais frescas do holocausto da escravidão, da aflição da reconstrução, que mantêm sua coragem através da resistência, vivem de modo proveitoso fora dos padrões de gênero convencionais. Elas ou não se conformam, ou reconhecem a forma como a conformidade raramente permite a autorrealização da mulher negra.

Representando uma nova geração de mulheres negras "modernas", Velma, ainda que em processo de recuperação, critica seu desejo de ir contra a corrente e questiona: "Que bem fez a selvageria a você, uma vez que sempre houve algum crime medonho, estupro coletivo, falta de lei, de cuidado, alguma gota d'água, uma maldita coisa prestes a explodir — pronta para jogar todas essas merdas em você e fazer você se curvar sob o peso delas?". A selvageria é uma expressão metafórica para o desejo interior de se rebelar, de ir contra a corrente, de se desviar do rebanho. É a expressão da subjetividade radical da mulher negra. A professora de direito Regina Austin convoca as mulheres negras a cultivar essa "selvageria" como uma estratégia de sobrevivência, em seu ensaio "Sapphire Bound".[8] Sugestivamente, ela começa o texto chamando a atenção para o fato de que as pessoas parecem mais dispostas a ler sobre mulheres negras na ficção do que a abrir espaço para nós na vida real. Reivindicando essa selvageria, ela declara:

> Bem, acho que chegou a hora de ficarmos verdadeiramente histéricas, de assumir o papel de "Sapphires profissionais" de modo franco, declarar que estamos falando sério a nosso respeito, e capturar algum poder intelectual e os recursos necessários para combater o rebaixamento sistemático das mulheres integrantes de minorias. É a hora de Sapphire testemunhar em sua própria defesa, *por escrito*, com direito a notas de rodapé.

Se as escritoras negras de ficção não são capazes de expressar a natureza mais selvagem, as dimensões mais radicais de si mesmas de maneira estável e proveitosa, é improvável que criem personagens que "se comportem mal" e floresçam. Elas podem duvidar que exista um público para livros em que mulheres negras não sejam retratadas primeiramente como vítimas. Embora os romances retratem mulheres negras selvagemente resistentes, confrontando as barreiras que impedem a autorrealização, raramente o novo *self* é definido. Embora Bambara inclua passagens que deixam o leitor

---

[8]. Sapphire é um dos mais tradicionais estereótipos da mulher negra nos Estados Unidos, que as retrata como raivosa, durona, violenta, petulante e manipuladora, além de ser alguém que sistematicamente desautoriza e emascula o marido negro. [N.E.]

conhecer a vida de Velma, não há pistas de como sua subjetividade radical vai emergir no contexto da "selvageria".

Com frequência, escritoras negras contemporâneas relacionam a luta para se tornar sujeito com a preocupação com o bem-estar emocional e espiritual. Com mais frequência, a busca pelo *self* e pela identidade baseada num narcisismo individualista reduz a possibilidade de um compromisso estável com a política radical. Essa tensão é explorada várias vezes no romance *The Third Life of Grange Copeland* [A terceira vida de Grange Copeland], de Alice Walker. Enquanto a heroína, Ruth, é educada por seu avô para pensar criticamente, para desenvolver uma consciência política radical, no fim ele luta contra os brancos sozinho. O caminho que Ruth irá seguir no futuro não fica claro. Ela será uma guerreira da militância pela revolução, ou será posta em seu lugar pelos "fortes" patriarcas/amantes negros que, como seu avô, estarão convencidos de que podem determinar melhor quais as condições propícias para proporcionar o bem-estar das mulheres negras? Ironicamente, *Meridian* começa no ponto em que a história de Ruth termina; contudo, a velha ativista, como Ruth, permanece confinada e restrita por uma domesticidade autoimposta. Estará Meridian se escondendo de algo porque não há lugar onde sua subjetividade negra radical possa ser expressada sem punição? Será o lar não patriarcal o único lugar seguro?

A ficção contemporânea de mulheres negras focada na construção da identidade e do *self* abre um novo território em que são claramente nomeadas as maneiras como as estruturas de dominação, racismo, sexismo e exploração de classe oprimem e tornam praticamente impossível que as mulheres negras sobrevivam se não se comprometerem com a resistência em algum nível. Nomeando corajosamente as condições da opressão e as estratégias pessoais de resistência, tal escrita possibilita que a mulher negra leitora que ainda não o fez se questione, ou reforça criticamente os esforços daqueles leitores que já estão envolvidos na resistência. No entanto, essas obras geralmente falham em retratar qualquer lugar para a construção dessas novas identidades. É esse vazio textual que motiva a crítica Sondra O'Neale a perguntar, no ensaio "Inhibiting Midwives, Usurping Creators: The Struggling Emergence of Black Women in American Fiction" [Parteiras inibidoras, criadoras usurpadas: a luta das mulheres negras por visibilidade na ficção estadunidense]:

> Por exemplo, onde estão as Angela Davis, as Ida B. Wells e as Daisy Bates da literatura negra feminista? Onde estão os retratos das mulheres que direcionaram suas ações para libertar a si mesmas, a outras mulheres negras e aos homens negros também? Nós vemos um rascunho de uma personagem assim em *Meridian*, mas ela nunca alcança o sucesso social e político.

Em um ensaio anterior, "A política da subjetividade negra radical", eu enfatizava que resistência e oposição não podem ser transformadas em sinônimos de autorrealização num nível individual ou coletivo: "A oposição não é o bastante. Naquele espaço disponível depois que alguém resiste, ainda há a necessidade de tornar-se — de criar a si novamente". Enquanto a escrita contemporânea de mulheres negras trouxe um foco preciso para a ideia de que mulheres negras devem se "inventar", a pergunta — que tipo de ser? — geralmente permanece sem resposta. A visão de individualidade que emerge de vez em quando está em total concordância com as noções ocidentais de um ser "unitário". Mais uma vez vale retomar o desafio de Donna Haraway às pensadoras feministas de que resistam a fazer com que suas "próprias tendências políticas pareçam ser o *telos* da totalidade". Assim podemos aceitar diferentes relatos da experiência das mulheres e também encararmos a nós mesmas como sujeitas complexas que incorporam múltiplas posições. Em "Manifesto ciborgue", Haraway nos pede que nos lembremos que "o importante é a dispersão. A tarefa consiste em sobreviver na diáspora".

Certamente, a experiência coletiva das mulheres negras envolve a luta para sobreviver na diáspora. É a intensidade dessa luta, o medo do fracasso (enquanto encaramos diariamente a realidade de que muitas pessoas negras não conseguem e não estão sobrevivendo) que tem levado muitas intelectuais negras, especialmente dentro do pensamento feminista, a supor de forma equivocada que a força da união só pode existir se a diferença for suprimida e a experiência comum, destacada. Embora os escritos das feministas negras geralmente sejam críticos ao racismo que moldou e definiu os parâmetros de grande parte do movimento feminista contemporâneo, geralmente reiteram, de modo acrítico, princípios importantes do pensamento feminista dominante. Em "Considering Feminism as Model for Social Change" [Feminismo como modelo para a transformação social], Sheila Hadford-Hill repreende as mulheres negras por perder tempo criticando o racismo das mulheres brancas, e exorta as feministas negras

> a construir uma pauta que contemple as necessidades das mulheres negras ao ajudar as mulheres negras a se mobilizar em torno de questões que percebem ter um impacto direto na qualidade geral de suas vidas. Tal desafio definiu a nossa luta e constituiu o nosso legado [...]. Desse modo, mulheres negras precisam desenvolver sua própria liderança e suas próprias pautas, baseadas nas necessida-

des que constituem sua base primária; isto é, fundamentadas nas mulheres negras, suas famílias e suas comunidades. Essa tarefa não pode ser favorecida pelas conversas com as mulheres brancas a respeito de seu racismo estrutural.

Embora eu concorde intensamente com a insistência de Radford-Hill de que as intelectuais negras engajadas no movimento feminista desenvolvam estratégias que abordem diretamente nossas diferentes comunidades negras, ela constrói uma proposição "e/ou" que obscurece a diversidade de nossas experiências e posições. Para aquelas mulheres que vivem e trabalham em ambientes predominantemente brancos (e, é claro, a realidade da maioria das mulheres negras é trabalhar em empregos nos quais seus supervisores são mulheres e homens brancos), é apropriado e necessário um projeto político que aborde o racismo branco. Tais esforços não impedem o trabalho simultâneo nas comunidades negras. Evocações de uma ideia "essencialista" de identidade negra tentam negar a extensão das interações entre pessoas negras e brancas, assim como excluem da "negritude" os indivíduos cujas perspectivas, valores e estilos de vida possam divergir de uma ideia totalizante da experiência negra que contempla como negros "autênticos" apenas o povo que vive em comunidades segregadas ou que mantém pouco contato com os brancos.

O ensaio de Radford-Hill é mais instigante quando ela aborda "a crise da feminilidade negra", declarando que "a medida da capacidade das mulheres negras de articular e resolver a crise da feminilidade negra é a medida da transformação feminista pela qual as mulheres negras podem passar". A crise que Radford-Hill descreve é uma crise de identidade e subjetividade. Quando a maior luta das mulheres negras era a oposição ao racismo e o objetivo dessa luta era a igualdade nas estruturas sociais existentes, quando a maioria das pessoas negras era pobre e vivia racialmente segregada, os papéis de gênero das mulheres eram definidos com mais clareza. Nós tínhamos um lugar na luta, assim como um lugar nas instituições sociais das nossas comunidades. Era mais fácil para as mulheres negras navegar na jornada da identidade. Com poucas opções de emprego na força de trabalho segregada, a maioria das mulheres negras sabia que seria contratada no setor de serviços ou se tornaria professora. Hoje, a mulher negra tem mais opções, embora a maioria das barreiras que as impedem de exercer essas opções continue de pé. Integração racial, mudanças econômicas nas relações de classe entre pessoas negras, o impacto do capitalismo de consumo, assim como as lutas de libertação negras centradas nos homens (que desvalorizaram as contribuições das mulheres negras) e um movimento feminista que estimulou o questionamento de noções idealizadas de feminilidade, alteraram radicalmente a realidade das mulheres negras. Para muitas mulheres negras, especialmente nas classes menos favorecidas, o sonho da igualdade racial estava intimamente ligado à fantasia de que, acabada a luta, as mulheres negras poderiam assumir os papéis de gênero sexistas tradicionais. De certa forma, há uma crise na feminilidade negra, porque a maioria das mulheres negras não respondeu a essas mudanças se reinventando radicalmente, desenvolvendo novos mapas para guiar futuras jornadas. E, mais importante, a maioria das mulheres negras não respondeu a essa crise desenvolvendo uma consciência crítica, se comprometendo com movimentos radicais pela mudança social.

Quando examinamos a vida individual das mulheres negras que de fato reagiram às mudanças contemporâneas, vemos como é difícil para elas construir uma subjetividade radical. Duas autobiografias poderosas de mulheres negras radicais foram publicadas no início dos anos 1970. Shirley Chisholm publicou *Unbought and Unbossed* [Incomprável e incomandável] em 1970, contando os eventos que a levaram a se tornar a primeira congressista negra. Em 1974, foi lançada *Angela Davis: An Autobiography* [Angela Davis: uma autobiografia]. Os dois relatos mostram que a construção da subjetividade radical da mulher negra está enraizada numa determinação de nadar contra a corrente. Embora muitos não considerem Chisholm uma radical, ela foi uma das primeiras líderes negras a falar contra o machismo. Na introdução de seu livro, ela destaca: "Das minhas duas 'desvantagens', ser mulher punha mais obstáculos no meu caminho do que ser negra". Uma franca defensora dos direitos reprodutivos e do aborto, Chisholm respondia aos homens negros que não se opunham à gravidez compulsória de mulheres negras: "O que é mais parecido com o genocídio, perguntei a alguns dos meus irmão negros: o jeito como as coisas são, ou as condições pelas quais estou lutando, para que todos os serviços de planejamento familiar estejam totalmente disponíveis para mulheres de todas as cores e classes, da contracepção efetiva até o término legal e seguro de uma gravidez indesejada, a preços que elas possam pagar?".

Em sua posição militante contra o racismo, Chisholm também ressaltou a necessidade de educação crítica para ajudar a erradicar o racismo internalizado:

> É necessário que nossa geração repudie Carver e todo os líderes negros menos conhecidos que cooperaram com os desígnios brancos para pôr nosso povo para baixo. Nós não precisamos de gente assim hoje em dia. Em algum momento, quando Deus quiser, quando a luta

estiver encerrada e sua amargura tiver se dissipado, aqueles homens e mulheres podem ser redescobertos e reconhecidos por trabalhar o melhor que puderam em favor de seus irmãos e irmãs naquele tempo e lugar. Mas, no presente, a influência deles é perniciosa, e onde eles ainda controlam a educação, no norte e no sul, devem ser substituídos por educadores que estejam prontos para demandar igualdade para as raças oprimidas e lutar por isso a todo custo.

Como uma sujeita negra radical que não se permitia ser fantoche de grupo nenhum, Chisholm foi frequentemente assediada, zombada e ridicularizada por seus colegas. O terrorismo psicológico era uma arma usada com frequência para tentar silenciá-la, convencê-la de que não sabia nada de política ou, pior, de que era louca. Era comum seus colegas a descreverem como louca quando ela assumia posições que eles não eram capazes de entender ou que não apoiariam. Sujeitas negras radicais são constantemente rotuladas como loucas por aqueles que desejam minar seu poder pessoal e sua habilidade de influenciar os outros. O medo de ser vista como louca pode ser um fator importante que impede as mulheres negras de expressarem suas identidades mais radicais. Dia desses, quando falei contra o racismo e o machismo onipresentes numa conferência, rotulando-os como terroristas, os organizadores disseram que eu era "louca". Embora estivesse magoada e furiosa, aquilo poderia ter me ferido ainda mais se eu não entendesse as formas como essa afirmação é usada pelos poderosos para manter os que não têm poder em seus lugares. Lembrando da experiência de Chisholm, eu sabia que não estava sozinha ao confrontar ataques racistas, machistas, que têm o objetivo de silenciar. Saber que Chisholm reivindicou seu direito à subjetividade sem pedir desculpas me inspira a manter a coragem.

Recentemente, relendo a autobiografia de Angela Davis, fiquei estupefata com sua bravura. Pude compreender os obstáculos que enfrentou e sua capacidade de resistir e perseverar de novas maneiras. Quando li esse livro na minha adolescência, a coragem dela não me pareceu "grande coisa". No início do texto, Davis evita qualquer tentativa de se ver como alguém excepcional. Emoldurando a narrativa dessa forma, é fácil para o leitor ignorar o quanto a experiência dela é específica. Na verdade, muito poucas mulheres negras na época tinham frequentado escolas de ensino médio radicais onde aprenderam sobre socialismo, ou viajaram pela Europa e estudaram na Sorbonne. No entanto, Davis insiste que sua situação é como a de qualquer pessoa negra. Esse gesto de solidariedade, embora importante, algumas vezes obscurece a realidade de que a compreensão radical que Davis tem da política, assim como sua consciência crítica, foram aprendidas. Se ela tivesse expressado sua solidariedade com as pessoas negras das classes trabalhadoras destacando simultaneamente a importância de aprender, de alargar suas perspectivas, teria compartilhado com as mulheres negras as ferramentas que lhe possibilitaram se tornar uma sujeita radical.

Como Chisholm, Davis confrontou o machismo quando se comprometeu totalmente a trabalhar pela mudança política:

> Bem cedo, tomei conhecimento de uma síndrome infeliz difundida entre alguns homens negros ativistas — isto é, confundir sua atividade política com a afirmação de sua masculinidade. Eles viam — e alguns continuam a ver — a masculinidade negra como algo separado da feminilidade negra. Esses homens veem as mulheres negras como uma ameaça a sua masculinidade bem-sucedida — especialmente aquelas mulheres negras que tomam iniciativa e trabalham para se tornar líderes por mérito próprio.

Trabalhando no movimento radical pela liberação negra, Davis enfrentava e desafiava o machismo constantemente, mesmo quando criticava o racismo difundido no movimento feminista dominante. Lendo sua autobiografia, fica claro que ler e estudar tinham um papel essencial na formação de sua consciência política radical. Ainda assim, Davis entendia que era preciso ir além dos livros e trabalhar coletivamente com companheiros pela mudança social. Ela criticava o trabalho autocentrado para enfatizar o valor do trabalho solidário:

> Migrar de atividade em atividade não era nem um pouco revolucionário. A atividade individual — esporádica e desconectada — não é trabalho revolucionário. O trabalho revolucionário sério consiste em esforços metódicos e persistentes através de um coletivo com outros revolucionários para organizar as massas para a ação. Como há muito tempo eu me considerava marxista, as alternativas disponíveis para mim eram bem limitadas.

Apesar das poucas opções, Davis decidiu defender o comunismo, uma escolha incomum e radical.

Quando a autobiografia de Davis foi escrita, ela tinha trinta anos; sua expressão mais militante de subjetividade emergira durante seus vinte anos. Transformada em ícone cultural, um gesto que não estava de acordo com sua insistência na importância da coletividade, ela passou a ser apresentada pela mídia de massa como a mulher negra "excepcional". Sua experiência não era vista como um modelo com o qual as jovens mulheres negras pudessem aprender. Muitos pais consideravam a sentença de prisão que ela cumpriu como motivo suficiente para que as jovens negras não seguissem seus passos. Homens negros que queriam um movimento de libertação centrado em si mesmos não encorajavam as mulheres negras a ser de esquerda, a se comprometer intensamente com uma luta revolucionária pela libertação negra. Em aparições públicas, Angela Davis não tinha e não tem outras mulheres negras de esquerda ao seu lado. Projetada constantemente como uma figura "isolada", sua presença, seu comprometimento contínuo com o pensamento e a pedagogia crítica não tiveram o impacto motivacional que poderiam ter sobre as mulheres negras. Mulheres negras "adoram" Angela Davis à distância, observando-a como uma exceção. Embora as jovens negras amem Davis, é comum não lerem suas obras nem tentarem seguir seu exemplo. No entanto, aprender sobre essas mulheres que ousaram afirmar suas subjetividades radicais é parte da autorrealização da mulher negra. O poder, a identidade, a subjetividade radical não podem ser alcançados no isolamento. Mulheres negras precisam estudar as obras, críticas e autobiográficas, daquelas mulheres que desenvolveram seu potencial e escolheram ser sujeitas radicais.

A pedagogia crítica, o compartilhamento de informações e conhecimento entre mulheres negras são cruciais para o desenvolvimento da subjetividade radical da mulher negra (não que as mulheres negras só possam aprender umas com as outras, mas porque as circunstâncias do racismo, do sexismo e da exploração de classe garantem que outros grupos não necessariamente se interessem por incentivar nossa autodefinição). Esse processo exige de nós uma grande honestidade com relação a como vivemos. Mulheres negras (especialmente as estudantes) que estão em busca de respostas sobre a formação social da identidade querem saber como as mulheres negras radicais pensam, mas também querem saber sobre as nossas formas de ser. Compartilhar de boa vontade sua experiência pessoal com alguém garante que uma pessoa não seja transformada num ícone santificado. Quando mulheres negras aprendem sobre a minha vida, também aprendem sobre os erros que cometi, as contradições. Passam a saber das minhas limitações e das minhas forças. Elas não podem me desumanizar me alçando a um pedestal. Ao compartilhar as contradições em nossas vidas, ajudamos umas às outras a aprender como lidar com as contradições como parte do processo de se tornar uma pensadora crítica, uma sujeita radical.

As vidas de Ella Baker, Fannie Lou Hammer, Septima Clark, Lucy Parson, Ruby Doris Smith Robinson, Angela Davis, Bernice Reagon, Alice Walker, Audre Lorde e inúmeras outras dão testemunho das dificuldades de desenvolver uma subjetividade negra radical, ainda que elas falem da alegria e do triunfo de viver com uma mente descolonizada e de participar na luta de resistência em andamento. As narrativas de mulheres negras que se comprometeram com a militância em lutas radicais pela mudança oferecem *insights*. Elas nos permitem conhecer as condições que possibilitam a construção de uma subjetividade radical da mulher negra, assim como os obstáculos que impedem o seu desenvolvimento. Na maioria dos casos, as sujeitas negras radicais desafiaram intencionalmente o status quo e nadaram contra a corrente. Embora Angela Davis seja um ícone cultural popular, a maioria das mulheres negras é "punida" e "sofre" quando faz escolhas contrárias às ideias que prevalecem na sociedade a respeito do que as mulheres negras deveriam ser ou fazer. A maioria das mulheres negras radicais não foi pega pelo consumismo capitalista. Viver com simplicidade geralmente é o preço que a pessoa paga por fazer uma escolha diferente. Não foi por acaso que Zora Neale Hurston morreu pobre. Sujeitas negras radicais tiveram que se educar para a consciência crítica, lendo, estudando e se envolvendo com a pedagogia crítica, ultrapassando as fronteiras para obter o conhecimento de que precisamos. As raras mulheres negras radicais que começaram organizações e grupos estão tentando construir uma base coletiva que apoiará e tornará seu trabalho possível. Muitas dessas mulheres criam espaços de resistência que são o mais distante possível de instituições conservadoras, com o objetivo de sustentar seus compromissos radicais. Aquelas de nós que permanecem em instituições que não apoiam os nossos esforços de ser sujeitas radicais são atacadas diariamente. Nós perseveramos porque acreditamos que nossa presença é necessária, é importante.

Desenvolver uma consciência feminista é parte crucial do processo pelo qual se desenvolve uma subjetividade negra radical. Declare-se ou não como feminista, não há sujeita negra radical que não tenha sido obrigada a confrontar e desafiar o machismo. Se, no entanto, essa luta individual não estiver conectada a um movimento feminista ainda maior, então toda mulher negra se vê reinventando estratégias para resistir, quando deveríamos deixar um legado de resistência feminista capaz de nutrir, sustentar e guiar outras mulheres e homens negros. Aquelas mulheres negras que corajosamente defendem o feminismo frequentemente carregam o fardo de críticas severas vindas de outras pessoas negras. Como sujeita radical, a jovem Michelle Wallace escreveu um dos primeiros livros polêmicos sobre feminismo centrado em pessoas negras. Ela não se tornou um ícone cultural; em muitos aspectos, tornou-se uma pária. Ao relatar sua experiência em "Politics of Location: Cinema/ Theory/ Literature/ Ethnicity/ Sexuality/ Me" [Políticas de localização: cinema/ teoria/ literatura/ etnicidade/ sexualidade/ eu], ela se recorda da dor:

Ainda *reflito* sobre o livro que escrevi, *Black Macho and the Myth of the Superwoman* [Macho negro e o mito da supermulher], e a perturbação que ele causou: como as mulheres negras não têm permissão para estabelecer o próprio terreno intelectual, cometer seus próprios erros, inventar suas terras natais na escrita. Eu ainda reflito sobre os erros e acertos do meu livro, e sobre como sua recepção quase me destruiu, de um modo que jurei nunca mais escrever teoria ou declarações políticas sobre feminismo outra vez.

Wallace sofreu isolada, sem nenhum grupo de mulheres negras radicais se manifestando em sua defesa ou criando um contexto em que a crítica não levaria a ataques.

Sem um contexto de afirmação crítica, a subjetividade negra radical não se sustenta por contra própria. Com o tempo, as mulheres negras geralmente rejeitam o radicalismo da juventude porque o isolamento, a sensação de estranhamento da comunidade, torna-se algo muito difícil de suportar. A afirmação crítica é um conceito que abrange a necessidade de apoiar uma à outra e de abrir espaço para críticas. É importante que a crítica não esteja enraizada no desejo negativo de competir, ferir, arrasar. Embora eu tenha começado este texto com declarações críticas sobre o ensaio de Audre Lorde, reconheço o valor do trabalho dela. "Olho no olho" segue como uma das discussões mais proveitosas sobre a interação entre mulheres negras. Ao longo do texto, Lorde enfatiza a importância da afirmação, encorajando mulheres negras a serem gentis e afetuosas umas com as outras. A ternura não deveria ser apenas uma forma de cuidado oferecida às mulheres negras que pensam como nós. Muitas de nós estiveram em situações em que mulheres negras são gentis com as pessoas de suas panelinhas e completamente hostis com qualquer um considerado forasteiro.

Em "Olho no olho", Lorde nomeia esse problema. Apresentando estratégias que as mulheres negras podem usar para estimular maior consideração e respeito, ela diz que as "mulheres negras devemos amar a nós mesmas". Amar quem somos começa com a compreensão das forças que produziram quaisquer hostilidades que sentimos em relação à negritude e a ser mulher, mas também significa aprender novas formas de pensar sobre nós mesmas. Com frequência, as mulheres negras que mais falam sobre amor e irmandade estão profundamente apegadas a ideias essencialistas da identidade da mulher negra que provocam o "policiamento" de qualquer um que não se enquadre. Ironicamente, é claro, a única maneira de as mulheres negras construírem uma subjetividade radical é resistindo ao conjunto de normas e desafiando as políticas de dominação baseadas em raça, classe e sexo. Perspectivas essencialistas da feminilidade negra geralmente perpetuam a premissa falsa de que mulheres negras se radicalizam apenas por viverem na supremacia branca/capitalista/patriarcal. Não encorajam as mulheres negras a desenvolver o pensamento crítico. Mulheres negras de esquerda que descobrem individualmente seu desejo de ler e escrever "teoria", de se engajar em diálogos críticos com grupos diversos, frequentemente são ridicularizadas e alvo de zombaria. É comum eu ser criticada por estudar teoria feminista, especialmente as obras de mulheres brancas. E sou vista especialmente como "ingênua" quando afirmo que, embora uma teórica branca possa ser "racista", ela também pode ter informações valiosas com as quais posso aprender. Até que as mulheres negras reconheçam complemente que devemos analisar e estudar nossas experiências a partir de um ponto de vista feminista, sempre haverá atrasos e lacunas na estrutura de nossas epistemologias. Onde estão nossos livros feministas sobre maternidade, sexualidade, sobre crítica de cinema feminista? Onde estão nossas autobiografias que não representem falsamente nossa realidade com o intuito de promover ideias monolíticas sobre a experiência da mulher negra ou celebrem como conseguimos maravilhosamente superar a opressão?

Embora autobiografias ou qualquer tipo de narrativa confessional sejam frequentemente desvalorizadas pelas faculdades de letras, esse gênero sempre teve um lugar privilegiado na história da literatura afro-estadunidense. Como literatura de resistência, narrativas confessionais de pessoas negras são didáticas. Mais do que qualquer outro gênero textual, a produção de narrativas confessionais honestas pelas mulheres negras que estão lutando por sua autorrealização e para se tornar sujeitas radicais são necessárias como guias, textos que reforçam o companheirismo entre nós. (Eu preciso não me sentir isolada e saber que existem outras companheiras com experiências semelhantes. Eu aprendo com suas estratégias de resistência e com os relatos de seus erros.) Ainda que o número de romances publicados por mulheres negras tenha aumentado, essas obras não podem substituir a teoria ou a narrativa autobiográfica. Mulheres negras radicais precisam contar nossas histórias; nunca é suficiente documentar nossas experiências. Obras como *Lemon Swamp* [O pântano do limão], *Balm in Gilead* [Bálsamo em Gilead], *Ready from within* [Pronta por dentro] e *Every Goodbye Ain't Gone* [Cada adeus que não se foi], embora bem diferentes — e mesmo que nem todas possam ser classificadas como narrativas de subjetividade de mulheres negras radicais —, possibilitam que as leitoras compreendam a complexidade e a diversidade de experiências das mulheres negras.

Existem poucas autobiografias de mulheres negras de esquerda contemporâneas. Precisamos ouvir mais essas mulheres negras corajosas que nadaram contra a corrente para reivindicar políticas e formas de ser não conformistas: pessoas como Toni Cade Bambara, Gloria Joseph, Faye Harrison, June Jordan e tantas outras. Essas vozes podem dar testemunho e compartilhar o processo de transformação atravessados pelas mulheres negras para ressurgirem como sujeitas radicais. Mulheres negras precisam saber quem são nossas companheiras revolucionárias. Falando sobre seu compromisso com a revolução, Angela Davis observa:

> Para mim, a revolução nunca foi "algo a ser feito" durante um tempo, antes de me acomodar: não era um clube da moda com um jargão recém-cunhado, nem um novo tipo de vida social — excitante por causa do risco e do conflito, glamouroso por conta das roupas. A revolução é uma coisa séria, a coisa mais séria numa vida revolucionária. Quando alguém se compromete com a luta, deve ser pela vida inteira.

A crise da feminilidade negra só pode ser abordada com o desenvolvimento de lutas de resistência que enfatizem a importância de descolonizarmos nossas mentes, desenvolvendo uma consciência crítica. Políticas feministas podem ser parte integral da renovação da luta pela libertação negra. Mulheres negras, particularmente aquelas que escolheram ser sujeitas radicais, podem se mover em direção à transformação social que irá abarcar a diversidade de nossas experiências e necessidades. Transmitindo coletivamente nossos conhecimentos, nossos recursos, nossas habilidades e nossa sabedoria de uma para a outra, criamos um novo local onde a subjetividade negra radical pode ser nutrida e sustentada.

04.
vendendo uma buceta quente: representações da sexualidade da mulher negra no mercado cultural

Sexta-feira à noite numa pequena cidade do meio-oeste dos Estados Unidos — vou com alguns artistas e professores a uma confeitaria que funciona até mais tarde. Enquanto passamos por um grupo de homens brancos parado na entrada do estabelecimento, podemos ouvi-los falar de nós, dizendo que meus companheiros, que são todos brancos, devem ser progressistas da faculdade, não "locais", para estarem andando com uma "crioula". Todos no meu grupo agem como se não tivessem ouvido nenhuma palavra da conversa. Mesmo quando chamo a atenção para o comentário, ninguém responde. Não é apenas como se eu não falasse, mas como se não estivesse lá. Sou invisível. Para os meus colegas, o racismo que se manifesta nas interações do dia a dia — essa é a nossa segunda experiência desse tipo juntos — é apenas um desconforto a ser evitado, não algo a ser confrontado e desafiado. É só algo negativo interrompendo um momento agradável, melhor não dar atenção e fingir que não está ali.

Conforme entramos na confeitaria, todos eles caem na risada e apontam para uma fileira de seios gigantes de chocolate, com direito a mamilos — tetas imensas comestíveis. Eles acham essa ideia deliciosa — sem enxergar nenhuma conexão entre essa imagem racializada e o racismo demonstrado na entrada da loja. Por viverem em um mundo onde as pessoas brancas não são mais alimentadas e criadas desde bebês por cuidadoras negras, ao olhar para esses seios simbólicos eles não pensam conscientemente em "mães pretas".[9] Não veem essa representação de seios de chocolate como um sinal deslocado de nostalgia de um passado racista em que os corpos das mulheres negras eram mercadorias disponíveis para qualquer pessoa branca que pudesse pagar seu preço.

Vejo esses seios escuros e penso na representação do corpo das mulheres negras na cultura popular. Observando-os, faço conexões entre representações contemporâneas e os tipos de imagens popularizadas desde a escravidão. Eu me lembro da forma poderosa como Harriet Jacobs expõe as dinâmicas psicossexuais da escravidão em *Incidentes na vida de uma menina escrava*. Eu me lembro de como ela descreve essa instituição "peculiar" de dominação e as pessoas brancas que a construíram como uma "gaiola de pássaros obscenos".

Representações do corpo de mulheres negras na cultura popular contemporânea raramente criticam ou subvertem imagens da sexualidade da mulher negra que eram parte do aparato cultural racista do século XIX e que ainda moldam as percepções hoje. Sander Gilman, no ensaio "Black Bodies, White Bodies: Toward an Inconography of Female Sexuality in Late Nineteenth-Century Art, Medicine and Literature" [Corpos negros, corpos brancos: rumo a uma iconografia da sexualidade feminina na arte, na medicina e na literatura no final do século XIX], chama a atenção para o modo

---

9. *Mammy*, em inglês, estereótipo racista associado às mulheres negras, baseado na figura da escrava que cria os filhos dos senhores como se fossem seus, mas se desilude conforme eles crescem e a diferença senhor/escravo passa a definir a relação. A imagem foi atualizada pela empregada doméstica ou babá que cria os filhos dos patrões. [N.T.]

como a presença negra nos primórdios da sociedade estadunidense permitia que os brancos sexualizassem seu mundo projetando no corpo negro uma narrativa sexual dissociada da branquitude. Gilman documenta o desenvolvimento dessa imagem, comentando que, "por volta do século XVIII, a sexualidade dos negros, homens e mulheres, se torna sinônimo de sexualidade desviante". Ele enfatiza que o corpo da mulher negra é forçado a servir como "um ícone para a sexualidade negra em geral".

Com frequência, a atenção não se concentrava na mulher negra exposta por inteiro no baile elegante no coração da cultura europeia "civilizada", em Paris. Ela estava lá para entreter os convidados com a imagem nua do Outro. Não era para olharem para ela como um ser humano completo. Era para repararem apenas em determinadas partes. Objetificada de maneira similar às escravas que ficavam de pé nos tablados de leilão enquanto donos e participantes descreviam suas partes importantes, as mais vendáveis, as mulheres negras cujos corpos nus eram expostos para os brancos em eventos sociais não tinham presença. Eram reduzidas a mero espetáculo. Pouco se sabe sobre sua vida, suas motivações. Partes de seu corpo eram apresentadas como evidências que embasavam ideias racistas de que pessoas negras eram mais próximas dos animais do que os outros seres humanos. Quando o corpo de Sarah Baartman foi exibido em 1810, ela foi apelidada irônica e perversamente de "Vênus Hotentote". Sua nudez foi exposta em inúmeras ocasiões durante cinco anos. Quando ela morreu, partes mutiladas de seu corpo ainda foram objeto de estudo. Gilman destaca que "o público que tinha pago para ver sua bunda e tinha fantasiado sobre a singularidade de sua genitália quando ela estava viva poderia, depois de sua morte e dissecação, examinar as duas". Muito da fascinação racial com o corpo de Bartmann concentrava a atenção em sua bunda.

Uma fascinação semelhante de europeus brancos com o corpo de pessoas negras, especialmente o corpo das mulheres, manifestou-se durante a carreira de Josephine Baker. Satisfeita em "explorar" a erotização do corpo negro pelos brancos, Baker chamava a atenção para o próprio "bumbum" em suas apresentações de dança. Embora seja condescendente em boa parte da biografia, *A Cleópatra do Jazz: Josephine Baker e seu tempo*, Phyllis Rose analisa com inteligência a ênfase de Baker em sua bunda:

> Ela a usava como se fosse um instrumento, um chocalho, algo separado de si que pudesse balançar. É quase impossível superestimar a importância que tinha seu traseiro. A própria Baker declarava que as pessoas vinham escondendo sua bunda há tempo demais. "O traseiro existe, eu não vejo motivo para ter vergonha disso. É verdade que existem bumbuns tão estúpidos, tão pretenciosos, tão insignificantes que só servem para se sentar neles". Com o sucesso de Baker, o olhar erótico de uma nação se moveu para baixo: ela tinha revelado uma nova região a ser desejada.

Muitos dos movimentos de dança de Baker que destacavam o "bumbum" anteciparam passos populares da dança negra contemporânea.

Embora o pensamento contemporâneo sobre o corpo das mulheres negras não procure ler o corpo como um sinal "natural" de inferioridade racial, a fascinação por bundas negras continua. Na iconografia sexual da imaginação pornográfica negra tradicional, o bumbum avantajado é visto como uma indicação de sexualidade elevada. A música popular contemporânea é um dos principais lugares culturais em que se debate a sexualidade negra. Na letra das músicas, a "bunda" é mencionada de formas que tentam desafiar as presunções racistas de que é um sinal feio de inferioridade, ainda que permaneça como um símbolo sexualizado. A canção popular "Doin' the Butt" [Mexendo a bunda] promovia uma nova dança sensual que favorecia quem pudesse empinar melhor a bunda com orgulho e alegria. Uma cena de *Lute Pela Coisa Certa* (1988), de Spike Lee, retrata uma festa só de pessoas negras em que todos vestem roupas de banho e dançam — balançando a bunda. É um dos momentos mais envolventes do filme. As "bundas" negras exibidas são incontroláveis e escandalosas. Não são corpos imóveis de escravas que deveriam parecer manequins. Não são corpos silenciados. Exibidas como uma divertida resistência cultural nacionalista, as bundas desafiam a premissa de que o corpo negro, sua cor e forma, são marcas de vergonha. Sem dúvida o momento mais transgressor e provocativo de *Lute Pela Coisa Certa*, essa celebração dos bumbuns começou ou coincidiu com a ênfase nessa parte do corpo, especialmente a bunda das mulheres negras, nas revistas de moda. Seu potencial de romper e desafiar ideias a respeito do corpo negro, das mulheres em especial, foi sufocado pela humilhação sexual generalizada das mulheres no filme. Muitas pessoas não viram o filme, então realmente foi a canção "Doin' the Butt" que desafiou as formas dominantes de pensar o corpo que nos encorajam a ignorar nosso traseiro porque está associado com atos indesejados e sujos. Uma vez desmascarado, o bumbum pode mais uma vez ser celebrado como um assento erótico de prazer e excitação.

Quando chamam a atenção para o corpo de um jeito que convida o olhar a mutilar o corpo das mulheres negras mais uma vez, a focar somente o "bumbum", as celebrações contemporâneas dessa parte da anatomia não subvertem com sucesso as representações machistas e racistas. Assim como as representações do corpo das mulheres negras do século XIX eram construídas para enfatizar que esse corpo era descartável, as imagens contemporâneas (mesmo as criadas pela produção cultural de pessoas negras) passam uma mensagem semelhante. Quando o romance de protesto de Richard Wright, *Filho nativo*, foi adaptado para o cinema nos anos 1980, o filme não mostrou o assassinato de Bessie, a namorada negra de Bigger. É uma dupla ironia. Ela foi assassinada no livro e então eliminada sistematicamente da tela. Pintores que exploraram a raça como um assunto político no século XIX geralmente criavam imagens contrastando o corpo das mulheres brancas com o das negras de formas que reforçavam o valor mais elevado da imagem da mulher branca. O ensaio de Gilman conspira com esse projeto crítico: ele realmente está mais preocupado em explorar a sexualidade da mulher branca.

Uma estratégia similar é utilizada no romance de Wright e na versão para o cinema. No livro, Bessie é dispensável porque Bigger já cometeu o crime mais hediondo: assassinar uma mulher branca. O primeiro assassinato, o mais importante, dilui o segundo. Todos se importam com o destino de Mary Dalton, a filha branca da classe dominante; ninguém se importa com o destino de Bessie. Ironicamente, no momento em que Bigger decide que o corpo de Bessie é dispensável, que vai matá-la, continua exigindo que ela o ajude, que "faça a coisa certa". Bigger tem o objetivo de usá-la e jogá-la fora, um gesto que reafirma como o corpo dela é descartável. Enquanto deve ultrapassar limites perigosos para destruir o corpo de uma mulher branca, ele pode invadir e violar o corpo de uma mulher negra sem medo de vingança ou retaliação.

Mulher e negra, parceira sexual fora do contexto do casamento, Bessie representa a "feminilidade caída". Ela não tem protetores, nenhum sistema legal defenderá seus direitos. Suplicando a Bigger em sua defesa, ela pede por reconhecimento e compaixão por sua condição específica. "Bigger, por favor! Não faça isso comigo! Por favor! Tudo que eu faço nessa vida é trabalhar como uma escrava! Trabalho desde a manhã até a noite. Não tenho alegria nenhuma nessa merda de vida. Nunca tive. Não tenho porra nenhuma e você me apronta uma dessas."

Descrevendo com pungência muitas mulheres negras pobres da classe trabalhadora, as palavras dela ecoam as da poeta Nikki Giovanni quando narra a situação das mulheres negras no fim dos anos 1960. Os primeiros versos de "Woman Poem" dizem: "Veja só, minha vida inteira é amarrada pela infelicidade".[10] Contudo, há uma diferença radical. Nos anos 1960, a mulher negra está nomeando sua infelicidade para exigir a escuta, um reconhecimento de sua realidade, e uma mudança em sua situação. Esse poema fala do desejo da mulher negra de construir uma sexualidade distante da que nos foi imposta pela cultura racista/machista, chamando a atenção para as formas como estamos presas a noções convencionais de sexualidade e de ser desejável:

> é um objeto sexual se você é bonita e nada de amor ou amor e nada de sexo se você for gorda sai daí sua negra gorda seja uma mãe avó uma coisa forte não uma mulher mulher-caça mulher romântica carente de amor necessitada de homem chupadora de pau querendo foder precisando de amor uma mulher procura

"Woman Poem" é um grito de resistência pedindo aos que exploram e oprimem as mulheres negras, que a objetificam e desumanizam, que confrontem as consequências de seus atos. Encarando a si mesma, a mulher negra percebe tudo o que precisa combater para

---

[10]. No original: "You see my whole life is tied up to unhappiness". [N.T.]

alcançar a autorrealização. Ela deve rebater as representações de sua identidade, de seu corpo, de seu ser como dispensáveis.

Bombardeadas por imagens que representam corpos de mulheres negras como descartáveis, as mulheres negras absorveram esse pensamento passivamente ou resistiram a ele com veemência. A cultura popular oferece exemplos incontáveis de mulheres negras explorando e se apropriando de "estereótipos negativos" para garantir o controle sobre a representação ou, no mínimo, colher seus lucros. Uma vez que a sexualidade da mulher negra tem sido representada pela iconografia machista e racista como mais livre e liberada, muitas cantoras negras, independentemente da qualidade de sua voz, cultivaram uma imagem que sugere disponibilidade sexual e licenciosidade. Indesejável no sentido convencional, que define a beleza e a sexualidade como atraentes apenas enquanto idealizadas e inatingíveis, o corpo da mulher negra só recebe atenção quando é sinônimo de acessibilidade, disponibilidade, quando é sexualmente desviante.

A construção da *persona* pública sexual de Tina Turner é a que mais se conforma com essa ideia da sexualidade negra. Em sua autobiografia, *Eu, Tina: a história de minha vida*, ela apresenta um retrato sexualizado de si — oferecendo uma narrativa que é basicamente uma "confissão sexual". Embora comece chamando a atenção para o fato de ter sido criada com ideias puritanas de feminilidade inocente e virtuosa, o que a deixou temerosa e reticente com a experiência sexual, o restante do texto contradiz essa descrição. Uma vez que a imagem produzida e comercializada na cultura popular é a de que ela é uma "gostosa" altamente sexualizada — a mulher negra liberada e pronta para o sexo —, existe uma tensão na autobiografia entre a realidade que ela apresenta e a imagem que precisa sustentar. Ao recordar sua primeira experiência sexual, Tina comenta:

> Como não podia deixar de ser, perdi a virgindade no banco traseiro de um carro. Eram os anos 1950, certo? Acho que ele planejou tudo, o sacana — disse que não tinha nenhum filme bom passando naquela noite. Imagino que já sabia que poderia conseguir tudo, porque houvera muito beijo, carícia por dentro da blusa, depois por baixo da saia e assim por diante. O passo seguinte era óbvio. Quanto a mim, uma garota meio descarada, quando chegou o momento de consumar o ato me senti na base de "já não era sem tempo". Mas confesso que fiquei apavorada. E aconteceu.
>
> Doeu muito — acho que até minhas orelhas doeram. Tive a sensação de que estava morrendo. E ele ainda quis fazer duas ou três vezes! Foi como cutucar uma ferida aberta. Eu mal conseguia andar depois.
>
> Mas fiz por amor. A dor era terrível: mas eu o amava e ele me amava, o que atenuava a dor. Fui muito estimulada por Harry, que ainda por cima era um bom amante. Estava tudo bem. E por isso foi maravilhoso.

No entanto, não há nada bonito no cenário descrito por Tina Turner. Existe uma tensão entre a forma "relaxada" como ela descreve essa experiência, agindo como se estivesse tudo bem para sugerir que tinha o controle da situação, e a realidade que ela relata, na qual cede ao desejo do homem e é submetida ao sexo. Depois de descrever um rito de iniciação sexual doloroso, Tina minimiza a confissão dizendo ao leitor que se sentiu bem. Numa retrospectiva da memória, ela é capaz de recontar essa experiência de um jeito que indica que estava confortável com a experiência sexual tão jovem, embora sua linguagem arrogante não mascare completamente o sofrimento evocado pelos detalhes que oferece. No entanto, essa atitude arrogante está de acordo com o modo como seus fãs a "veem". Ao longo da biografia, ela descreve várias situações de vitimização sexual extrema, e então minimiza o impacto de suas palavras, evocando a imagem de si e de outras mulheres negras como sexualmente livres, sugerindo que nós afirmamos uma autonomia sexual de formas que nunca são confirmadas pelas evidências que ela apresenta.

A carreira de Tina Turner como cantora foi baseada na construção de uma imagem da sexualidade da mulher negra transformada em sinônimo de luxúria animalesca selvagem. Estuprada e explorada por Ike Turner, o homem que criou essa imagem e a impôs, Tina descreve a maneira como sua *persona* pública foi moldada pela imaginação pornográfica e misógina de Ike:

> Ike explicou: quando garoto, em Clarksdale, ele era fascinado pelas deusas brancas da selva que exibiam suas aventuras nos seriados das tardes de sábado no cinema — mulheres em trajes um tanto sumários, com cabelos compridos e soltos, como Sheena, Rainha da Selva, e Nyoka... especialmente Nyoka. Ainda se lembrava de *The Perils of Nyoka* [As aventuras de Nyoka], um seriado em quinze capítulos da Republic Pictures lançado em 1941, com Kay Aldridge no papel-título e uma vilã chamada Vultura, um macaco chamado Satan e Clayton Moore (que mais tarde seria o Zorro na televisão) como o galã. Nyoka, Sheena — Tina! Tina Turner —, a Mulher Selvagem pessoal de Ike. Ele adorava a ideia.

Tina não comenta suas ideias a respeito dessa imagem. Como poderia? É parte de uma representação que produziu e manteve seu estrelato.

A fantasia pornográfica de Ike — a mulher negra como uma selvagem sexual — emergiu do impacto de uma mídia controlada pelo patriarcado branco, que moldou suas percepções da realidade. Sua decisão de criar uma mulher negra selvagem era perfeitamente compatível com as representações da sexualidade da mulher negra que prevaleciam na sociedade supremacista branca. É claro que a história de Tina Turner revela que ela era tudo, menos uma mulher selvagem; ela temia a sexualidade, foi abusada, humilhada, fodida e enganada. Os amigos e colegas de Turner relatam as diversas formas em que ela sofreu com a experiência de ser brutalmente agredida fisicamente antes de entrar no palco para se apresentar, ainda que não existam relatos de como ela suportava essa contradição (a história é contada por testemunhas em *Eu, Tina*). Por um lado, ela sentia uma dor excruciante infligida por um homem misógino que dominou sua vida e sua sexualidade; por outro, projetava em cada apresentação a imagem de uma mulher selvagem durona e sexualmente liberada. Não muito diferente da protagonista do romance *A história de O*, de Pauline Réage, Tina precisa agir como se se deleitasse com a submissão, como se adorasse ser uma escrava do amor. Ao se separar de Ike depois de muitos anos de estupro marital e agressões físicas, porque a violência dele era totalmente incontrolável, Tina leva consigo a "imagem" criada por ele.

Apesar de toda a sua experiência de abuso ancorada em objetificação racista e machista, a cantora se apropriou da imagem de "mulher selvagem", usando-a para alavancar sua carreira. Sempre fascinada por perucas e cabelos longos, ela criou uma juba de leão loira para parecer ainda mais selvagem e animalesca. O cabelo loiro a associa às imagens da selva, ainda que sirva como um endosso da estética racista que enxerga os cabelos loiros como a epítome da beleza. Sem Ike, a carreira de Tina Turner alçou voo a novas alturas, especialmente enquanto ela trabalhava duro para explorar a representação visual da mulher (especialmente a negra) como uma selvagem sexual. Longe da iconografia sadomasoquista da mulher negra travando uma guerra erótica com seu companheiro, que era o subtexto do show de Ike e Tina Turner, ela agora se apresentava como uma mulher negra autônoma, para quem sexualidade é apenas uma forma de exercer poder. Invertendo as imagens antigas, ela se põe no papel de dominadora.

Interpretando a personagem Aunty Entity no filme *Mad Max — Além da Cúpula do Trovão*, lançado em 1985, Tina Turner evoca dois estereótipos racistas/machistas: o da "mãe preta" que se tornou faminta pelo poder, e o da selvagem sexual que usa seu corpo para seduzir e conquistar os homens. Retratada desejando o herói branco que irá conquistá-la e rejeitá-la, Aunty Entity é a reencenação contemporânea daquela mulher negra mítica que, durante a escravidão, supostamente seduzia e conseguia o que quisesse dos virtuosos homens brancos donos de escravos. É claro que o herói contemporâneo de *Mad Max* é mais forte que seus ancestrais coloniais. Ele não sucumbe ao perigoso fascínio dessa sedutora negra fatal, que comanda uma pequena nação cujo poder é baseado no uso de fezes. Tina Turner é a mulher negra má nesse filme, uma imagem que ela continuará a explorar.

O videoclipe de "What's Love Got To Do With It" [O que o amor teve a ver com isso] também destaca a convergência de sexualidade e poder. Aqui, o corpo da mulher negra é representado como uma arma em potencial. No vídeo, ela caminha pelas ruas perigosas da cidade, exibindo-se, afirmando-se de um jeito atraente e desejável e, ao mesmo tempo, inacessível. Não que ela já não seja representada como disponível, ela apenas "se abre" para quem quiser. Assumindo o papel de caçadora, ela é a mulher sexualizada que faz de homens e mulheres suas presas (no olhar de fascínio do vídeo, o corpo se move em direção a ambos os sexos). Essa mulher negra durona não tem tempo para criar laços com outras mulheres: ela está lá para "pegar". O modelo fictício de Turner para a agência sexual da mulher negra permanece enraizado em ideias misóginas. Em vez de um erotismo baseado no prazer, é insensível, violento; está ligado a mulheres usando o poder sexual contra o Outro masculino.

Ao se apropriar do mito pornográfico da sexualidade da mulher negra selvagem criado por homens num patriarcado supremacista branco, Tina Turner o explora de acordo com seu objetivo de alcançar a autossuficiência econômica. Quando deixou Ike, ela estava quebrada e seriamente endividada. A nova imagem de Tina transmite a mensagem da felicidade e do poder que emanam de uma mulher que aprendeu a derrotar os homens no jogo deles, a abandonar qualquer investimento em romances e se lançar no mundo real, onde cobra engole cobra. "What's Love Got To Do With It", cantada por Tina Turner, evoca a imagem em construção de uma mulher negra forte transformando-se em má. Subordinando a ideia do amor romântico e elogiando o uso do sexo pelo prazer como moeda de troca, a canção teve um grande apelo na cultura pós-moderna contemporânea. Ela iguala o prazer com o material, transformando-o num objeto a ser perseguido, pego, adquirido de qualquer maneira. Quando interpretada por cantoras negras, "What's Love Got To Do With It" evoca antigos estereótipos que estabelecem a sexualidade das mulheres negras e a prostituição como sinônimos. Assim como as prostitutas negras nos anos 1940 e 1950 procuravam ativamente clientes pelas ruas para garantir o dinheiro da sobrevivência, associando publicamente a sexualidade das mulheres negras com a prostituição, hoje a sexualidade da mulher negra é construída no imaginário das canções populares do rap e do R&B apenas como mercadoria: serviço sexual por dinheiro e poder, o prazer é secundário.

Contrastadas com a representação da sexualidade animalesca selvagem, cantoras negras como Aretha Franklin e contemporâneas mais jovens como Anita Baker essencialmente associam romance a prazer sexual. Aretha, embora vista como vítima de homens que não são bons — a clássica "mulher que ama demais" e que deixa que suas letras provem isso —, também interpretou canções de resistência.

"Respect" [Respeito] foi ouvida por muitas pessoas negras, em especial mulheres, como uma canção que desafiava o machismo dos homens negros e a vitimização das mulheres enquanto evocava ideias de cuidado e apoio mútuos. Aretha Franklin foi homenageada em um especial da PBS destacando músicos solo. No documentário, muito espaço foi dado aos produtores brancos que moldaram sua imagem pública. Na tela, ela relata como foi divertido acrescentar as palavras "sock it to me" [dê logo pra mim] à letra de "Respect" como um refrão poderoso. Um dos produtores, Jerry Wexler, dá sua interpretação do significado, afirmando que era um chamado "altíssimo por atenção sexual". Sua interpretação sexualizada da canção parece muito distante da forma como ela é ouvida e celebrada nas comunidades negras. Ao assistir a esse documentário, que deveria ser um tributo ao poder de Aretha Franklin, é impossível não ter a atenção desviada para longe da música pelo subtexto do filme, que podia ser visto como uma narrativa visual sobre sua preocupação obsessiva com o corpo e com ter um visual que a tornasse desejável. Para atingir esse objetivo, Franklin lutava constantemente com o peso, e as imagens do filme retratam as várias mudanças na forma e no peso de seu corpo. Como se zombasse dessas preocupações com o corpo, ao longo de boa parte do documentário Aretha é vista no que parece ser um ambiente doméstico, talvez uma sala de estar, usando um vestido de noite tomara que caia, pequeno demais para o tamanho de seu busto, e seus seios parecem dois balões cheios de água prestes a estourar. Sem ter a menor ideia sobre quem deu forma ou controlou essa imagem, eu só posso reiterar que ela mina a insistência do filme na ideia de que Franklin superou a vitimização sexual e permaneceu como uma cantora poderosa — a última parece mais provável do que a primeira.

Cantoras negras que projetam *personas* sexualizadas são tão obcecadas com o cabelo quanto com o tamanho de seu corpo e com partes dele. Assim como na iconografia sexual do século XIX, partes específicas da anatomia são designadas como merecedoras de mais atenção do que outras. Atualmente, muitas das imagens de mulheres negras que alcançaram o estrelato parecem se fixar nos cabelos: são eles, e não o bumbum, que representam a sexualidade animalesca. Isso é essencial para Tina Turner e Diana Ross. É ironicamente adequado que muitas dessas cabeleiras sejam sintéticas, construídas artificialmente da mesma forma que a imagem sexualizada que devem evocar. Dentro de uma cultura patriarcal em que as mulheres com mais de quarenta anos não são representadas como sexualmente desejáveis, é compreensível que cantoras mais próximas dos cinquenta que exploram representações sexualizadas de si mesmas deem destaque a seus cabelos enquanto colocam menos ênfase em partes do corpo que possam refletir o envelhecimento.

Em um curso sobre as políticas da sexualidade que eu ministro, no qual costumamos examinar as ligações entre raça e sexo, certa vez analisamos criticamente a capa da *Vanity Fair* que trazia Diana Ross. Posando contra um fundo branco, aparentemente nua, à exceção de um tecido branco enrolado levemente ao redor do corpo, o elemento mais chamativo do retrato era a juba de cabelos negros caindo a seu redor. Havia tanto cabelo que ele parecia consumir seu corpo (que parecia frágil e anoréxico), negando a possibilidade de que aquele corpo nu pudesse representar a agência sexual ativa de uma mulher. O tecido branco como uma fralda reforça a ideia de que esse é o retrato de uma mulher adulta que quer ser vista como inocente e infantilizada. Simbolicamente, o cabelo é quase uma coberta que remete a imagens pictóricas antigas de Eva no Jardim do Éden. Ele evoca o selvagem, uma sensação de mundo natural, mesmo que recubra o corpo, reprimindo-o, protegendo-o do olhar de uma cultura que não convida as mulheres a serem sujeitas sexuais. Ao mesmo tempo, essa capa contrasta branquitude e negritude. A branquitude domina a página, obscurecendo e apagando a possibilidade de qualquer afirmação do poder negro. O desejo mais visível nessa capa é o da mulher negra de incorporar e ser rodeada pela branquitude, personificada pelos longos cabelos lisos. Uma vez que o cabelo é produzido como mercadoria e comercializado, ele reforça ideias contemporâneas de que beleza feminina e atratividade podem ser compradas.

De acordo com análises pós-modernas da moda, esta é uma época em que as mercadorias produzem corpos, como sugere essa fotografia de Ross. No ensaio "Fashion and the Cultural Logic of Postmodernity" [A moda e a lógica cultural da pós-modernidade], Gail Faurshou explica que a beleza não é mais vista como uma "categoria estabelecida da cultura pré-capitalista". Em vez disso, "a colonização e a apropriação do corpo como sua própria máquina de produção/consumo no capitalismo tardio é um tema fundamental da socialização contemporânea". Essa mudança cultural possibilita que o corpo das mulheres negras seja representado em certos domínios do "belo" onde já teve sua entrada recusada, como nas revistas sofisticadas de moda. Reinserido como espetáculo, mais uma vez em exibição, o corpo das mulheres negras aparece nessas revistas não como registro da beleza da pele escura, do corpo negro, mas para chamar a atenção para outras preocupações. É representado para que os leitores percebam que a revista é racialmente inclusiva, ainda que suas matérias com frequência distorçam esse corpo, contorcido em posturas estranhas e bizarras que fazem as imagens parecerem monstruosas e grotescas. Assim, o corpo negro representa uma antiestética, que zomba da verdadeira ideia de beleza.

Em geral, modelos negras aparecem em fotografas que as fazem parecer menos com seres humanos e mais com manequins e robôs. Atualmente, modelos negras que não têm o cabelo alisado são com frequência fotografadas usando perucas lisas; isso parece acontecer em especial no caso de modelos que têm traços pouco convencionais, como lábios grossos ou a pele especialmente escura, que não é algo comum de se ver nas revistas. A edição de outubro de 1989 da *Elle* trazia um breve perfil do estilista Azzedine Alaia. Ele está de pé, a certa distância de uma mulher negra, segurando as mangas do vestido dela. Usando um penteado liso ridículo, ela está nua, segurando o vestido diante de seu corpo. A legenda diz: "ELAS SÃO LINDAS, NÃO SÃO!?". O olhar crítico dele recai sobre a modelo — e não sobre o vestido. O comentário dá a entender que mesmo mulheres negras podem ficar bonitas com a roupa certa. É claro que, ao ler a matéria, esse comentário não se refere à modelo, é uma fala de Alaia a respeito de suas roupas. No senso de moda contemporâneo pós-moderno, a mulher negra é o melhor meio para mostrar as roupas, pois sua imagem não tira os méritos do traje: está subordinada a ele.

Há alguns anos, quando houve muitas reclamações sobre a relutância das revistas de moda em incluir imagens de mulheres negras, supunha-se que a presença de tais representações desafiaria por si só o estereótipo racista que insinua que mulheres negras não são bonitas. Hoje, as mulheres negras estão presentes nas revistas de formas que tendem a renovar os estereótipos existentes. É mais provável que as modelos de pele escura apareçam em fotografias com seus traços distorcidos. Mulheres birraciais tendem a aparecer em imagens sexualizadas. Catálogos de moda como os da Tweeds e da J.Crew usam subtexto racializado em seus projetos gráficos e anúncios. Eles em geral enfatizam a conexão entre europeus brancos e o estilo estadunidense. Quando começaram a incluir modelos negras, escolheram mulheres mestiças ou de pele mais clara, especialmente com cabelos loiros ou castanho-claros. As modelos não brancas que aparecem nesses catálogos devem se parecer o máximo possível com suas colegas brancas para não desvalorizar o subtexto racializado. Uma capa recente da Tweeds trazia a seguinte declaração:

> A cor é talvez um dos mais importantes barômetros de personalidade e autoafirmação. Faz parte da linguagem internacional das roupas, tanto quanto a silhueta. As mensagens que as cores transmitem, no entanto, jamais deveriam oprimir. Deveriam falar com as mesma eloquência e inteligência de quem as veste. Quando as cores têm essa inteligência, com sutileza e nuance, tendemos a chamá-las de europeias.

Considerando a terminologia racializada evocada nesse trecho, pode-se concluir que, quando a pele é exposta em trajes usados para evocar atração sexual, a modelo que os veste não é branca. De acordo com a mitologia sexual/racista, ela corporifica o melhor da mulher negra selvagem, temperada com elementos de branquitude que suavizam a imagem, conferindo uma aura de virtude e inocência. Na imaginação pornográfica racializada, ela é a combinação perfeita da virgem e da puta, a sedutora perfeita. O impacto dessa imagem é tão forte que Iman — uma modelo negra com altos salários que já foi aclamada mundialmente porque era o clone negro perfeito de uma deusa branca gélida — precisou mudar. Ideias pós-modernas sobre a beleza da mulher negra ser construída, não inata ou inerente, são personificadas na carreira de Iman. Notada no passado por ter traços que esta cultura vê como "caucasianos" — nariz, lábios, membros finos —, Iman aparece na capa da edição de outubro de 1989 da *Vogue* "transformada". Seus lábios e seios de repente estão volumosos. Uma vez que sua "aparência" foi destruída por um acidente de carro e reconstruída, Iman deu um passo além. Exposta como a representante de uma sexualidade intensa, ela agora se parece com um estereótipo racial/sexual. Em uma foto de página inteira, está nua, usando só um par de botas brocadas, como se estivesse pronta para parar em qualquer esquina e fazer um programa ou, pior ainda, como se tivesse saído de uma das páginas da *Players*, uma revista pornográfica para negros. A nova imagem de Iman atrai essa cultura que anseia por reestabelecer a imagem da mulher negra como sexualmente primitiva. Essa nova representação é uma resposta à fascinação contemporânea com o visual étnico, o Outro exótico que promete corresponder a estereótipos sexuais e raciais, satisfazer desejos. Essa imagem é apenas uma extensão do seio de chocolate comestível.

Atualmente, no mundo da moda, o novo ícone feminino negro que está ganhando ainda mais notoriedade, uma vez que representa ambas as *personas* — a da negra sensual selvagem e a da menina negra identificada como branca — é a modelo britânica de ascendência caribenha Naomi Campbell. Uma beleza importada, Naomi, como Iman, é quase sempre retratada praticamente nua contra um cenário sexualizado. Abrindo mão de seus cabelos "naturais" por perucas loiras ou apliques extensores, ela tem enorme apelo entre o grande público. Rotulada pelos críticos de moda como a Brigitte Bardot negra, ela personifica uma estética que sugere que as mulheres negras, ainda que atraentemente diferentes, devem se parecer com as brancas para serem consideradas realmente bonitas.

Na literatura e nos primórdios do cinema, essa imagem étnica higienizada era definida como a "mulata trágica".[11] Nos filmes, ela era a sedutora temida pelos homens brancos. Como Julie Burchill afirma com ousadia em *Girls on Film* [Garotas no cinema]:

---

[11]. A "mulata trágica" é um estereótipo que corresponde à mulher de pele clara que, mesmo tentando fugir da discriminação racista renegando suas origens, em algum momento enfrenta as questões raciais, ao viver num mundo de brancos. [N.T.]

No final dos anos 1940, Hollywood decidiu fazer um esforço para compreender o suculento e confuso tema do romance multirracial, mas era um negócio mórbido. Mesmo quando as mocinhas eram lindas garotas brancas, o romance multirracial trazia lágrimas, traumas e suicídio. A mensagem era clara: você homem branco inteligente sofre de culpa suficiente pelo que o seu tataravô fez — você não quer sofrer mais! Mantenha distância dessas garotas.

Filmes contemporâneos com estrelas birraciais apresentam a mesma mensagem. O alerta para mulheres é diferente do direcionado aos homens — nós recebemos mensagens sobre os perigos de afirmar o desejo sexual. A mensagem de *Imitação da Vida* (1959) claramente era que a tentativa de se definir como uma sujeita sexual poderia levar à rejeição e ao abandono. No filme *Corações Solitários* (1984), Rae Dawn Chong faz o papel de uma mulher negra extremamente sexual, caçando e seduzindo homens brancos que não a desejam (como ficou implícito inicialmente em *Imitação da Vida*), mas que a usam sexualmente, agridem e então a descartam. A mulher negra birracial sofre *gaslighting*[12] constantemente nos filmes contemporâneos. A mensagem expressa por sua imagem sexualizada não muda, ainda que continue a perseguir homens brancos como se apenas eles tivessem o poder de confirmar que ela é realmente desejável.

Filmes europeus como *Mephisto* (1981) e *Mona Lisa* (1986) também retratam a mulher negra quase branca como sexualmente trágica. As mulheres nos filmes apenas podem reagir a construções de suas realidades criadas pelos mais poderosos. Elas estão encurrala-

---

12. Expressão em inglês para designar um tipo de manipulação psicológica que faz com que a pessoa manipulada questione sua própria sanidade mental. [N.E.]

das. A luta de Mona Lisa para se autodefinir sexualmente a leva a escolher o lesbianismo, ainda que seja desejada pelo herói branco. No entanto, sua escolha por uma companheira não significa realização sexual, já que seu objeto de desejo é uma jovem branca viciada em drogas que está sempre chapada demais para se interessar por sexo. Mona Lisa cuida dela e a protege. Em vez de afirmar sua agência sexual, ela mais uma vez desempenha o papel de mãe preta.

No filme *Die Jungfrauen Maschine* [A máquina de virgens] (1988), uma alemã branca obcecada pelo anseio de compreender o desejo vai para a Califórnia, onde tem esperança de encontrar um "paraíso de amazonas negras". Entretanto, ao chegar e conhecer a cena lésbica, as mulheres negras que encontra são retratadas como más, gordas, grotescas, animalescas e pervertidas. Filmes contemporâneos continuam a pôr as mulheres negras em duas categorias — a mãe e a puta — e, ocasionalmente, em uma combinação das duas. Em *Mona Lisa*, uma cena serve como comentário poderoso sobre a forma como a sexualidade negra é percebida num contexto social racista e imperialista. O herói branco que deseja a prostituta negra Mona Lisa é mostrado como uma vítima do amor romântico que deseja resgatá-la de uma vida de ruína. No entanto, ele também é o conquistador, o colonizador, e isso é quase evidente na cena em que assiste a um vídeo em que ela faz sexo oral no cafetão negro que a atormenta. Ambos, o homem e a mulher negra, são mostrados como disponíveis para o consumo sexual do homem branco. No contexto das práticas sexuais pós-modernas, a satisfação do desejo com a masturbação voyeurística baseada na tecnologia é mais excitante do que possuir qualquer Outro na realidade.

Há poucos filmes e programas de televisão que tentam desafiar as crenças de que relacionamentos sexuais entre mulheres negras e homens brancos não se baseiam apenas em relações de poder que espelham o paradigma senhor/escrava. Há alguns anos, quando as novelas tentaram mostrar o envolvimento sexual/afetivo de uma mulher negra e um homem branco, a emissora recebeu várias cartas de protesto de espectadores revoltados dizendo que abandonaram a trama. Hoje, muitos espectadores ficam grudados na tela da TV assistindo à novela *All My Children* [Todos os meus filhos] apenas para ver se a mulher negra interpretada por Debbie Morgan vai conquistar o homem branco que ela ama desesperadamente. Esses dois amantes nunca são retratados no quarto — cenas tão comuns nas novelas exibidas durante o dia. A personagem de Morgan não só está competindo com o impulso de uma mulher branca mais velha para ficar com o homem branco; ela está competindo com uma ideia de família. E a história coloca em questão se o desejo do homem branco pela carne negra vai prevalecer sobre os compromissos com o sangue, a família e a lealdade.

Apesar dessa trama de romance inter-racial nas novelas, existe pouco debate público sobre as relações entre raça e sexualidade. Na vida real, se a escolhida como Miss Estados Unidos para representar a beleza e, portanto, o que é desejável, fosse uma mulher negra, isso forçaria o debate público sobre raça e sexo. Quando foi revelado que Vanessa Williams, a "bela" de pele clara e cabelo alisado, tinha violado a imagem da Miss Estados Unidos como pura e virtuosa ao ter posado nua em uma série de fotos mostrando um jogo erótico com uma mulher branca, ela perdeu sua coroa, mas ganhou um status diferente. Depois de cair em "desgraça" publicamente, pôde permanecer sob os holofotes ao se apropriar da imagem da sedutora sexual, interpretando no cinema personagens com tais características. Desmascarada por um público branco moralista, ela assumiu (de acordo com os padrões deles) o lugar legítimo reservado para as mulheres negras no imaginário popular.

O público estadunidense que criticou brutalmente Williams e a rejeitou como miss não teve dificuldades em aceitá-la e aplaudi-la na imagem da mulher desonrada. Mais uma vez, como no caso de Tina Turner, a oferta para que Williams continuasse fazendo sucesso requeria que ela aceitasse as representações convencionais racistas/machistas da sexualidade da mulher negra.

O filme contemporâneo que mais tenta abordar a agência sexual da mulher é *Ela Quer Tudo* (1986), de Spike Lee. É triste dizer, mas a mulher negra não consegue "tudo". No final do filme, ela ainda é incapaz de responder à pergunta crucial, feita por um de seus amantes enquanto a estupra: "De quem é essa buceta?". Reformulada, a questão seria: como e quando as mulheres negras afirmarão sua agência sexual de formas que nos libertem das restrições do desejo colonizado, das imagens e práticas racistas/machistas? Se Nola Darling fosse capaz de afirmar sua sexualidade e nomear seu poder, o filme teria um impacto diferente.

Há poucos filmes que exploram questões da sexualidade feminina de formas que intervêm e rompem com as representações convencionais. O curta-metragem *Dreaming Rivers* [Rios de sonhos] (1989), feito pelo coletivo negro britânico Sankofa, justapõe a representação idealizada da mulher negra como mãe com a de sujeita sexual, mostrando adultos infantilizados encarando suas ideias estreitas de identidade da mulher negra. O filme destaca a identidade sexual autônoma da mulher negra madura, que existe separada de seu papel como mãe e curadora. *The Passion of Remembrance* [A paixão da recordação] (1986), outro filme do Sankofa, apresenta novas representações vibrantes do corpo negro e da sexualidade da mulher negra. Numa cena erótica brincalhona, duas mulheres negras, um casal de lésbicas, vestem-se para sair. Como parte de sua preparação celebratória, elas dançam juntas, pintam os lábios, admiram suas imagens no espelho, exultantes com seu corpo negro. Rebolam ao som de uma canção que repete o refrão "vamos nos soltar" sem conjurar imagens de uma sexualidade colonizada barata em exposição para a imaginação racista/machista. O prazer delas, como as imagens sugerem, emerge de um contexto erótico baseado no compromisso com políticas feministas e antirracistas. Quando olham no espelho e focam partes específicas do corpo (os lábios volumosos e os bumbuns), o olhar é de reconhecimento. Vemos seu prazer e alegria de ser quem são.

Filmes de diretoras negras também apresentam as imagens que mais se opõem a visões tradicionais da sexualidade das mulheres negras. Revendo o filme de Kathleen Collin, *Losing Ground* [Perdendo terreno] (1982), fiquei impressionada com sua ousadia, a forma como retrata a sexualidade da mulher negra de um jeito novo e excitante. Como em *The Passion of Remembrance*, é em um ambiente doméstico, onde as mulheres negras se encaram (no filme de Collin, como mãe e filha), que imagens eróticas da sexualidade da mulher negra surgem sem um contexto de dominação e exploração. Quando mãe e filha fazem uma refeição, o público assiste à composição de uma estética sexual radical enquanto a câmera se move de uma mulher para a outra, focando as sombras e texturas de sua pele, as formas de seu corpo. O modo como sentem prazer e alegria com elas mesmas se reflete no ambiente. As duas mulheres ostentam discretamente uma energia sensual erótica intensa que não está direcionada para o exterior, não é para seduzir e ludibriar; é uma declaração poderosa da subjetividade da mulher negra.

Quando nós mulheres negras nos relacionamos com nosso corpo, nossa sexualidade, de formas que põem o reconhecimento erótico, o desejo, o prazer e a satisfação no centro de nossos esforços para criar uma subjetividade radical da mulher negra, podemos criar representações novas e diferentes de nós mesmas como sujeitas sexuais. Para isso, precisamos estar dispostas a transgredir as barreiras da tradição. Não devemos nos furtar do projeto crítico de interrogar e explorar abertamente as representações da sexualidade da mulher negra que aparecem em todo lugar, especialmente na cultura pop. Em *The Power of the Image: Essays on Representations and Sexuality* [O poder da imagem: ensaios sobre representação e sexualidade], Annette Kuhn apresenta um manifesto crítico para pensadoras feministas que desejam explorar gênero e representação:

> Para desafiar representações dominantes, é necessário antes de tudo compreender como elas funcionam, para então procurar os pontos de possíveis transformações produtivas. Desse entendimento brotam várias políticas e práticas de produção cultural de resistência, entre as quais estão as intervenções feministas [...] há uma outra justificativa para uma análise feminista das imagens dominantes das mulheres: não poderiam elas nos ensinar a reconhecer inconsistências e contradições dentro das tradições dominantes de representação, a identificar os pontos de partida para nossas intervenções — rachaduras e fissuras através das quais é possível capturar vislumbres do que seria possível em outras circunstâncias, visões de "um mundo fora da ordem que não é visto nem pensado normalmente?".

Certamente, esse é o desafio colocado às mulheres negras, que devem confrontar as velhas representações dolorosas de nossa sexualidade como um fardo que precisamos suportar, imagens que ainda nos assombram no presente. Devemos criar um espaço de oposição onde nossa sexualidade pode ser nomeada e representada, onde somos sujeitas sexuais — não mais amarradas e acuadas.

05.
um desafio feminista: devemos chamar todas as mulheres de irmã?

Assistir às audiências de Clarence Thomas[13] era frustrante para milhares de indivíduos, entre eles muitas mulheres. Enquanto espectadoras admiravam a coragem de Anita Hill, que ousou declarar em público que fora assediada sexualmente por Thomas, nunca ficou claro quais eram suas intenções ao revelar esses fatos. Ela nunca declarou uma pauta. Teria ela sentido que a disposição de Thomas de usar o poder para coagir, para dominar por meio do assédio sexual, significava que ele era um candidato indigno para a Suprema Corte? Teria ela denunciado Thomas para protestar contra o fato de que outras funcionárias do juiz pudessem sofrer o mesmo destino que ela, caso ele tivesse ainda mais poder? Será que ela acreditava que a nação sofreria por ter na Suprema Corte uma pessoa que mente, manipula e engana? E, ao decidir participar das audiências públicas, por que não ocorreu a Hill (ou

---

13. Nos Estados Unidos, quando um juiz é indicado para a Suprema Corte, deve passar por uma sabatina no Senado em que os cidadãos podem se inscrever e testemunhar contra ou a favor de sua confirmação no cargo. Clarence Thomas foi nomeado pelo presidente George H. W. Bush em 1991. Na ocasião, Anita Hill, uma ex-funcionária do juiz, acusou Thomas de assédio sexual. Seu testemunho, porém, não o impediu de ser empossado e tornar-se o segundo homem negro a ocupar um assento na mais alta corte de justiça dos Estados Unidos. [N.E.]

a seus conselheiros) que ela precisaria explicar, ou mesmo justificar de forma convincente e comovente, os motivos pelos quais, de livre iniciativa, continuara trabalhando com Thomas? Embora muitas espectadoras sentissem que entendiam as ações de Hill, qualquer mulher que fizesse tais acusações dentro do contexto de um patriarcado capitalista supremacista branco, em especial uma mulher negra, se desejasse ser levada a sério, teria que ter reconhecido profundamente que precisaria fazer mais do que simplesmente relatar sua história.

Anita Hill apresentou seu caso. Ela não parecia ter uma estratégia baseada na reflexão sobre as necessidades, os desejos, as expectativas de seu público — que naquele momento não era composto apenas pelos membros do comitê do Senado, mas pelos milhões de telespectadores que assistiam às sessões. Apesar de ter conversado com várias mulheres de diversas raças e etnias que admiraram a calma de Hill, seu tom monocórdio firme enquanto dava um testemunho racional, tal admiração não pode obscurecer a realidade de que a performance de Hill sugere que ela foi à audiência conduzida por uma fé equivocada em um sistema que raramente trabalhou pelas mulheres que buscavam justiça em casos de assédio sexual. É desnecessário dizer que essa fé a fez entrar na cova dos leões sem a proteção necessária. Isso não é admirável. Se Anita Hill fosse uma defensora do feminismo, moderada ou militante, teria levado para as audiências o tipo de pensamento e consciência feminista que lhe permitiria encarar a realidade do patriarcado supremacista branco que já tinha escolhido Thomas. Isso teria dado a ela a sabedoria para compreender que, ao desafiar essa escolha, criando uma oposição poderosa ou expondo o verdadeiro caráter dele, precisaria subverter o sistema. E subversão requer estratégia. Apenas relatar não era suficiente. Hill declarou: "Tenho a esperança de que outras que tenham sofrido assédio sexual não sejam desencorajadas pela minha experiência, mas, ao invés disso, encontrem a força para falar". No entanto, as audiências de Thomas deixaram muito claro que se expor e falar sobre assédio sexual é apenas um estágio do processo para qualquer mulher em busca de justiça.

Enquanto é crucial que as mulheres façam denúncias em uma sociedade patriarcal que nos socializa para nos reprimir e conter, também é essencial o que dizemos, como dizemos, quais são as nossas políticas. Encarar as audiências de Thomas apenas como uma questão de uma mulher ir a público denunciar um caso de assédio sexual, como muitas pessoas decidiram fazer, é reduzir a complexidade da indicação de Thomas para a Suprema Corte e do relacionamento de Hill com o sistema político que optou por apoiar aquela indicação. Ao assistir a essas audiências, não apenas vemos uma mulher negra e um homem negro em conflito por causa do assédio sexual. Estamos assistindo a duas pessoas negras conservadoras que demonstraram, com suas alianças políticas, que se identificam com a cultura e a política conservadora branca dominante. Os dois lados deram a entender, por sua boa vontade em participar do espetáculo público dessas audiências, que acreditavam ser realmente possível receber reconhecimento, voz e uma escuta justa dentro de um estado patriarcal supremacista branco que, historicamente, com teimosia, tem se recusado a ouvir as vozes de pessoas negras marginalizadas em busca de justiça.

Por ironia, Clarence Thomas, cujos conselheiros eram evidentemente bem mais astutos do que a equipe que trabalhava com Anita Hill, não agiu como se pudesse apenas apresentar seu caso. Ele claramente usou de estratégia. Sua principal vitória aconteceu quando Thomas abandonou a máscara de racionalidade fria e expressou raiva e fúria com o processo. Sua declaração de que era vítima de um "linchamento high-tech" foi uma cortina de fumaça que não apenas distraiu da vitimização de Anita Hill, mas alterou a natureza do discurso público. Antes desse comentário, a raça não tinha sido um fator primordial moldando os temas dos interrogatórios. Ao mencionar o espectro histórico dos linchamentos, Thomas evocou imagens que são de natureza sexual e racial. Quase todos os registros visuais que restaram do linchamento de homens negros por hordas brancas mostram negros sendo sexualmente mutilados, geralmente castrados. O linchamento, então, deve ser visto como um crime racial e sexual. Com razão, Thomas sugeriu obliquamente que estava sendo alvo de um assédio sexual mais cruel e brutal do que qualquer assédio verbal. Falando bem claro, ele estava dizendo: "Vocês todos estão querendo me punir por ter assediado uma mulher com palavras obscenas enquanto tentam cortar meu pau fora". E não surpreende que esse espectro da castração que assombra a imaginação racial da América branca tenha aparecido como o crime mais hediondo no contexto do patriarcado. Os membros do patriarcado branco no comitê do Senado podiam sentir empatia pela ideia de um falo em perigo. Eles não podiam simpatizar e não simpatizaram com o sofrimento de Anita Hill. Portanto, a "dor" de Thomas, por ser o alvo do que ele estrategicamente sugeriu ser a continuidade do estupro e da castração do homem negro pelo homem branco, foi vista como bem mais brutal do que qualquer dor que Hill pudesse ter sofrido. Desviando a narrativa da dominação masculina e do assédio sexual das mulheres, Thomas se colocou fora dos limites da cultura branca falocêntrica com a qual tinha se aliado intimamente.

    Tendo no passado se recusado a reconhecer a importância da diferença racial e as injustiças dos brancos contra as pessoas negras, ele decidiu se identificar com homens negros (e mulheres) que foram vítimas de uma das expressões mais cruéis da supremacia branca. Sua evocação do linchamento ecoa no livro de Eldridge Cleaver, um estuprador e assediador sexual confesso que, em *Soul on Ice* [Alma no gelo], tenta justificar esse comportamento perverso machista e agressivo como uma resposta necessária às injustiças raciais e sexuais sofridas nas mãos dos homens brancos. Milhões de leitores, brancos e negros, reagiram com compaixão à insistência de Cleaver de que o racismo dos brancos o forçara a se tornar um estuprador. Sugerindo que os homens brancos eram obcecados pelo desejo de controlar os corpos dos homens negros, Cleaver escreveu, assumindo a *persona* de um homem branco:

> O cérebro deve controlar o corpo. Para provar minha onipotência, eu devo pôr chifres em vocês e aprisionar suas bolas de touro. Vou restringir a extensão da sua vara e limitar seu alcance. Meu ferrão vai superar a sua vara. Eu fiz um cálculo. Terei a liberdade sexual. Mas vou atar sua vara com a minha vontade onipotente, impor limitações a suas aspirações que você violará com dor e morte. [...] Ao subjugar sua masculinidade ao controle do meu desejo, vou controlar você. O caule do seu corpo, seu pênis, deve se submeter ao desejo do cérebro.

Clarence Thomas evocou essa imagem dos homens brancos controlando a masculinidade negra, e ela foi muito eficiente. Na imaginação popular tanto de pessoas brancas quanto negras, ele representava o homem negro se posicionando por seu direito de participar totalmente do patriarcado, da cultura do falo. Ele se tornou um símbolo heroico da resistência negra machista ao controle do homem branco. Como um motorista de táxi branco me disse: "E daí se ele é um assediador e um pornógrafo? E eles todos não são? Por que ele deveria ser punido?". Afinal de contas,

Thomas, mesmo tentando coagir uma mulher negra a fazer sexo com ele, estava apenas agindo como um homem branco agiria impunemente numa sociedade racista. E, ao escolher se casar com uma mulher branca (que podia ser vista atrás dele o tempo todo durante a audiência), ele também expressava sua aliança com o patriarcado supremacista branco. Portanto, Thomas, que não tinha vergonha de falar publicamente sobre objetificar mulheres negras, sobre sua preferência por mulheres de pele clara, podia se integrar à cultura ao apresentar Anita Hill como outra "preta safada" rejeitada querendo vingança.

Nesse contexto, não surpreende que Anita Hill tenha se tornado o alvo de um interrogatório duro, machista. Para muitos espectadores, sua postura calma era um sinal de integridade, de que ela tinha escolhido uma moral elevada. Para alguns de nós, no entanto, era mais um exemplo do estoicismo da mulher negra diante do abuso racista/machista. Talvez não tivesse alterado o resultado das audiências de qualquer maneira, mas se Hill fosse mais estratégica e emocional, ou mesmo furiosa, ouso dizer, diante dos ataques feitos a ela, teria tornado as audiências menos abusivas para a psique das mulheres em geral, especialmente para a das negras que lhe assistiam.

Ao contrário das que desejam declarar essas audiências como um certo tipo de vitória feminista, foi exatamente a falta de uma análise feminista ou de uma resposta feminista por parte de Hill que fez desse espetáculo mais um exemplo dos martírios e da injustiça com as mulheres do que um confronto construtivo contra a dominação masculina patriarcal. Mulheres negras sempre tiveram um lugar de honra no hall do martírio feminino. Como disse Ellen Wells, amiga de Anita Hill, em sua calorosa defesa da decisão de Hill de não ir a público contra Thomas na primeira ocasião em que houve assédio, "como mulher negra, você sabe que precisa lidar com muita coisa, então engula em seco e faça o que tem que fazer". Com esse comentário, Wells evocou uma tradição de martírio e masoquismo femininos. Na perspectiva dessas mulheres negras conservadoras, não há lugar para a rebelião feminista e a resistência. Na verdade, elas pareciam duas defensoras ferrenhas de uma postura que dá a entender que as mulheres não têm escolha além de serem "filhas obedientes". E certamente, desse ponto de vista, as ações de Hill parecem heroicas. Comentando as audiências, Michele Wallace sugere que foi "gratificante ver tal demonstração de coragem e dignidade de uma mulher tomando uma atitude em meio ao discurso dominante". Embora isso possa ser verdade, não deveria levar a uma aceitação acrítica da aliança de Hill, ou de qualquer mulher, com o patriarcado supremacista branco. Militantes feministas deveriam estar entre os que enfatizam irredutivelmente que Hill tinha outras opções e não precisava apenas interpretar o papel da filha obediente. Talvez tenha sido sua fidelidade a esse papel que não só a deixou relutante em falar de início, mas por fim a incapacitou de falar de modo que tornasse seu caso convincente. Incapaz de dar um passo além dos limites do discurso patriarcal, Hill nunca foi desleal ao patriarcado — ou, nesse caso, à instituição da supremacia branca. Ao contrário, ela expressou sua lealdade de modo consistente ao apelar ao sistema de justiça. Ao se apropriar dela como uma heroína feminista, as mulheres, as brancas em particular, mostram que estão mais interessadas em posicionar Hill como uma apoiadora de um feminismo ao qual ela nunca se afiliou.

Anita Hill tinha todo o direito à justiça em seu caso contra Clarence Thomas. Sejamos claras em relação a esse fato. Que ela mereça justiça como vítima de assédio sexual não exclui a possibilidade de que pode ter escolhido permanecer em silêncio sobre esse abuso por outros motivos que não só a injustiça. É possível que o oportunismo carreirista ou a lealdade da filha obediente tenham feito Hill sentir que não podia confrontar Thomas mais cedo. Nenhuma dessas possibilidades justifica as ações de Thomas. De qualquer maneira, a decisão de acusá-lo em público como assediador sexual não indica, necessariamente, que Hill tenha se rebelado contra o patriarcado e a dominação masculina.

No final, a natureza das audiências sugere que ainda não existe um lugar dentro do patriarcado capitalista supremacista branco para uma discussão sobre as relações de gênero que permita a homens e mulheres negras encarar questões de poder e dominação, do machismo do homem negro e da resistência da mulher negra. Em grande medida, o espetáculo das audiências de Thomas teve pouco a ver com qualquer desejo do público estadunidense de determinar se Thomas era ou não um candidato digno para a Suprema Corte ou de verdadeiramente examinar suas relações coercivas com as mulheres negras que foram suas subordinadas. Essas questões foram completamente deslocadas e diluídas conforme as audiências se tornaram uma ocasião pública para o ataque ao feminismo, um lugar onde aqueles com uma pauta sexual e a favor da censura alinhada à direita puderam fazer avançar seus argumentos. A realidade pessoal e política de Anita Hill foi obscurecida por quem a posicionou como um símbolo feminista, isso não pode ser negado. E esse posicionamento possibilitou que muitas pessoas vissem as audiências como a morte do feminismo. As audiências foram um ataque ao feminismo (definido aqui como um movimento contra o machismo e a opressão sexista) e um ataque aos princípios feministas.

Como Orlando Patterson declarou em sua reclamação misógina "Race, Gender and Liberal Falacies" [Raça, gênero e falácias liberais], publicada na seção de opinião do *New York Times*,

Graças a esse drama, entramos em uma importante nova fase dos discursos sobre gênero em nossa nação, e isso vai bem além da melhoria na percepção dos homens de que as mulheres devem ser levadas a sério. Implícito nessas audiências estava um questionamento tardio do modelo de relações de gênero legalista, neopuritano e elitista promovido pela escola dominante de feministas norte-americanas.

Ao contrário da declaração de Patterson de que as audiências eram um "ritual de inclusão", indicando a confirmação pública de que os negros pertencem ao sistema, de que "a cultura da escravidão está morta", ainda estávamos testemunhando mais um drama colonial em que o trabalho e os corpos das pessoas negras foram colocados a serviço dos interesses de um sistema que não tem a intenção de abrigar e promover o crescimento social e político de pessoas negras nem de erradicar o racismo e a supremacia branca.

Visualmente, o que milhões de espectadores viram ao assistir às audiências foi a representação do que o patriarcado supremacista branco capitalista realmente é. Não havia diversidade racial ou sexual no comitê, nada daquela "inclusão" que indicasse uma divisão igualitária das posições existentes na estrutura social, a que Patterson alude em seu comentário. E era mais do que evidente, tanto visualmente quanto em termos de conduta, que os laços com a masculinidade e com a supremacia branca transcendiam diferenças de posição política entre os homens brancos membros do comitê do Senado. Esses laços poderiam se estender e incluir Clarence Thomas porque ele fundamentalmente se aliou aos interesses do patriarcado supremacista branco capitalista.

Recentemente, a mídia de massa controlada e dominada pelos brancos tem construído e divulgado a ficção de que o conservadorismo negro é algo novo, reforçando também a premissa concomitante de que ele não é tolerado pelas pessoas negras. Dessa forma, as pessoas brancas entendem que, sejam elas liberais ou conservadoras, devem "proteger" as vozes "dissidentes" dos negros conservadores daquelas vozes negras radicais mais comuns que poderiam "censurar e silenciar" seus discursos. Na realidade, pessoas negras sempre souberam que muitos entre nós eram conservadores, e muito frequentemente pontos de vista conservadores determinaram a natureza dos movimentos de rebelião e reforma negra. Foram as pessoas brancas que descobriram apenas recentemente a militância conservadora negra e que reconheceram que eles e elas podem ser porta-vozes poderosos para pautas que servem aos interesses da cultura branca dominante. Quando jornalistas sugerem, como se fez na edição de outubro de 1991 da revista *New York*, que uma das vitórias importantes das audiências foi que "a nação se surpreendeu com a exibição de uma série de negros que — pela primeira vez — não eram traficantes de crack, atletas, mães que vivem de assistencialismo social, ou qualquer desses estereótipos, mas cidadãos de verdade, bons amigos, testemunhas de excelente caráter para os dois protagonistas", fica óbvio que o público que forma essa "nação" é branco. Esse comentário confirma que, no fim, as audiências de Thomas foram não apenas um espetáculo político orquestrado pelos brancos, como seu público-alvo, de fato, também eram os brancos. O restante de nós éramos todos meros *voyeurs*.

Muitas pessoas negras podem testemunhar que as audiências de Thomas pareceram ter um impacto profundo em muitos estadunidenses brancos. Geralmente receosas com as pessoas negras e as questões relacionadas a raça, as pessoas brancas ganharam com a sabatina de Thomas um assunto que lhes permitiu falar sobre as pessoas negras. Era um jeito seguro para falarem de raça e gênero.

Antes das audiências de Thomas, nenhum desconhecido branco jamais tentara falar comigo sobre o seu desejo por mulheres negras atraentes. No entanto, vários homens começaram conversas comigo em aeroportos, filas de banco, táxis, onde podiam compartilhar que se identificavam com Thomas, que também achavam Anita Hill atraente e podiam ver por que Thomas a abordara. Como disse um jovem branco, "ele apenas estava fazendo o que um homem faz".

Várias mulheres negras que eu conheço disseram que foram alvos de abordagens sem precedentes, tanto físicas quanto verbais, feitas por homens brancos depois das audiências de Thomas. Ao mesmo tempo, a sabatina de Thomas exacerbou as críticas a mulheres negras na sociedade de modo geral, especialmente às mulheres negras em ambientes profissionais. Recentemente, antes de dar uma palestra na Universidade do Arizona, percebi uma jovem negra sentada na plateia e a cumprimentei com um olhar caloroso e fraternal. No final da palestra, ela se aproximou e disse que não tinha lido meus livros, que teve que assistir à palestra por causa de uma aula, mas que estava feliz de ter vindo porque o fato de que a reconheci, nas palavras dela, "significou muito para restaurar minha fé nas mulheres negras, uma fé abalada pelas audiências de Thomas". Ela estava se referindo às muitas mulheres negras, em especial àquelas que eram vistas na TV se opondo e denunciando Anita Hill ao defender Thomas. Ainda que as audiências não tenham proclamado a morte do feminismo, elas dramatizaram a vitória da justiça machista.

As audiências foram um lembrete brutal para as defensoras do feminismo — para todas nós que estamos preocupadas com agendas progressistas — de que as políticas conservadoras vão dominar a pauta se não houver protestos, subversão e rebelião suficientes. Muitos grupos, incluindo as feministas, foram convocados a agir por causa das audiências. Progressistas podem apenas desejar que o espírito da rebelião e da resistência não seja transitório, mas sirva para incentivar um clima de vigilância crítica e de ação radical que, mais uma vez, fará com que a transformação dessa cultura em uma sociedade realmente democrática e justa se torne uma pauta significativa, uma causa pela qual valha a pena lutar.

06.
reconstruindo a masculinidade negra

As fotografias em preto e branco da minha infância sempre me mostram acompanhadas pelo meu irmão. Ele é menos de um ano mais novo que eu, parecemos gêmeos e, por um período de nossas vidas, fazíamos tudo juntos. Éramos inseparáveis. Quando pequenos, éramos irmão e irmã, camaradas, companheiros. Na adolescência, ele foi obrigado a se tornar um garoto e eu, uma garota. Em nossa casa no sul, num lar batista patriarcal, ser um garoto significava aprender a ser duro, a mascarar seus sentimentos, a defender seu território e lutar; ser uma garota significava aprender a obedecer, ficar quieta, ser limpa, reconhecer que você não tem território para defender. Eu era dura, ele não. Eu era voluntariosa, ele era tranquilo. Nós dois éramos decepções. Carinhoso, cheio de bom humor, amoroso, meu irmão não tinha o menor interesse em se tornar um rapaz patriarcal. Sua falta de interesse fez com que nosso pai nutrisse uma raiva ferrenha.

Crescemos encarando fotos em preto e branco do nosso pai num ringue de boxe, jogando basquete, com a infantaria negra da qual ele fez parte durante a Segunda Guerra Mundial. Era um homem de uniforme, um homem com H, capaz de se defender. Desprezando seu único filho por ele não querer se tornar o tipo forte e calado (meu irmão adorava falar, contar piadas, nos fazer rir), nosso pai fez com que ele soubesse desde cedo que não era um filho para ele, porque filhos de verdade querem ser como o pai. Sentindo-se inadequado, menos homem desde a infância, um garoto numa casa com seis irmãs, ele foi eternamente assombrado pela ideia da masculinidade patriarcal. Tudo o que questionou na infância teve que perseguir no início da vida adulta para se tornar um homem de verdade — falocêntrico, patriarcal e masculino. Numa comunidade negra tradicional, quando alguém diz a um rapaz crescido "seja homem", está convocando-o a perseguir uma identidade masculina enraizada no ideal patriarcal. Ao longo da história dos homens negros nos Estados Unidos, houve os que não se interessassem nem um pouco pelo ideal patriarcal. Na comunidade negra onde cresci, não havia um ideal monolítico de masculinidade. Embora o ideal patriarcal fosse a versão mais estimada de masculinidade, não era a única. Ninguém em nossa casa falava sobre homens negros serem ruins, preguiçosos, irrelevantes. Chefe da família, nosso pai era "muito homem", um provedor, amante, disciplinador, leitor e pensador. Era introvertido, quieto e mantinha sua raiva em fogo baixo, mas ela era intensa quando se manifestava. Nós o respeitávamos. Tínhamos um pouco de medo dele. Temíamos o seu poder, sua habilidade física, sua voz grave, sua rara mas imprevisível fúria. Nunca podíamos esquecer que, diferente de outros homens negros, nosso pai era a realização do ideal masculino patriarcal.

Embora admirasse meu pai, eu era mais fascinada e atraída pelos homens negros que não eram obcecados em ser patriarcas: por Felix, um andarilho que pulava de um trem para outro, que nunca trabalhou num emprego regular, que não tinha um polegar; por Kid, que vivia no mato e caçava coelhos e guaxinins que acabavam na nossa mesa; por Papai Gus, que falava sussurrando e compartilhava sua percepção de um misticismo espiritual. Esses eram homens que tocavam meu coração. A lista poderia continuar. Eu me lembro deles porque adoravam as pessoas, especialmente mulheres e crianças. Eram carinhosos e generosos. Eram homens negros que escolheram estilos de vida alternativos, que questionavam o status quo, que se esquivavam do modelo da identidade patriarcal e inventaram a si mesmos. Por conhecê-los, nunca me senti tentada a ignorar a complexidade da experiência e da identidade do homem negro. A generosidade de espírito que caracterizava quem eles eram e como viviam neste mundo permaneceu na minha memória. Escrevo este ensaio para honrá-los, sabendo agora que não era simples para eles viver contra o patriarcado, escolher quem eram, sua vida. E escrevo este texto para o meu irmão, na esperança de que ele se recupere um dia, volte a ser ele mesmo, conhecendo outra vez o caminho para o amor, para a paz de um espírito livre e íntegro — essa paz que a jornada por um ideal patriarcal inatingível ameaçador tirou dele.

Quando deixei nossa comunidade segregada no sul e fui para uma universidade predominantemente branca, os professores e estudantes que conheci não sabiam nada sobre a vida dos homens negros. Aprendendo sobre o mito do matriarcado e a ideia de que, para a cultura branca, os homens negros eram emasculados, fiquei chocada. Essas teorias não falavam do mundo que eu conhecia intimamente, não abordavam a complexidade dos papéis de gênero que eram tão familiares para mim. Muitas das obras acadêmicas sobre masculinidade negra que eram apresentadas na sala de aula se baseavam em material reunido em estudos sobre a vida dos negros nas cidades. Esses livros transmitiam a mensagem de que a masculinidade negra era homogênea. Sugeriam que todos os homens negros eram atormentados por sua inabilidade de realizar o ideal falocêntrico masculino do modo como foi articulado pelo patriarcado supremacista branco capitalista. Ao apagar as realidades de homens negros que têm diferentes entendimentos de masculinidade, a produção acadêmica sobre a família negra (tradicionalmente, o contexto da discussão sobre masculinidade negra) coloca uma representação rasa e unidimensional no lugar dessa complexidade vivida.

O retrato da masculinidade negra que emerge dessas obras constrói os homens perpetuamente como "fracassados", "fodidos" psicologicamente, perigosos, violentos, maníacos sexuais cuja insanidade é influenciada pela incapacidade de realizar seu destino masculino falocêntrico em um contexto racista. Muito dessa literatura é escrita por pessoas brancas, e uma pequena parte, por homens negros acadêmicos. Ela não questiona a construção da masculinidade patriarcal, ou em qual medida os homens negros historicamente internalizaram essa norma. Nunca pressupõe a existência de homens negros cuja iniciativa criativa lhes permitiu subverter as normas e desenvolver formas de pensar sobre a masculinidade que desafiam o patriarcado. No entanto, nunca houve um tempo na história dos Estados Unidos em que as pessoas negras, especialmente os homens, não estivessem enfurecidas com as representações estereotipadas e fantasiosas da masculinidade negra na cultura dominante. Infelizmente, pessoas negras não desafiam sistemicamente essas visões estreitas insistindo em uma "leitura" mais precisa da realidade da masculinidade negra. Ao serem cúmplices do status quo, muitas pessoas negras absorveram passivamente representações estreitas da masculinidade negra, perpetuaram estereótipos, mitos, e apresentaram relatos unidimensionais. Homens negros contemporâneos foram moldados por essas representações.

Ninguém ainda se aventurou a mapear a jornada dos homens negros vindos da África para o chamado "novo mundo" com a intenção de reconstituir a forma como viam a si mesmos. Certamente os homens negros que vieram para o continente americano antes de Colombo se enxergavam de modo diferente dos que foram trazidos em navios negreiros, ou daqueles poucos que imigraram livremente para um mundo onde a maioria de seus irmãos foram escravizados. Dado tudo o que sabemos sobre o contexto da escravidão, é improvável que os homens negros escravizados falassem a mesma língua, ou que se unissem com base em uma "identidade" masculina compartilhada. Mesmo que viessem de culturas em que a diferença de gênero fosse claramente articulada em relação a papéis específicos, isso tudo foi desfeito no contexto do "novo mundo". Homens africanos transplantados, mesmo aqueles que vinham de culturas em que os papéis de cada sexo moldavam a divisão do trabalho, em que o status dos homens era diferente e geralmente mais elevado que o das mulheres, foram submetidos às noções de hombridade e masculinidade dos colonizadores brancos. Homens negros não responderam a essa imposição passivamente. No entanto, é evidente nas narrativas de homens negros escravizados que homens negros comprometidos com o "aprimoramento da raça"[14] eram mais propensos a aceitar as normas de masculinidade definidas pela cultura branca.

---

14. A ideologia de "aprimoramento da raça" surgiu nos Estados Unidos entre o fim do século XIX e o início do XX, partindo de uma classe média negra que acreditava no autoaperfeiçoamento como forma de se "igualar" aos brancos, e que tomou para si a responsabilidade de desenvolver instituições para que as massas negras pudessem se aprimorar em termos de cultura e educação, buscando uma respeitabilidade que, acreditavam, enfraqueceria o racismo. [N.E.]

Embora as políticas de gênero da escravidão negassem aos homens negros a liberdade de agir como "homens" segundo a definição das normas brancas, essa noção de hombridade se tornou o padrão usado para medir o progresso do homem negro. Narrativas de escravizados documentam as formas como homens negros pensavam a masculinidade. As narrativas de Henry "Box" Brown, Josiah Henson, Frederick Douglass e uma série de outros homens negros revelam que eles viam a "liberdade" como uma mudança de status que lhes permitiria desempenhar o papel do patriarca cavalheiresco benevolente. Livres, seriam homens capazes de prover e cuidar de sua família. Descrevendo como chorou enquanto assistia a um capataz branco surrar sua mãe, William Wells Brown lamentou: "A experiência me ensinou que nada pode ser mais arrasador para alguém do que ver sua querida e amada mãe ou irmã torturada, ouvir seus gritos e não poder ajudar. Mas essa é a posição que o escravo americano ocupa". Frederick Douglass não sentiu sua masculinidade reforçada pelo progresso intelectual; ela foi afirmada quando entrou em luta corporal com um feitor de escravos. Essa luta foi um "momento de virada" na vida de Douglass: "Reacendeu as brasas ardentes da liberdade no meu peito. Trouxe de volta meus sonhos sobre Baltimore e reviveu uma sensação do que significa ser homem. Meu ser foi transformado depois daquela briga. Antes, eu era nada — agora eu sou um homem". A imagem da masculinidade negra que emerge das narrativas de escravidão é a de um homem trabalhador que queria assumir completamente a responsabilidade patriarcal com sua família e seus descendentes.

Considerando essa aspiração e o trabalho físico brutal realizado por homens negros que eram a espinha dorsal da economia escravagista (havia mais homens escravizados do que mulheres, especialmente antes da reprodução se tornar uma prática comum), é realmente surpreendente que os estereótipos do negro preguiçoso e vagabundo tenham se tornado comuns tão rapidamente na imaginação pública. Nessas representações do século XIX e do começo do XX, os homens negros eram figuras caricatas interessadas apenas em beber e se divertir. Tais estereótipos são uma forma eficiente de os brancos racistas apagarem da consciência pública a importância do trabalho do homem negro. Mais tarde, esses mesmos estereótipos seriam evocados como motivos para recusar empregos aos homens negros. São evocados ainda hoje.

O "ócio" masculino não tem o mesmo significado nas culturas africanas e indígenas do que tinha na mentalidade dos brancos. Muitos dos cristãos do século XIX viam todas as formas de atividade ociosa como más, ou no mínimo como terreno fértil para atos ruins. Para os africanos e indígenas, o ócio era um espaço para sonhar acordado, para a contemplação. Quando a escravidão acabou, homens negros puderam mais uma vez experimentar essa noção de espaço. Não há estudos que explorem a forma como as culturas indígenas alteraram ideias sobre a masculinidade negra, em especial daqueles homens negros que viviam como índios ou que se casaram com mulheres indígenas. Uma vez que sabemos da existência de povos nativos que compreendiam os papéis masculinos de formas diferentes das concebidas pelos brancos, os homens negros podem muito bem ter encontrado reforço a ideias africanas sobre papéis de gênero nas tradições indígenas.

Há poucas narrativas confessionais de homens negros que relatam como se sentiram, como grupo, quando a liberdade não trouxe com ela a oportunidade de assumir um papel "patriarcal". Aqueles homens negros que trabalhavam como fazendeiros geralmente tinham mais condições de assumir esse papel do que aqueles que trabalhavam como criados ou os que se mudaram para as cidades. Nas migrações em massa do sul rural para o norte urbano, os homens negros certamente perderam status. Nas comunidades negras do sul havia muitos caminhos para se obter respeito coletivo. Um homem não era respeitado somente porque podia trabalhar, ganhar dinheiro e ser o provedor. A extensão em que os homens negros absorveram as ideias de masculinidade da sociedade branca provavelmente determinou a dimensão de sua amargura e de seu desespero pelo fato de a supremacia branca bloquear continuamente seu acesso ao ideal patriarcal.

Os líderes negros do século XIX estavam preocupados com papéis de gênero. Enquanto acreditavam que os homens deveriam assumir posições de liderança em casa e na vida pública, também estavam preocupados com o papel das mulheres na melhoria da raça. Se estavam falando apenas da boca para fora sobre a causa dos direitos das mulheres ou se realmente acreditavam nela, o fato é que homens negros excepcionais defenderam a igualdade de direitos para mulheres negras. Em suas obras, Martin Delaney destacou continuamente que os dois gêneros precisavam trabalhar com o objetivo de melhorar a raça. Para ele, a igualdade de gênero era mais uma maneira de conseguir um envolvimento mais amplo na melhoria da raça do que uma forma das mulheres negras serem autônomas e independentes. Líderes negros como Martin Delaney e Frederick Douglass eram patriarcas, mas, como ditadores benevolentes, estavam dispostos a compartilhar poder com as mulheres, especialmente se isso significasse que não teriam que abrir mão de nenhum privilégio masculino. Como coeditores do *North Star*, Douglass e Delaney publicaram um cabeçalho em 1847 que dizia "o direito não tem sexo — a verdade não tem cor...". No encontro da Convenção Nacional das Pessoas de

Cor Libertas, em 1848, Delaney incluiu uma proposta que dizia: "Considerando que acreditamos completamente na igualdade dos sexos, para tal decidimos por meio deste convidar mulheres a participar de nossas deliberações daqui em diante". Em seu tratado de 1852, *The Condition, Elevation, Emigration and Destiny of the Colored People, Politically Considered* [A condição, elevação, emigração e destino das pessoas de cor, consideradas de forma política], Delaney argumenta que mulheres negras deveriam ter acesso total à educação para que pudessem ser mães melhores, destacando:

> A potência e a respeitabilidade de uma nação ou povo depende inteiramente da posição de suas mulheres; portanto, é essencial para o nosso avanço que as meninas entre nossos filhos sejam educadas em todas as artes e ciências pertinentes ao que há de mais elevado na civilização.

Na cabeça de Delaney, direitos iguais para mulheres negras em determinadas esferas públicas, como a educação, não significava defender uma mudança nas relações domésticas para que homens e mulheres tivessem status equivalente no lar.

A maioria dos homens negros do século XIX não defendia direitos iguais para as mulheres. Por um lado, a maioria deles reconhecia a necessidade e o papel poderoso que as mulheres negras haviam desempenhado como guerreiras pela liberdade no movimento para abolir a escravidão e nos esforços pelos direitos civis, embora, por outro lado, continuassem a acreditar que as mulheres deviam ser subordinadas aos homens. Queriam que as mulheres negras se conformassem com as normas estabelecidas pela sociedade branca. Queriam ser reconhecidos como "homens", como patriarcas, pelos outros homens, incluindo os brancos. Contudo, não podiam assumir essa posição se as mulheres negras não estivessem dispostas a se conformar com as normas de gênero machistas predominantes. Muitas mulheres negras que haviam suportado a dominação patriarcal supremacista branca durante a escravidão não queriam ser dominadas por homens negros depois da alforria. Assim como os homens negros, elas tinham posturas contraditórias em relação ao gênero. Por um lado, não queriam ser "dominadas", mas, por outro, queriam que os homens negros fossem provedores e protetores. Depois que a escravidão acabou, uma tensão enorme e conflitos emergiram entre as mulheres e os homens negros como indivíduos lutando para se autodefinir. Enquanto trabalhavam para criar padrões para a comunidade e para a vida familiar, os papéis de gênero continuavam a ser problemáticos.

Homens e mulheres negros que desejavam se conformar aos papéis de gênero descobriram que isso era praticamente impossível em uma economia branca racista que queria continuar a explorar o trabalho negro. Críticos sociais que querem promover a ideia de que os homens negros são simbolicamente castrados enfatizam muito o fato de que mulheres negras frequentemente conseguiam emprego na prestação de serviços enquanto os homens negros permaneciam desempregados. No entanto, a realidade é que, em algumas casas, era problemático quando uma mulher negra trabalhava e o homem não, ou quando ela ganhava mais do que ele; ainda assim, em outros lares, os homens negros estavam contentes de criar papéis alternativos. Críticos que observam a vida negra de um ponto de vista machista promovem a premissa de que os homens negros foram devastados psicologicamente porque não tiveram a oportunidade de se desvencilhar da escravidão em empregos maus remunerados para empregadores brancos racistas, quando na verdade esses homens que queriam trabalhar mas não arrumavam emprego, assim como aqueles que não queriam arrumar empregos, podiam muito bem estar aliviados de não ter que se submeter à exploração econômica. Simultaneamente, havia mulheres negras que queriam que os homens assumissem papéis patriarcais, e outras que estavam felizes por serem autônomas, independentes. Muito antes do movimento feminista contemporâneo aprovar a ideia de que os homens poderiam ficar em casa e cuidar das crianças enquanto as mulheres trabalhavam, mulheres e homens negros tinham tais arranjos e eram felizes com eles.

Sem insinuar que homens e mulheres negras viviam numa utopia de gênero, estou sugerindo que os papéis de gênero negros, e particularmente o papel dos homens, eram muito mais complexos e problematizados na vida negra do que se acredita. Esse era o caso, especialmente, de todas as pessoas negras que viviam em bairros segregados. A integração racial teve um impacto profundo nos papéis de gênero. Ajudou a promover um clima em que a maioria das mulheres e dos homens negros aceita as ideias machistas sobre os papéis de gênero. Infelizmente, muitas mudanças aconteceram na forma como as pessoas negras pensam sobre gênero, ainda que essa mudança de ponto de vista não tenha sido totalmente registrada. Por exemplo: em que medida o movimento pelos direitos civis, com sua definição de que liberdade é ter igualdade de oportunidades com os brancos, permite olhar para os papéis de gênero brancos como uma norma que as pessoas negras deveriam imitar? Por que foi mostrado tão pouco interesse positivo nos estilos de vida alternativos dos homens negros? Em toda comunidade negra nos Estados Unidos há homens negros adultos casados, solteiros, gays, heterossexuais, morando em lares nos quais não reafirmam a dominação patriarcal e onde, ainda assim, gozam de uma vida plena, em que não estão preocupados com a castração. É necessário enfatizar mais uma vez que os homens negros que estão mais preocupados com castração e emasculação são aqueles que absorveram as definições patriarcais supremacistas brancas de masculinidade.

O capitalismo avançado promoveu mudanças na natureza dos papéis de gênero para todos os homens nos Estados Unidos. A imagem do patriarca e chefe da casa, líder desse miniestado chamado "família", desbotou no século XX. Mais homens do que antes trabalhavam para alguém. O estado começou a interferir nos assuntos domésticos. O tempo do homem não era dele; pertencia ao seu empregador, e os termos em que comandava a família mudaram. Antigamente, um homem que não tinha dinheiro ainda poderia estabelecer um domínio tirânico sobre sua família e parentes, pela virtude de seu status patriarcal, geralmente reforçado por sistemas de crenças cristãos. Dentro de uma florescente economia capitalista, era o poder de ganhar dinheiro que determinava até que ponto um homem poderia dominar a casa, ainda que essa regra fosse limitada pelo estado. Em *White Hero, Black Beast* [Herói branco, besta negra], Paul Hoch descreve a forma como o capitalismo avançado alterou as representações de masculinidade:

> O conceito de masculinidade é dependente, em suas raízes mais profundas, dos conceitos de repressão sexual e propriedade privada. Ironicamente, é a repressão sexual e a escassez econômica que dão à masculinidade maior significância como um símbolo de status econômico e de oportunidade sexual. O encolhimento do conceito de homem a concepções estreitas e hierárquicas de masculinidade baseadas nas várias éticas de trabalho e consumo também vai de mãos dadas

com uma crescente divisão do trabalho, e uma crescente restrição dos potenciais erógenos do corpo, culminando em uma sexualidade limitada ao genital. Conforme nos movemos de sociedades simples, coletoras de comida, para a sociedade agrícola e, então, para uma sociedade baseada no trabalho urbano e na guerra, percebemos que é cada vez mais estreita a gama de atividades que confere status ao homem.

Em termos feministas, isso pode ser descrito como uma mudança de ênfase no status patriarcal (determinado pela capacidade de afirmar poder sobre os outros em um número de esferas baseadas na hombridade) em direção a um modelo falocêntrico, onde o que um homem faz com seu pênis se torna o caminho maior e mais acessível para garantir o status masculino. É fácil ver como isso serviu aos interesses de um estado capitalista que, na verdade, privou os homens de seus direitos, explorando seu trabalho de tal modo que eles só recebem os benefícios indiretamente, desviando-se para longe de uma base de poder patriarcal baseada em comandar os outros e enfatizando um status masculino que dependeria apenas do pênis.

Com o surgimento de um falocentrismo selvagem, um homem não era mais um homem de verdade porque sustentava sua família: era um homem simplesmente porque tinha um pênis. Além disso, sua habilidade de usar aquele pênis na arena da conquista sexual poderia tanto trazer status quanto levar dinheiro para casa e torná-lo provedor. Uma masculinidade definida no ideal sexual e enraizada na dominação física e na posse sexual de mulheres poderia ser acessível a todos os homens. Dessa forma, até homens desempregados poderiam conseguir status, serem vistos como a personificação da masculinidade, dentro de uma moldura falocêntrica. Em *The Hearts of Men* [Os corações dos homens], Barbara Ehrenreich registra o repúdio do homem branco a um ideal masculino enraizado em uma ideia de regra patriarcal que exige que um homem se case e cuide do bem-estar material de mulheres e crianças, e o crescimento da adesão ao ideal falocêntrico do playboy. No final do capítulo "Early Rebels" [Primeiros rebeldes], Ehrenreich descreve ritos de passagem nos anos 1950 que afastaram os homens brancos de uma não conformidade tradicional e os levaram a repensar o status masculino:

> Nem todo possível homem rebelde tinha as reservas intelectuais para envelhecer graciosamente com a passagem da década. Eles bebiam mais do que excessivamente, turbinando seu café da hora do almoço com gim, tomando gim tônica nos finais de semana. Tinham casos secretos com suas secretárias, tentavam apalpar as esposas de seus vizinhos em festas. Eles se distraíam com livros de mistério de Mickey Spillane, nos quais loiras são rotineiramente atingidas por saraivadas de balas, ou com faroestes, onde não há mulher nenhuma e nenhum local de trabalho de colarinho branco. E alguns deles começaram a descobrir uma alternativa, ou pelo menos um novo estilo de homem rebelde que indicava sedutoramente que havia uma alternativa. O novo rebelde era o playboy.

Mesmo nas relações sociais restritas pela escravidão, os homens negros encontraram uma forma de praticar a arte refinada da sedução falocêntrica. Muito antes dos homens brancos descobrirem a alternativa do playboy, a cultura oral negra contava histórias sobre homens que não trabalhavam, com tempo de sobra para seduzir a mulher dos outros. Canções de blues narram o papel do playboy. O livro de Ehrenreich reconhece que a presença dos homens negros na cultura negra segregada e seu engajamento em várias expressões de masculinidade influenciaram os homens brancos:

O herói *beat*, o homem rebelde que se afasta de qualquer forma de responsabilidade, não era um produto da angústia da classe média. A possibilidade de ir embora, sem dinheiro ou culpa, sem qualquer ambição além de ver e fazer tudo, nem sequer despontava na cultura da classe média no início dos anos 1950 [...]. A nova boemia dos *beats* veio totalmente de outro lugar, de um submundo e de uma subclasse invisível para o "palácio de cristal" corporativo ou as casas dos sonhos no subúrbio.

Estilos de vida masculinos alternativos que se opunham ao status quo eram encontrados na cultura negra.

Homens brancos que buscavam alternativas para a masculinidade patriarcal se voltaram para os homens negros, especialmente os músicos. Em 1963, no ensaio "My Negro Problem — And Ours" [Meu problema preto — e o nosso], Norman Podhoretz aborda a fascinação do homem branco com a negritude e a masculinidade negra:

> Assim como na infância eu invejava os pretos pelo que me parecia sua masculinidade superior, eu os invejo hoje pelo que me parece sua graça física superior e beleza. Passei a valorizar grandemente a graça física e agora sou capaz de me doer por inteiro quando assisto a um casal preto na pista de dança, ou a um preto jogando beisebol ou basquete. Eles têm um tipo de relação com seus corpos que eu gostaria de ter com o meu, e é por essa qualidade preciosa que parecem abençoados para mim.

A masculinidade negra, como é fantasiada na imaginação branca racista, é a encarnação da quintessência do homem como "forasteiro" e "rebelde". Eles eram os verdadeiros "andarilhos" que se deslocavam de um lugar para outro, de uma cidade para outra, de um trabalho para outro.

Dentro das comunidades negras segregadas, o homem negro "andarilho" era admirado até quando visto como uma evidência do fracasso do homem negro em alcançar o ideal masculino patriarcal. Exaltando as virtudes dos homens negros viajantes em seus romances, Toni Morrison os vê como "verdadeiramente másculos no sentido de irem tão longe, onde não se deveria ir, e de correrem em direção ao confronto em vez de fugir dele". Esse é um homem que corre riscos, o que Morrison chama de "homem livre":

> Esse é um homem que está se alongando, sabe, está se distendendo, está seguindo o seu caminho de acordo com sua cabeça e dentro de quaisquer que sejam seus limites. Agora essa é uma tremenda possibilidade para a masculinidade entre homens negros. E você vê muito isso. [...] Eles podem acabar, em termos do século xx, em termos contemporâneos, desempregados. Podem estar na prisão. Podem estar fazendo todo o tipo de coisa. Mas são aventureiros nesse sentido.

Dentro do patriarcado capitalista supremacista branco, a masculinidade negra rebelde foi idolatrada e punida, romantizada e vilanizada. Embora o viajante repudie ser um provedor patriarcal, não necessariamente repudia a dominação masculina.

Coletivamente, homens negros nunca criticaram as normas da cultura dominante sobre a identidade masculina, ainda que tenham retrabalhado essas normas em suas situações sociais. O sociólogo negro Robert Staples argumenta que o homem negro está "em conflito com a definição normativa de masculinidade", e, ainda assim, esse conflito nunca assumiu a forma de uma rebelião total. Concluindo que homens negros são "aleijados emocionalmente" quando não podem alcançar completamente o ideal patriarcal, Staples afirma: "Existe um status que poucos homens negros foram capazes de alcançar, se é que algum foi. A masculinidade, como é definida nessa cultura, sempre deixou implícita uma certa autonomia e o domínio do ambiente". Embora Staples sugira que "o homem negro sempre teve que confrontar a contradição entre a expectativa normativa atrelada a ser um homem nessa sociedade e proibições sobre seu comportamento e realizações", subentendida em suas análises está a premissa de que o homem negro só poderia internalizar essa norma e ser vitimado por ela. Como muitos homens negros, ele conclui que o patriarcado e a dominação masculina não são construídos socialmente, mas um fato natural da vida. Portanto, não consegue reconhecer que os homens negros poderiam afirmar uma agência significativa ao repudiar as normas impostas pela cultura branca.

Essas normas não poderiam ser repudiadas por homens negros que não viam nada de problemático ou errado nelas. Staples, como a maioria dos acadêmicos negros que escrevem sobre masculinidade negra, não tenta desconstruir o pensamento normativo; ele lamenta que os homens negros não tenham tido total acesso ao falocentrismo patriarcal. Abraçando o ideal falocêntrico, explica o estupro de mulheres por homens negros como uma reação contra sua inabilidade de ser "homens de verdade" (isto é, afirmar uma dominação legítima sobre as mulheres).

> No caso dos homens negros, afirma-se que eles crescem sentindo-se emasculados e impotentes antes de atingirem a maturidade. Geralmente se deparam com mulheres como figuras de autoridade e professoras, ou como a chefe da família. Esses homens consequentemente demonstram seus sentimentos de impotência con-

tra as mulheres negras na forma de agressão sexual. Portanto, o estupro, no caso dos homens negros, deveria ser visto como uma agressão e como um ato político, porque acontece no contexto da discriminação racial que nega à maioria dos homens negros uma masculinidade satisfatória.

Staples não questiona por que as mulheres negras são alvos da violência dos homens negros se são os homens brancos e um sistema racista que os impedem de assumir o papel "patriarcal". Dado que muitos homens brancos que alcançam a masculinidade normal estupram, parece ridículo o argumento de que homens negros não estuprariam se pudessem ser patriarcas. E sua sugestão de que não estuprariam se pudessem obter uma "masculinidade satisfatória" é pura fantasia. Dado o contexto desse parágrafo, é seguro assumir que a "masculinidade satisfatória" evocada por ele carrega consigo o direito falocêntrico dos homens dominarem as mulheres, ainda que com benevolência. Em última instância, ele está sugerindo que, se os homens negros pudessem dominar as mulheres negras com mais eficácia, não precisariam coagi-las ilegalmente. Criada em uma comunidade negra onde havia homens que criticavam a masculinidade normativa, que repudiavam o patriarcado e seu apoio simultâneo ao machismo, reconheço totalmente que é uma tremenda perda conhecermos tão mal tais ideias de masculinidade negra. Sem o registro de sua existência, tem sido mais fácil para os homens negros que abraçam a masculinidade patriarcal, o falocentrismo e o machismo agir como se falassem em nome de todos os homens negros. Como suas representações de masculinidade negra estão em total concordância com a avaliação da cultura branca, eles não ameaçam ou desafiam a dominação branca: eles a reforçam.

O movimento black power contemporâneo transformou em sinônimo a libertação negra e o esforço de criar uma estrutura social em que homens negros pudessem se afirmar patriarcas, controlando a comunidade, a família e os parentes. Por um lado, homens negros expressaram seu desdém pelo homem branco, embora também invejassem seu acesso ao poder patriarcal. Usando uma "vara" falocêntrica para bater no homem branco em seu ensaio "American Sexual Reference: Black Male" [Referência sexual estadunidense: homem negro], dos anos 1960, Amiri Baraka afirma:

> A maioria dos estadunidenses brancos é treinada para ser bicha. Por esse motivo, não surpreende que seus rostos sejam fracos e inexpressivos, incapazes de expressar a dor que a realidade provoca — a qualquer momento. Aquele rubor, aqueles olhos azuis viadinhos. [...] Eles são os "senhores" do mundo, e seus filhos aprendem que essas são as marcas de Deus, então podem devotar o máximo de suas energias ao não realismo, e o real não lhes tem serventia. Eles devotam suas energias ao não físico, ao não realismo, e se distanciam deles. Mesmo as suas guerras se movem em palcos onde populações inteiras podem ser destruídas apertando um botão. [...] pode você, por um segundo, imaginar que o homem branco mediano da classe média é capaz de fazer mal a alguém? Sozinho? Sem a tecnologia que neste momento ainda lhe permite dominar o mundo: você entende a suavidade do homem branco, a fraqueza?

Esses e outros ataques à masculinidade branca não significam que os homens negros estejam atacando a masculinidade normativa; estão simplesmente destacando que os homens brancos não alcançaram o ideal. É um caso de "o homem de verdade, por favor, levante-se". E quando se levantou, era, aos olhos do movimento black power, um homem negro.

Essa idealização falocêntrica de masculinidade é expressa mais poderosamente nos textos de George Jackson. Ao longo de *Soledad Brother* [Irmão Soledad], ele anuncia sua aceitação acrítica das normas patriarcais, especialmente o uso de violência como forma de controle social. Crítico da não violência como postura que poderia emascular os homens negros, ele insistia:

> O símbolo do homem aqui na América do Norte sempre foi o revólver, a faca, o cassetete. A violência é exaltada em cada relação: na TV, nos filmes, nas listas de livros mais vendidos. Os jornais que vendem mais são os que trazem as manchetes mais sangrentas e mais cobertura de esportes. Morrer pelo rei e pelo país é morrer como herói.

Jackson sentia que os homens negros precisariam abraçar o uso da violência se quisessem ter a esperança de derrotar os seus adversários brancos. E é especialmente crítico com mulheres negras que não acolhem essas ideias de masculinidade:

> Estou razoavelmente certo de que ouvi de todo homem negro neste país algum comentário que corrobora que sua mãe, a mulher negra, tentou ajudar em sua sobrevivência ao desencorajar sua violência ou contê-la. A sociedade dos negros escravizados, nos Estados Unidos, sempre foi uma subsociedade matriarcal. A implicação é clara, a mãe negra vai ter que pôr uma espada na mão daquele irmão e parar com essa merda de "seja um bom menino".

Uma misoginia assustadoramente selvagem influencia a raiva de Jackson pelas mulheres negras. Ainda que as mulheres negras ativistas, especialmente Angela Davis, exigissem que ele reconsiderasse sua posição em relação ao gênero, em seu último livro, *Blood in My Eye* [Sangue em meus olhos], Jackson continua a ver a libertação negra como uma "coisa de homem", a ver a revolução como uma tarefa masculina:

> No fim dessa luta massiva coletiva, descobriremos um novo homem, a culminação imprevisível de um processo revolucionário. Ele estará melhor equipado para combater a verdadeira luta, a luta permanente depois da revolução — aquela pelos novos relacionamentos entre os homens.

Embora as posturas expressadas por Baraka e Jackson pareçam datadas, elas retiveram seu valor ideológico entre homens negros ao longo do tempo. As críticas das mulheres negras ao falocentrismo e ao machismo dos homens negros tiveram pouco impacto na consciência dos homens negros. O livro de Michelle Wallace *Black Macho and the Myth of the Super Woman* foi a primeira tentativa de uma mulher negra falar a partir de um ponto de vista feminista sobre o machismo dos homens negros. Sua análise da masculinidade negra era baseada primeiramente em sua experiência nas cidades do norte dos Estados Unidos, embora escrevesse como se falasse sobre uma experiência negra coletiva abrangente. Ainda assim, sua crítica era ousada e corajosa. Contudo, tal como outros críticos, ela evocava uma representação da masculinidade negra homogênea e monolítica. Discutindo a forma como o machismo negro superou a solidariedade de raça durante a campanha presidencial de Shirley Chisholm, Wallace escreveu:

As forças políticas negras existentes na época — em outras palavras, as forças políticas dos homens — não a apoiavam. Na verdade, eles se opuseram ativamente à indicação dela. O homem negro comum parecia ou ofendido por ela ousar concorrer, ou simplesmente indiferente.

Desde então, o que realmente me desorientou foi ouvir homens negros dizerem que as mulheres negras não tinham tempo para o feminismo porque ser negro vinha em primeiro lugar. Para eles, em se tratando de Shirley Chisholm, ser negra não vinha primeiro de modo algum. No fim, o que realmente estavam dizendo o tempo todo era que o homem negro vinha antes da mulher negra.

Chisholm registrou em sua autobiografia que o machismo foi um obstáculo em seu caminho mais do que o racismo. Contudo, ela também fala do apoio que recebeu de seu pai e de seu marido em seu trabalho político. Comentando sobre as maneiras como indivíduos tentaram depreciar esse apoio, insinuando que havia algo de errado com o marido dela, Chisholm escreveu: "Pessoas inconsequentes deram a entender que meu marido seria um homem fraco, que gosta de ser dominado por mim. Estão errados nas duas suposições". Embora fosse uma crítica ferrenha do machismo em geral e do machismo negro em especial, Chisholm reconhecia ter recebido apoio de homens negros que não colaboravam com o patriarcado. Qualquer crítica ao "macho negro", ao machismo negro, que não reconheça as ações dos homens negros que subvertem e desafiam o status quo não pode ser uma intervenção crítica eficiente. Se as críticas feministas ignoram os esforços individuais de homens negros que se opõem ao machismo, nossas críticas parecem servir à causa própria, parecem ser contra os homens em vez de ser contra o machismo. Retratos absolutos que dão a entender que todos os homens negros são irremediavelmente machistas, que seu apoio à dominação masculina é inerente, fazem parecer que não há como mudar isso, que não há nenhuma alternativa, nenhuma outra possibilidade de ser. Quando a atenção é dirigida àqueles homens negros que se opõem ao machismo, que são desleais ao patriarcado, ainda que sejam a exceção, a possibilidade de mudança, de resistência, é afirmada. Aquelas representações de relacionamentos negros entre os gêneros que sempre põem as mulheres de um lado contra os homens do outro negam a complexidade de nossas experiências e intensificam o conflito interno mútuo e destrutivo entre os gêneros.

Mais de dez anos se passaram desde que Michele Wallace encorajou as pessoas negras a considerarem o conflito entre os gêneros como uma força que mina nossa solidariedade e cria tensão. Sem morder a língua, Wallace declara enfaticamente:

> Estou dizendo que, entre outras coisas, talvez nos últimos cinquenta anos tenha havido uma desconfiança crescente, até mesmo ódio, entre homens negros e mulheres negras. Foi acalentado pelos brancos, mas também por uma ignorância quase deliberada por parte das pessoas negras sobre as políticas sexuais de suas experiências neste país.

As tensões descritas por Wallace entre homens e mulheres negras não enfraqueceram; se algo mudou, foi para pior. Nos últimos anos, assumiram a forma de uma competição pública entre homens e mulheres negras pela atenção de espectadores brancos. Seja nos domínios da busca por emprego ou da publicação de livros, existe uma sensação predominante dentro do patriarcado supremacista branco capitalista de que homens negros e mulheres negras não podem estar sob o mesmo holofote da cultura dominante. Enquanto isso obviamente serve aos interesses da supremacia branca para separar mulheres e homens negros uns dos outros, perpetuando seus conflitos, não há ganho geral para homens e mulheres negras. Infelizmente, pessoas negras coletivamente se recusam a levar a sério questões de gênero que poderiam minar o apoio à dominação masculina nas comunidades negras.

    O movimento black power trabalhou sem parar desde os anos 1960 para que as irmãs soubessem que deveriam assumir lugares subordinados para abrir caminho para o surgimento de um patriarcado negro que elevaria o status dos homens negros; o movimento de libertação das mulheres era visto como uma ameaça. Consequentemente, mulheres negras eram e são encorajadas a pensar que qualquer envolvimento com o feminismo era/é equivalente a trair a raça. Tal pensamento não foi realmente modificado ao longo do tempo; ele se tornou mais arraigado. Pessoas negras responderam com raiva e fúria ao livro de Wallace, acusando-a de ser um fantoche das feministas brancas que eram motivadas por um ódio vingativo aos homens negros, mas nunca argumentaram que sua avaliação do machismo dos homens era equivocada. Eles a criticaram duramente porque acreditavam sinceramente que o machismo não era um problema na vida negra e que o apoio das mulheres ao patriarcado e ao falocentrismo negros poderia curar as feridas causadas pela dominação racista. Enquanto pessoas negras se agarrarem tolamente à premissa perigosa de que é do interesse da libertação negra apoiar o machismo e a dominação masculina, todos os nossos esforços para descolonizar nossas mentes e transformar a sociedade vão ruir.

    Talvez pessoas negras se apeguem à fantasia de que o falocentrismo e o patriarcado fornecerão um caminho para fora da confusão e destruição causadas pelo ataque genocida racista, porque esta é uma análise de nossa situação política atual que em grande medida põe a culpa na comunidade negra, na família negra e, mais especificamente, nas mulheres negras. Essa forma de pensar significa que pessoas negras não têm que imaginar estratégias criativas para confrontar e resistir ao patriarcado branco e ao racismo internalizado. Tragicamente, o conflito de gênero entre mulheres e homens negros, danoso para ambas as partes, fortalece o patriarcado supremacista branco capitalista. Ficando para trás politicamente no que tange o gênero, muitas pessoas negras não têm habilidade para atuar em um mundo diferente ou em transformação. Continuam incapazes de entender a realidade contemporânea, em que a dominação masculina está constantemente sendo desafiada e em estado de cerco. São principalmente os homens brancos defensores de políticas feministas que fazem o trabalho acadêmico que mostra como o patriarcado contemporâneo tem um impacto incapacitante nos homens, especialmente nos grupos de homens que não recebem os lucros máximos desse sistema. Ao escrever sobre como a masculinidade patriarcal danifica a capacidade dos homens de construírem o *self* e a identidade com o próprio bem-estar em mente, criando uma sensibilidade masculinista perigosa, essas obras raramente tratam dos homens negros.

A maioria dos homens negros permanece num estado de negação, recusando-se a reconhecer que a dor em sua vida é causada por um pensamento machista e uma violência patriarcal falocêntrica que não é expressa apenas pela dominação masculina das mulheres, mas também pelo conflito paralelo entre os homens negros. Pessoas negras devem questionar por que, enquanto a cultura branca reagia às mudanças nos papéis de gênero e ao movimento feminista, voltaram-se para a cultura negra, especialmente para os homens negros, em busca de articulações de misoginia, machismo e falocentrismo. Na cultura popular, representações da masculinidade negra se igualam ao falocentrismo bruto, ao ódio pelas mulheres, a uma sexualidade combativa "estupradora" e a um claro desprezo pelos direitos individuais. Diferente do jovem George Jackson que, embora incorretamente, cultivava uma ética masculinista patriarcal com o objetivo de despertar nos homens negros uma consciência política revolucionária e o desejo de resistir à dominação de raça e classe, os jovens negros contemporâneos que estão adotando a ética masculinista não são radicais nem estão preocupados com o futuro coletivo das pessoas negras. Figuras públicas como Eddie Murphy, Arsenio Hall, Chuck D., Spike Lee e uma horda de outros homens negros exploram cegamente a comodificação da negritude e o tratamento simultâneo da masculinidade negra falocêntrica como algo exótico.

Quando o filme de Eddie Murphy *Sem Censura* (1987) — que continua um dos espetáculos mais explícitos do falocentrismo do homem negro — foi campeão de bilheteria em grandes cidades, jovens negros nas plateias faziam a saudação black power. O filme não apenas não tratava da luta do povo negro resistindo ao racismo, como transmitia sua política conservadora pela evocação de Murphy de se associar socialmente aos homens brancos ricos contra as mulheres "ameaçadoras" que desejam tirar o seu dinheiro. *Sem Censura* celebra um erotismo combativo, a lógica que diz aos rapazes que as moças não querem ouvir declarações de amor, mas sim "trepar até morrer". Mulheres são representadas estritamente em termos misóginos — elas são más, são prostitutas que veem sua sexualidade apenas como mercadoria a ser trocada por dinheiro vivo, e, depois de os homens lhes entregarem os bens, elas os traem. Seria essa a "masculinidade satisfatória" que os homens negros desejam, ou ela expõe uma visão limitada e desvirtuada da sexualidade, que não poderia oferecer realização ou cura sexual?

Como espetáculo falocêntrico, *Sem Censura* anuncia que homens negros são controlados pelo pênis e afirma que suas políticas sexuais são fundamentalmente contra o corpo.

Se o homem negro não pode "confiar" que seu corpo não se torne o agente que vai transformá-lo em vítima, como pode confiar no corpo da mulher? De fato, o corpo da mulher, juntamente com a figura da mulher, é construído em *Sem Censura* como uma ameaça ao homem que deseja uma existência autônoma, uma vez que é sua presença que desperta uma reação falocêntrica. Portanto, a individualidade dela deve ser apagada; ela deve ser como o falo, uma "coisa". Em seu ensaio "The Problem that Has No Name" [O problema que não tem nome], sobre o falocentrismo patriarcal, Marilyn Frye comenta sobre a autoilusão que se dá quando homens se convencem e convencem uns aos outros de que mulheres não são pessoas:

> A rejeição das mulheres pelos falocentrados é ao mesmo tempo moral e conceitualmente profunda. A recusa em perceber as mulheres como pessoas é conceitualmente profunda porque exclui as mulheres dessa comunidade cujas concepções das coisas um indivíduo permite que influencie suas ideias — serve como uma trava de segurança em uma mente fechada. Além disso, a recusa em tratar mulheres com o respeito devido às pessoas é propriamente uma violação do princípio moral que parece ser para muitos o princípio fundador de toda moralidade. Essa violação do princípio moral é sustentada por uma manipulação ativa das circunstâncias que é sistemática, habitual e não reconhecida. A exclusão das mulheres da comunidade conceitual as exclui simultaneamente da comunidade moral.

O falocentrismo do homem negro constrói um retrato da mulher como imoral, sugerindo, ao mesmo tempo, que ela é irracional e incapaz da razão. Portanto, não há necessidade de os homens negros ouvirem as mulheres ou reconhecerem que as mulheres têm conhecimentos a compartilhar.

É essa representação da feminilidade que é evocada explicitamente no filme *Os Donos da Noite* (1989), de Eddie Murphy. Dramatização das fantasias do patriarcado negro, o filme reinventa a história do Harlem [bairro de Nova York] para que os homens negros não pareçam covardes incapazes de confrontar os homens brancos racistas, mas sejam reinterpretados como durões, violentos, como quem não leva desaforo para casa. Mais uma vez, o paradigma político revolucionário de George Jackson é distorcido no campo cultural. Nessa fantasia, homens negros são tão capazes e dispostos a afirmar o poder "de todas as formas possíveis" quanto os homens brancos. São mostrados como tendo os mesmos desejos dos homens brancos; anseiam por riquezas, poder para dominar os outros, liberdade para matar impunemente, autonomia e o direito de possuir sexualmente as mulheres. Abraçam ideias de domínio hierárquico. O homem negro mais poderoso no filme, Quick (interpretado por Murphy), sempre se submete à vontade de seu pai. Nesse mundo, onde laços homossociais entre homens negros são celebrados e glorificados, mulheres negras são objetos sexuais. A única mulher que não é um objeto sexual é a mama/matriarca que já passou pela menopausa. Ela é destronada para que Quick possa assumir o poder, mesmo que depois (mais uma vez cedendo à vontade de seu pai) ele peça perdão. *Os Donos da Noite* é uma fantasia triste, que romantiza um mundo de misoginia e relações homossociais onde todos são disfuncionais e ninguém é realmente cuidado, amado ou realizado emocionalmente.

Apesar de toda a bravata masculina, Quick, a epítome do herói negro, deseja ser amado. Quick escolhe buscar a afeição de mulheres indisponíveis ou inalcançáveis (a amante do homem branco mais poderoso), tenta se dividir, deixar cair a máscara masculina e ser "real" (o que é simbolizado por sua disposição de revelar seu verdadeiro nome). No entanto, a mulher negra que escolhe o rejeita, procurando seus favores apenas quando é ordenada pelo homem branco que a domina. É uma visão trágica da heterossexualidade negra. Tanto a mulher negra quanto o homem negro são incapazes de corresponder inteiramente um ao outro porque estão muito preocupados com a estrutura de poder branco, com o homem branco. A mulher negra mais valorizada "pertence" a um homem branco que, de boa vontade, troca os favores sexuais dela pelos interesses de seus negócios. Desejada tanto por homens negros quanto brancos (são os desejos dos dois, combinados, que a tornam mais valiosa; o homem negro a quer porque o branco a quer e vice-versa), o racismo internalizado por ela e seu anseio por riqueza material e poder a fazem agir como cúmplice do homem branco contra o negro. Antes que ela possa cumprir a missão de matá-lo, Quick atira nela depois de fazerem sexo. Sem saber que ele retirou as balas de sua arma, ela aponta, dizendo que seu ataque não era pessoal, mas "negócios". Entretanto, quando ele a mata, deixa claro que é "pessoal". Esse é um momento muito triste do filme, pois ele a destrói porque ela rejeita sua necessidade verdadeira de amor e carinho.

Ao contrário da representação de uma masculinidade negra falocêntrica que foi apresentada ao longo do filme, os homens negros misóginos realmente demonstram necessitar do amor das mulheres. Órfão, Quick, que é "muito macho" na sua forma de buscar o amor, demonstra sua disposição de estar emocionalmente vulnerável, de compartilhar, apenas para ser rejeitado, humilhado. Esse drama de conflitos simultâneos entre as mulheres e os homens negros segue a linha sexista convencional que vê as mulheres negras como traidoras ao se aliarem ao patriarcado branco. Essa ideia da cumplicidade e traição da mulher negra é tão persistente nas mentes de tantos homens negros que eles são incapazes de perceber qualquer falha em sua lógica. Isso certamente dá credibilidade à afirmação de Michelle Wallace de que o povo negro não tem um entendimento claro da política sexual negra. Homens negros que disseminam a ideia de que mulheres negras são cúmplices dos homens brancos fazem essas declarações sem jamais evocar os registros históricos. Na realidade, os anais da história estão cheios de documentos que contrapõem essa ideia, mostrando que mulheres negras têm constantemente agido em solidariedade ao homem negro. Enquanto pode ser correto dizer que mulheres negras sexistas são aliadas do patriarcado supremacista branco capitalista, o mesmo pode ser dito dos homens negros machistas. No entanto, a maioria dos homens negros continua a negar sua cumplicidade.

Mais e Melhores Blues (1990), de Spike Lee, é outra visão trágica da heterossexualidade negra contemporânea. Como em *Os Donos da Noite*, o foco está em um mundo de laços homossociais entre homens negros, onde as mulheres são vistas principalmente como objetos sexuais. Mesmo quando têm talento, como é o caso da cantora negra de jazz Clarke, elas ainda devem trocar favores sexuais por reconhecimento. Assim como Quick, o herói negro Bleek busca o reconhecimento de seu valor em relações amorosas heterossexuais. Contudo, é incapaz de ver o "valor" das duas mulheres negras que se importam com ele. De fato, as cenas em que faz amor com Clarke e logo depois a vê como Indigo e vice-versa sugerem a mentalidade machista que vê a mulher como algo descartável (isto é, todas as mulheres são iguais). E, mesmo depois que todo o seu mundo vem abaixo, ele nunca faz uma autocrítica que possa levá-lo a compreender que o falocentrismo (ele se explica o tempo todo dizendo que é uma "questão de pau") bloqueou sua habilidade de desenvolver uma identidade adulta madura, tornou-o incapaz de confrontar a dor e ir além da negação. O uso que Spike Lee faz da frase de Murphy estabelece um contínuo de laços homossociais entre homens negros que transcende a ficção cinematográfica.

Ironicamente, o filme sugere que o niilismo e o desespero de Bleek só podem ser abordados pela rejeição de uma masculinidade de playboy, de "questão de pau", e da aceitação acrítica do papel patriarcal tradicional. A crise de sua vida é resolvida pela readequação de um paradigma patriarcal. Uma vez que Clarke não está mais disponível, Bleek procura consolo em Indigo. Pede que ela "salve sua vida". Em certa medida, Spike Lee, assim como Murphy, expõe o narcisismo oportunista e a negação da comunidade que está no coração do falocentrismo. Ele não visualiza, no entanto, uma alternativa radical. O filme dá a entender que Bleek não tem escolha, pode apenas reproduzir a mesma narrativa familiar da qual veio, efetivamente reforçando a adequação de um paradigma de família nuclear em que as mulheres negras, enquanto mães, restringem a masculinidade negra, a criatividade do homem negro, e os pais acenam para as possibilidades de liberdade. A domesticidade representa um lugar em que a vida de alguém está "segura", embora sua criatividade seja contida. A casa noturna representa um mundo lá fora onde a criatividade floresce com um erotismo desinibido, um mundo apenas de riscos. Algo ameaçador.

O "amor supremo" (a canção "A Love Supreme", de John Coltrane, e sua imagem são um motivo recorrente no filme) que existe entre Indigo e Bleek parece fraco e superficial. Não mais um objeto sexual a ser "comido" a cada vez que ele deseja, o corpo dela se torna o receptáculo da reprodução dele mesmo através de um filho. Anulando-se, Indigo identifica o falocentrismo de Bleek ao dizer que ele é um "cachorro", mas no fim resgata o "cachorro". A disposição dele de se casar com ela encobre desonestidade, abuso e traição. O amor redentor buscado por Bleek não pode realmente ser encontrado no modelo que Spike Lee apresenta e, como consequência, esse filme ainda é outra fantasia masculina que nega uma agência masculina negra e a capacidade de assumir a responsabilidade por seu crescimento pessoal e salvação. A realização desse objetivo significaria a necessidade de abandonar o falocentrismo e imaginar novas formas de pensar sobre a masculinidade negra.

Embora individualmente mulheres negras critiquem o machismo negro de forma ferrenha, a maioria dos homens negros continua agindo como se o machismo não fosse um problema na vida dos negros e se recusa a vê-lo como a força que estimula a exploração opressiva das mulheres e crianças pelos homens negros. Se é preciso apontar algum culpado, apontam o racismo. Como a sugestão de Staples de que a explicação dos motivos que levam homens negros a estuprar é melhor compreendida num contexto em que o racismo é visto como o problema, qualquer argumentação que evoque uma crítica ao falocentrismo do homem negro é evitada. Homens e mulheres negros que se alinham com o nacionalismo cultural continuam a ver a luta pela libertação negra em grande parte como uma luta para recuperar a masculinidade negra. Em seu ensaio "Africa on My Mind: Gender, Counter Discourse and African-American Nationalism" [África na cabeça: gênero, contradiscurso e nacionalismo afro-estadunidense], E. Frances White mostra que a perspectiva geral dos nacionalistas negros sobre gênero raramente está enraizada apenas na lógica afrocêntrica da qual buscam se aproximar; em vez disso, revela seus laços com os paradigmas brancos:

Ao apelar para ideias conservadoras sobre o comportamento adequado para o gênero, afro-estadunidenses nacionalistas revelam seus laços ideológicos com outros movimentos nacionalistas, incluindo o europeu e o euro-estadunidense burguês nacionalista dos últimos duzentos anos. Esses paralelos existem apesar das diferentes bases de classe e de poder desses movimentos.

A maioria dos negros nacionalistas, homens e mulheres, recusa-se a reconhecer as formas óbvias pelas quais a masculinidade falocêntrica patriarcal é uma força destrutiva na vida negra, pelas quais ela enfraquece a solidariedade entre as mulheres e os homens negros. Ainda que negros nacionalistas como Haki Madhubuti individualmente falem contra o machismo, o pensamento afrocentrado progressista não tem o mesmo impacto que a mensagem da velha guarda. Talvez isso dê aos homens negros machistas uma sensação de poder e de propósito (ilusória, de qualquer maneira) ao ver as mulheres negras, e especialmente as mulheres negras feministas, como as inimigas que os impedem de participar por completo nesta sociedade. Essa ficção dá a eles um inimigo que pode ser confrontado, atacado, aniquilado, um inimigo que pode ser conquistado, dominado.

Confrontar o patriarcado supremacista branco capitalista não daria aos homens negros machistas uma sensação imediata de agência ou vitória. Culpar as mulheres negras, no entanto, torna possível para os homens negros negociar com as pessoas brancas em todas as áreas de sua vida sem questionar com vigilância essas interações. Um bom exemplo desse deslocamento é evidente no ensaio "The White Girl Problem" [O problema da garota branca], de Brent Staples. Ao defender seu "gosto politicamente incorreto por mulheres" (ou seja, sua preferência por namoradas brancas) atacando mulheres negras, Staples nunca questiona seu desejo. Ele não procura entender em que medida o patriarcado supremacista branco capitalista determina o seu desejo. Não quer que o desejo seja politizado. E é claro que seu artigo não aborda o racismo das mulheres brancas nem discute o fato de que uma pessoa branca não precisa ser antirracista para desejar um parceiro negro. Muitos relacionamentos inter-raciais têm suas raízes em construções racistas do Outro. Ao focar de forma estereotipada a raiva das mulheres negras, Staples pode evitar esses problemas e esvaziar a política das interações entre mulheres negras e brancas. Seu ensaio seria uma intervenção crítica necessária se ele se aventurasse a explorar as formas como os indivíduos mantêm a solidariedade racial mesmo quando se apegam a pessoas de fora de seu grupo específico.

A solidariedade entre homens e mulheres negras continua enfraquecida pelo machismo e pela misoginia. Como as mulheres negras se opõem e desafiam cada vez mais a dominação masculina, as tensões mútuas crescem. Muitos dos conflitos de gênero entre mulheres e homens negros foram expostos publicamente nos últimos anos com a crescente e bem-sucedida comodificação da escrita das mulheres negras. De fato, os conflitos de gênero entre escritores negros machistas e autoras negras vistas como feministas tornaram-se particularmente brutais. O crítico negro Stanley Crouch tem sido uma das principais vozes a zombar das mulheres negras e ridicularizá-las. Sua coletânea de ensaios *Notes of a Hanging Judge* [Notas de um juiz pendurado] inclui textos com ataques especialmente severos às mulheres negras.

Sua crítica a *Black Macho*, de Wallace, é intitulada zombeteiramente de "Aunt Jemima Don't Like Uncle Ben" [Tia Jemima não gosta do Tio Ben] (repare que a ênfase está na mulher negra não gostar do homem negro, por isso o texto já atribui a responsabilidade pela tensão entre os sexos às mulheres negras). O título desvia a atenção para a crítica concreta do machismo feita em *Black Macho* ao torná-lo uma questão de gosto pessoal. Todos parecem ávidos por esquecer que é possível às mulheres negras amarem os homens negros e ainda assim desafiar e se opor de forma inequívoca ao machismo, à dominação masculina, ao falocentrismo. Crouch nunca fala da questão do machismo do homem negro em seu ensaio; em vez disso, trabalha para fazer Wallace parecer uma narradora não confiável. Seus comentários críticos úteis são enfraquecidos pela aparente recusa em levar a sério os amplos problemas políticos levantados por Wallace. A recusa em admitir o machismo, expressado por meio do "macho negro", é um problema sério. Destrói a possibilidade de uma solidariedade genuína entre homens negros e mulheres negras, faz parecer que ele está realmente furioso com Wallace e outras mulheres negras porque é essencialmente antifeminista e não está disposto a desafiar a dominação masculina. O posicionamento de Crouch resume a atitude dos escritores negros contemporâneos que estão inseguros com sua resposta política ao feminismo ou são irredutivelmente antifeministas. Muito do antifeminismo dos homens negros está ligado à recusa de reconhecer que o poder falocêntrico que os homens negros exercem sobre as mulheres negras é um poder "real", tomando como real apenas o poder que os homens brancos têm, que os homens negros não têm.

Se, como afirmou Frederick Douglass, o "poder nada concede sem uma demanda", as mulheres e homens negros que defendem o feminismo devem ser vigilantes, criticando e resistindo a todas as formas de machismo. Alguns homens negros podem se recusar a reconhecer que o machismo lhes fornece formas de privilégio masculino e de poder, ainda que relativos. Eles não querem abrir mão desse poder em um mundo onde, de outra forma, podem se sentir bastante impotentes. O surgimento de um nacionalismo negro contemporâneo conservador que explora a raça para negar a importância da luta simultânea contra o machismo e o racismo é, ao mesmo tempo, um ataque aberto ao feminismo e uma força que busca ativamente reinstalar o pensamento machista entre as pessoas negras que vêm questionando o gênero. A comodificação da negritude que torna vendável a masculinidade negra falocêntrica transforma o domínio da política cultural num espaço de propaganda onde as pessoas negras são recompensadas materialmente por pensar de forma reacionária sobre gênero. Não deveríamos suspeitar da maneira como se manifesta a fascinação da cultura branca pelas manifestações da masculinidade negra? As muitas imagens da masculinidade negra falocêntrica glorificadas e celebradas em músicas, vídeos e filmes de rap são as representações evocadas quando supremacistas brancos buscam conquistar aceitação e apoio para o ataque genocida aos homens negros, especialmente os jovens.

A ideologia afrocêntrica progressista faz essa crítica e questiona o machismo. No livro *Black Men: Obsolete, Single, Dangerous* [Homens negros: obsoletos, solteiros, perigosos], Haki Madhubuti deplora todas as formas de machismo, em especial a violência dos homens negros contra as mulheres. Tal como outras figuras políticas masculinas do passado, Madhubuti defende a igualdade entre os gêneros e sua crítica ao machismo não está ligada a um questionamento geral dos papéis de gênero e a um repúdio a todas as formas de dominação patriarcal, mesmo que benevolente. Ainda assim, ele deu um passo importante ao questionar o machismo e convocar o povo negro a investigar as formas como o machismo nos fere e nos magoa. Madhubuti reconhece a misoginia dos homens negros:

O "medo" que muitos homens negros sentem das mulheres é profundo e muitas vezes não é abordado. Esse medo é cultural. A maioria dos homens é apresentada a pessoas do sexo oposto de modo superficial, e raramente busca mais profundidade ou um entendimento informado sobre elas. [...] Mulheres têm dificuldades no mundo todo. Homens devem se tornar ouvintes compreensivos.

A misoginia só vai deixar de ser a norma na vida negra quando os homens negros ousarem coletivamente se opor ao machismo. Infelizmente, quando todas as pessoas negras deveriam se envolver em um movimento feminista que trate da política sexual de nossas comunidades, muitos de nós tragicamente apoiam antigas normas de gênero. No momento em que muitas pessoas negras deveriam ler *Black Men*, de Madhubuti, *Irmã Outsider*, *The Black Women's Health Book* [O livro de saúde das mulheres negras], *Teoria feminista: da margem ao centro*, e uma série de livros que tentam explorar a política sexual dos negros com cuidado e sensibilidade, o povo consome avidamente um texto conservador, *The Blackman's Guide to Understanding the Blackwoman* [O guia dos homens negros para compreender as mulheres negras], de Shahrazad Ali. Essa obra promove ativamente a misoginia dos homens negros, a dominação das mulheres pelos homens usando a coerção, e, como consequência, alimenta o conflito mútuo entre homens e mulheres negros. Embora muitas pessoas negras tenham adotado essa obra, não há indícios de que ela tenha tido um impacto positivo nas comunidades negras, mas há muitos indicativos de que foi usada para justificar a dominação masculina, ataques homofóbicos a pessoas negras homossexuais e a rejeição a estilos negros que enfatizem nossa conexão diaspórica com a África e o Caribe. O livro de Ali romantiza o patriarcado negro, exigindo que mulheres negras se "submetam" à dominação masculina, em vez de promover mudanças na sociedade que tornariam a vida dos homens negros mais completa.

Estimulando o fortalecimento do poder masculino negro falocêntrico (imposto à força, se necessário), o livro de Ali não reconhece de modo algum o machismo. Ao escrever sobre homens negros, seu livro parece uma caricatura infantilizada de uma fantasia de Tarzan. Convocando os homens negros a afirmar sua posição de direito como patriarcas, ela lhes diz: "Levantem-se, homens negros, e assumam o lugar que é seu por direito, como governantes do universo e de tudo nele. Incluindo as mulheres negras". Como em *Os Donos da Noite*, essa ideia é pura fantasia. É sintomático da crise que estamos vivendo que pessoas negras, especialmente das classes trabalhadoras, se voltem para fantasias escapistas que de nenhum modo lidam com a necessidade coletiva dos afro-americanos de renovar a luta pela libertação negra. Apegar-se desesperadamente a formas de ser e de pensar que são prejudiciais ao nosso bem-estar coletivo obstrui os esforços progressistas por mudanças.

Mais homens negros quebraram o silêncio para criticar o livro de Ali do que apresentaram apoio público à escrita feminista de mulheres negras. No entanto, isso não ajuda a educar as pessoas negras sobre as formas como a análise feminista poderia ser útil em nossa vida, pois os críticos agem como se o sucesso desse livro representasse um fracasso do feminismo. As tiradas machistas, homofóbicas e autodepreciativas de Ali encontram ressonância porque muitas pessoas negras que não descolonizaram sua mente pensam como ela. Embora o escritor Nelson George critique o trabalho de Ali, afirmando que mostra "o quão pouco o afrocentrismo respeita os avanços da mulher afro-americana", ele sugere que isso é um indício de "quão malsucedidas as feministas negras foram em forjar uma aliança com essa comunidade ideologicamente potente". Declarações como essa promovem a ideia de que a educação feminista é uma tarefa apenas das mulheres negras. Isso também posiciona George claramente fora dessas duas comunidades potentes. Por que ele não aproveita o momento crítico para chamar a atenção para as visões feministas de mulheres negras afrocentradas? Com muita frequência, homens negros que apoiam indiretamente o movimento feminista agem como se as mulheres negras tivessem uma missão pessoal de erradicar o machismo que os homens negros não têm. Homens negros também se beneficiam do pensamento e do movimento feminista.

Qualquer análise da difícil situação contemporânea dos homens negros revela a forma como o falocentrismo está na raiz de boa parte da violência dos negros contra os negros, enfraquece as relações familiares, influencia a falta de cuidados preventivos com a saúde e até desempenha um papel no estímulo ao abuso de drogas. Muitos dos hábitos destrutivos dos homens negros são adotados em nome da "virilidade". Afirmando sua capacidade de serem "durões", "descolados", os homens negros põem suas vidas — e as dos outros — em sério risco. Richard Majors reconhece essa questão em seu ensaio "Cool Pose: The Proud Signature of Black Survival" [Atitude descolada: a orgulhosa marca da sobrevivência negra], no qual discute que ser "legal" tem dimensões positivas, embora "também seja uma afirmação agressiva da masculinidade". No entanto, ele nunca critica o machismo abertamente. Homens negros podem relutar em criticar o falocentrismo porque muito do "estilo" do homem negro está baseado nessas posturas; eles podem temer que a erradicação do patriarcado os deixe sem os estilos positivos de expressão que sustentaram sua vida. No entanto, Majors aponta claramente que a "atitude descolada" associada ao falocentrismo agressivo é prejudicial aos homens negros e às pessoas que lhes são caras:

Talvez os homens negros estejam tão condicionados a ficar na defensiva contra a opressão por parte da sociedade branca dominante que essa atitude e comportamento específicos representam para eles sua melhor proteção contra mais abusos físicos e mentais. Contudo, esse mesmo comportamento dificulta que esses homens baixem a guarda e demonstrem afeição.

Em outro trecho, ele sugere que

os mesmos elementos "descolados" que permitem a sobrevivência em uma sociedade mais ampla podem ferir as pessoas negras por contribuir para um dos problemas mais complexos que as pessoas negras encaram hoje: crimes cometidos por negros contra negros.

Claramente, os homens negros precisam empregar uma análise feminista que aborde a questão de como construir uma masculinidade negra que sustente sua vida sem estar enraizada no falocentrismo patriarcal.

Em *No Name in the Street* [Rua sem nome], James Baldwin aborda a maneira como a preocupação obsessiva dos homens negros com o falo provoca estresse, e explica:

Todo homem negro que anda por este país paga um preço tremendo por andar: pois homens não são mulheres, e o equilíbrio de um homem depende do peso que ele carrega entre as pernas. Todos os homens, tanto faz se encaram ou falham em reconhecer isso, seja qual for a maneira como lidam com isso ou são influenciados por isso, sabem algo a respeito uns dos outros, que simplesmente é que um homem sem bolas não é um homem.

O que os homens negros poderiam fazer por eles mesmos e pelo povo negro se não fossem socializados por uma sociedade patriarcal supremacista branca capitalista para colocar suas atenções em seu pênis? Não deveríamos suspeitar da comodificação da negritude contemporânea orquestrada pelos brancos que mais uma vez dizem ao homem negro não só para focar seu pênis, mas para fazer desse foco uma paixão que o consome? Tais homens confusos têm pouco tempo ou discernimento para a luta pela resistência. Não deveríamos desconfiar de representações de homens negros como as mostradas em um filme como *Um Espírito Grudou em Mim* (1990), em que um homem negro se descreve como "pauzudo como um cavalo", como se o tamanho de seu pênis definisse quem ele é? E o que isso diz a respeito do futuro das lutas pela libertação negra se a frase "é uma coisa de pau" fosse transposta e se tornasse "é uma coisa negra"? Se a "coisa negra", isto é, a luta pela libertação negra, é realmente apenas uma "coisa de pau" disfarçada, uma peça falocêntrica para o poder masculino, então o povo negro está com sérios problemas.

Desafiar o falocentrismo do homem negro também criaria um espaço para a discussão crítica sobre a homossexualidade nas comunidades negras. Uma vez que muito da busca pela masculinidade falocêntrica como ela é expressa nos círculos negros nacionalistas gira em torno da exigência da heterossexualidade compulsória, ela sempre promoveu a perseguição e o ódio aos homossexuais. Essa é outra postura que também enfraquece a solidariedade entre os negros. Se os homens negros deixassem de adotar a masculinidade falocêntrica, seriam empoderados para explorar seu medo e ódio de outros homens, aprendendo novas formas de se relacionar. Quantos homens negros terão que morrer antes que o povo negro esteja disposto a examinar a ligação entre a situação terrível dos homens negros e sua aliança contínua com o patriarcado e o falocentrismo?

A maioria das pessoas negras reconhece que os homens negros estão em crise e sofrem. No entanto, elas continuam relutantes em se envolver nesses movimentos progressistas que podem servir como intervenções críticas significativas, que podem permitir que falem sobre as suas dores. Nos termos estabelecidos pelo patriarcado supremacista branco, os homens negros só podem nomear sua dor ao falar de si mesmos nas formas brutas que os reinserem num contexto de primitivismo. Por que os homens negros deveriam falar de si mesmos como uma "espécie em extinção" para receber o reconhecimento público de sua situação deplorável? Por que não ouvimos Joseph Beam, uma voz tão corajosa? Ele não teve dificuldades em compartilhar a percepção de que o "comunismo, o socialismo, o feminismo e a homossexualidade representam uma ameaça muito menor aos Estados Unidos do que o racismo, o machismo, a heteronormatividade, o classismo e o etarismo". Sem jamais perder de vista a necessidade dos homens negros de nomear sua realidade, falar a respeito de suas dores e de sua resistência, Beam conclui o ensaio "No Cheek To Turn" [Sem outra face para oferecer] com essas palavras proféticas:

> Falo com você como um homem negro gay pró-feminismo que transita em um mundo onde ninguém quer saber o meu nome ou ouvir a minha voz. Na prisão, sou só um número; no exército, sou apenas uma patente; no trabalho e no hospital, sou somente uma estatística; na rua, sou apenas um suspeito. Minha cabeça gira. Se não tivesse acesso à imprensa, eu também escreveria nas paredes. Quero que a passagem de minha vida seja reconhecida pelo menos

pelo tempo que leva para a dor desaparecer dos tijolos. Dito isso, faço meu alerta: não tenho outra face a oferecer.

Transformar as representações de homens negros deve ser uma tarefa coletiva. Pessoas negras comprometidas com a renovação da luta pela libertação, pela descolonização das mentes negras, estão totalmente conscientes de que devemos nos opor à dominação masculina e trabalhar para erradicar o machismo. Há mulheres e homens negros trabalhando juntos para fortalecer a nossa solidariedade. Homens negros como Richard Majors, Calvin Hernton, Cornel West, Greg Tate, Essex Hemphil e outros abordam a questão do racismo e defendem o feminismo. Se homens e mulheres negras levarem a sério a convocação de Malcolm X de que devemos trabalhar pela nossa libertação "fazendo tudo o que for preciso", então devemos estar dispostos a explorar a forma como o feminismo, como crítica ao machismo, como um movimento para acabar com o machismo e com a opressão machista poderiam ajudar em nossa luta por autodefinição. Coletivamente, podemos romper com a masculinidade patriarcal sufocante e ameaçadora imposta aos homens negros e criar visões férteis para uma masculinidade negra reconstruída que pode dar aos homens negros formas para salvar suas vidas e as de seus irmãos e irmãs de luta.

07.
o olhar opositor: mulheres negras espectadoras

Quando penso nas espectadoras negras, eu me lembro de ser punida na infância por encarar, por aquelas olhadas diretas intensas que as crianças dirigem aos adultos, olhares que eram entendidos como confrontação, como gestos de resistência, desafios à autoridade. O "olhar" sempre foi político em minha vida. Imagine o terror sentido por uma criança que entendeu, por meio de repetidos castigos, que um olhar pode ser perigoso. Uma criança que aprendeu muito bem a desviar o olhar quando necessário. No entanto, ao ser castigada, a criança ouve de seus pais: "Olhe para mim quando falo com você". Só que a criança está com medo de olhar. Medo de olhar, mas fascinada por ver. Existe poder em olhar.

Maravilhada pela primeira vez que li nas aulas de história que brancos donos de escravos (homens, mulheres, crianças) puniam as pessoas negras escravizadas por olhar, eu me perguntei o quanto esse relacionamento traumático com o olhar influenciou a criação de filhos e a atitude das pessoas negras enquanto espectadoras. As políticas da escravidão, das relações de poder racializadas, eram tais que os escravizados foram privados de seu direito de olhar. Conectando essa estratégia de dominação com aquela usada pelos adultos nas comunidades rurais do sul dos Estados Unidos onde cresci, me doía pensar que não havia diferença nenhuma entre nós e os brancos que oprimiram as pessoas negras. Anos depois, lendo Michel Foucault, pensei novamente nessas conexões, sobre os modos como o poder se reproduz sob a forma de dominação usando aparatos, estratégias e mecanismos de controle similares. Uma vez que eu sabia, quando criança, que o poder de dominação que os adultos exerciam sobre mim e sobre o meu olhar nunca era tão absoluto que me impedisse de ousar olhar, espiar escondida, encarar perigosamente, eu sabia que os escravizados olhavam; que todas as tentativas de reprimir o nosso direito — das pessoas negras — de olhar produziram em nós um desejo avassalador de ver, um anseio rebelde, um olhar opositor. Ao olhar corajosamente, declaramos em desafio: "Eu não só vou olhar. Eu quero que meu olhar mude a realidade". Mesmo nas piores circunstâncias de dominação, a habilidade de manipular o olhar de alguém diante das estruturas de poder que o contêm abre a possibilidade de agência. Em grande parte do seu trabalho, Michel Foucault insiste em descrever a dominação em termos de "relações de poder", como parte de um esforço para desafiar a premissa de que o "poder é um sistema de dominação que controla tudo e não deixa espaço para a liberdade". Declarando enfaticamente que em todas as relações de poder "existe necessariamente a possibilidade de resistência", ele convida o pensador crítico a procurar essas margens, brechas e lugares no e através do corpo em que a agência pode ser encontrada.

Stuart Hall destaca a necessidade do reconhecimento de nossa agência como espectadores negros em seu ensaio "Cultural Identity and Cinematic Representation" [Identidade cultural e representação cinemática]. Falando contra a construção de representações de negritude pelas pessoas brancas por serem totalizantes, Hall comenta sobre a presença branca:

> O erro não é conceituar essa "presença" em termos de poder, mas localizar esse poder como completamente externo a nós — uma força extrínseca, cuja influência pode ser despida como uma serpente troca de pele. O que Franz Fanon nos lembra em *Pele negra, máscaras brancas* é como o poder está do lado de dentro, assim como de fora: "o outro, através de gestos, atitudes, olhares, fixou-me como se fixa uma solução com um estabilizador. Fiquei furioso, exigi explicações... Não adiantou nada. Explodi. Aqui estão os farelos reunidos por um outro eu". Esse "olhar" a partir do lugar do Outro — por assim dizer — nos fixa, não apenas com sua violência, hostilidade e agressão, mas com a ambivalência de seu desejo.

Existem espaços de agência para pessoas negras, onde podemos ao mesmo tempo interrogar o olhar do Outro e também olhar de volta, um para o outro, dando nome ao que vemos. O "olhar" tem sido e permanece, globalmente, um lugar de resistência para o povo negro colonizado. Subordinados nas relações de poder aprendem pela experiência que existe um olhar crítico, aquele que "olha" para registrar, aquele que é opositor. Na luta pela resistência, o poder do dominado de afirmar uma agência ao reivindicar e cultivar "consciência" politiza as relações de "olhar" — a pessoa aprende a olhar de certo modo como forma de resistência.

Quando a maioria das pessoas negras nos Estados Unidos teve a primeira oportunidade de assistir a filmes e à televisão, fez isso totalmente consciente de que a mídia de massa era um sistema de conhecimento e poder que reproduzia e mantinha a supremacia branca. Encarar a televisão, ou filmes comerciais, envolver-se com suas imagens, era se envolver com sua negação da representação negra. Foi o olhar opositor negro que reagiu a essas relações de olhar criando o cinema negro independente. Espectadores negros do cinema comercial e da televisão podiam mapear o progresso de movimentos políticos pela igualdade racial através das construções de imagens, e assim fizeram. Na casa da minha família sulista de classe trabalhadora, localizada numa vizinhança segregada, ver televisão era uma forma de desenvolver um modo crítico de ser espectadora. A menos que fosse trabalhar no mundo branco, do outro lado da linha do trem, você aprendia a olhar para as pessoas brancas encarando-as na tela. Olhares negros, como foram constituídos no contexto dos movimentos sociais pela valorização da raça, eram olhares questionadores. Ríamos de programas de televisão como *Os Batutinhas* e *Amos 'n' Andy*[15] e dessas representações brancas da negritude, mas também olhávamos para elas criticamente. Antes da integração racial, espectadores negros de cinema e televisão experimentavam o prazer visual num contexto em que o olhar também era associado à contestação e à confrontação.

Escrevendo sobre as relações de olhar em "Black British Cinema: Spectatorship and Identity Formation in Territories" [Cinema negro britânico: formação de audiência e identidade nos territórios], Manthia Diawara identifica o poder do espectador: "Cada narração põe o espectador em uma posição de agência; e raça, classe e relações sexuais influenciam a forma como essa posição de sujeito é preenchida pelo espectador". Uma preocupação de particular

---

15. *Amos 'n' Andy* era uma comédia de rádio, depois adaptada para a TV e exibida entre as décadas de 1950 e 1960, em que comediantes brancos representavam personagens negros de forma caricata, reforçando estereótipos racistas. [N.T.]

interesse para Diawara são os momentos de "ruptura" quando o espectador resiste a "identificar-se completamente com o discurso do filme". Essas rupturas definem a relação entre espectadores negros e o cinema dominante anterior à integração racial. Na época, divertir-se com um filme em que representações de negritude eram estereotipadas de forma degradante e desumanizante coexistia com uma prática crítica que restaurava a presença onde ela era negada. A discussão crítica do filme enquanto ele passava ou depois que terminava mantinha a distância entre o espectador e a imagem. Filmes negros também estavam sujeitos a questionamento crítico. Uma vez que surgiram, em parte, como resposta ao fracasso do cinema dominado pelos brancos em representar a negritude de modo que não reforçasse a supremacia branca, também foram criticados para examinar se as imagens podiam ser vistas como cúmplices das práticas cinematográficas dominantes.

Críticos que trataram de olhares negros estavam preocupados principalmente com questões de raça e racismo, a forma como a dominação racial dos negros pelos brancos determinava a representação. Eles raramente se preocupavam com gênero. Como espectadores, homens negros podiam repudiar a reprodução do racismo no cinema e na televisão, a ausência de negros, enquanto sentiam rebelar-se contra a supremacia branca ao ousar olhar, ao adotar políticas falocêntricas de observação. Dadas as circunstâncias públicas da vida real em que os homens negros foram linchados/assassinados por olhar para mulheres brancas, em que o olhar do homem negro foi sempre alvo de controle ou punição pelo Outro branco poderoso, o domínio privado da tela da televisão ou das salas escuras podia extravasar o olhar reprimido. Lá eles podiam "olhar" as mulheres brancas sem uma estrutura de dominação que supervisionasse o olhar, interpretando e punindo. Essa estrutura supremacista branca que assassinou Emmett Till depois de interpretar o olhar dele como uma violação, como um "estupro" de uma mulher branca, não pode controlar as reações dos homens negros às imagens nas telas. Em seus papéis como espectadores, homens negros podiam adentrar num espaço imaginativo de poder falocêntrico que mediava a negação racial. Essa relação de olhar marcada pelo gênero tornou a experiência do homem negro espectador radicalmente diferente da da mulher negra espectadora. A maioria dos primeiros diretores negros independentes representava as mulheres negras em seus filmes como objetos do olhar masculino. Olhando através da câmera ou como espectadores assistindo aos filmes, seja no cinema dominante ou em filmes "raciais" como os feitos por Oscar Micheaux, o olhar do homem negro tinha um escopo diferente do da mulher negra.

Mulheres negras escreveram pouco sobre suas perspectivas como espectadoras, sobre nossas práticas ao ir ao cinema. Um corpo crescente de teoria do cinema e crítica escrito por mulheres negras só agora começa a aparecer. O silêncio prolongado das mulheres negras como espectadoras e críticas era uma resposta à ausência, à negação cinematográfica. Em "A tecnologia do gênero", Teresa de Lauretis, baseando-se na obra de Monique Wittig, chama a atenção para o "poder que têm os discursos de violentar as pessoas, uma violência que é material e física, embora produzida por discursos abstratos e científicos, bem como pelos discursos da mídia". Com a possível exceção dos primeiros filmes raciais, espectadoras negras tiveram que desenvolver relações de olhar com um contexto cinematográfico que constrói nossa presença como ausência, que nega o "corpo" da mulher negra assim como perpetua a supremacia branca e, com isso, uma experiência de espectador falocêntrica, na qual as mulheres a serem vistas e desejadas são as "brancas". (Filmes recentes não se encaixam nesse paradigma, mas estou me voltando para o passado com o intuito de mapear o desenvolvimento das mulheres negras como espectadoras.)

Ao conversar com mulheres negras de todas as idades e classes, em diferentes regiões dos Estados Unidos, sobre as relações delas com os filmes a que assistem, várias vezes ouvi respostas ambivalentes sobre o cinema. Apenas umas poucas mulheres negras com quem falei se lembravam do prazer dos filmes raciais, e, mesmo aquelas que se recordavam, sentiam que aquele prazer fora interrompido e usurpado por Hollywood. A maioria das mulheres negras com quem conversei era irredutível ao dizer que nunca ia ao cinema esperando ver representações convincentes de feminilidade negra. Elas estavam conscientes do racismo cinematográfico — o apagamento violento das mulheres negras. No ensaio "A Denial of Difference: Theories of Cinematic Identification" [A negação da diferença: teorias de identificação cinematográfica], Anne Friedberg destaca que a "identificação só pode acontecer através do reconhecimento, e todo reconhecimento em si é uma confirmação implícita da ideologia do status quo". Mesmo quando a representação das mulheres negras está presente nos filmes, nossos corpos e seres estão lá para servir — aprimorar e manter as mulheres brancas como objeto do olhar falocêntrico.

Comentando a caracterização que Hollywood faz das mulheres negras em *Girls on Film* [Garotas no cinema], Julie Burchill descreve essa presença ausente:

> Mulheres negras foram mães sem bebês (mães pretas — quem consegue esquecer o espetáculo doentio de Hattie MacDaniels esperando aos pés da afetada Vivien Leigh para atender suas necessidades e per-

guntando como uma boba "O que meu cordeirinho vai vestir?"). [...] Lena Horne, a primeira atriz negra a assinar um contrato de longo prazo com um estúdio grande (MGM), parecia fraca, mas na realidade era cheia de energia. Ela se enfureceu quando Tallulah Bankhead a elogiou pela palidez de sua pele e seus traços não negroides.

Quando atrizes negras como Lena Horne apareceram no cinema dominante, a maioria dos espectadores brancos não se dava conta de que via mulheres negras a menos que o filme fosse especificamente classificado como sobre negros. Burchill é uma das poucas críticas de cinema brancas que ousaram examinar a intersecção de raça e gênero em relação à construção da categoria "mulher" nos filmes como um elemento do olhar falocêntrico. Com sua perspicácia característica, ela afirma: "O que se pode dizer da pureza racial se as melhores loiras eram todas morenas (Harlow, Monroe, Bardot)? Acho que isso significa que não somos tão brancos quanto pensamos". Burchill poderia ter dito simplesmente "não somos tão brancos quanto queremos ser", pois a obsessão de transformar mulheres brancas em estrelas de cinema ultrabrancas era claramente uma prática cinematográfica que buscava manter uma distância, uma separação entre aquela imagem e a Outra negra; era uma forma de perpetuar a supremacia branca. Políticas de raça e gênero estavam inscritas em narrativas cinematográficas desde *O Nascimento de uma Nação* (1915). Como obra seminal, esse filme indicava o lugar e a função que a mulher branca ocuparia no cinema. Claramente não havia lugar para a mulher negra.

Relembrando o meu passado em relação a imagens de mulheres negras nas telas, escrevi "Do You Remember Sapphire?" [Você se lembra de Sapphire?], que explorava a negação da representação da mulher negra no cinema e na televisão, assim como a nossa rejeição àquelas imagens. Identificando a personagem Sapphire de *Amos 'n' Andy* como a representação da mulher negra nas telas que vi pela primeira vez na infância, escrevi:

> Ela era mesmo então um pano de fundo, acessório. Era uma megera — reclamona. Estava lá para amenizar as imagens dos homens negros, fazê-los parecer vulneráveis, agradáveis, engraçados e pouco ameaçadores para um público branco. Ela estava lá como um homem travestido, uma vadia castradora, como alguém para ser trapaceada, alguém para ser enganada, alguém que os públicos branco e negro pudessem odiar. Um bode expiatório de todos os lados. *Ela não era nós*. Ríamos com os homens negros, com as pessoas brancas. Ríamos da mulher negra que não era nós. E nem mesmo desejávamos estar na tela. Como era possível estar lá quando nossa imagem, construída visualmente, era tão feia? Não queríamos estar lá. Não a desejávamos. Não queríamos que nossa construção fosse essa mulher negra odiosa — enfeite, pano de fundo. Sua imagem negra não era um corpo desejável. Não havia nada a ser visto. Ela não era nós.

Mulheres negras adultas tinham uma reação diferente a Sapphire; elas se identificavam com suas frustrações e desgraças. Elas se ofendiam com a forma como zombavam dela. Elas se ofendiam com a forma como as imagens na tela podiam atacar as mulheres negras, nos chamar de vadias, reclamonas. E, em oposição, elas reivindicavam Sapphire como delas, como símbolo daquela parte raivosa delas que pessoas brancas e homens negros não podiam nem começar a entender.

Representações convencionais de mulheres negras cometeram violência contra a imagem. Em resposta a esses ataques, muitas espectadoras negras se fechavam para a imagem, olhavam para o outro lado, decidiam que o cinema não era importante em sua vida. Havia também aquelas espectadoras cujo olhar era de desejo e cumplicidade. Assumindo uma postura de subordinação, elas se rendiam à capacidade do cinema de seduzir e trair. Experimentavam um *gaslighting* cinematográfico. Todas as mulheres negras com quem já conversei que eram/são frequentadoras assíduas de salas de cinema, amantes dos filmes de Hollywood, testemunharam que, para ter uma experiência totalmente prazerosa com a telona tinham que desligar a crítica, a análise; tinham que esquecer o racismo. E na maioria das vezes não pensavam no machismo. Qual era então a natureza desse olhar de adoração da mulher negra — esse olhar que podia encontrar prazer em meio à negação? Em seu romance de estreia, *O olho mais azul*, Toni Morrison constrói um retrato da espectadora negra; sua perspectiva é o olhar masoquista da vitimização. Descrevendo suas relações de olhar, Miss Pauline Breedlove, uma pobre mulher trabalhadora, empregada doméstica na casa de uma família branca próspera, afirma:

> Parece que a única hora em que eu era feliz era quando tava no cinema. Ia sempre que podia. Chegava cedo, antes do filme começar. As luz se apagava e ficava tudo escuro. Aí a tela se iluminava e eu entrava direto no filme. Os homem branco tomando conta tão bem das mulher, e todos bem-vestido, as casa grande e limpa, com a banheira no mesmo aposento que o toalete. Aqueles filme me dava muito prazer [...].

Para experimentar o prazer, Miss Pauline, sentada no escuro, precisa imaginar a si mesma transformada na mulher branca retratada na tela. Depois de assistir aos filmes, sentir o prazer, ela diz: "mas [...] ficava difícil voltar para casa".

Nós voltamos para casa, para nós mesmas. Nem todas as espectadoras negras se submetem a esse espetáculo de regressão pela identificação. A maioria das mulheres negras com quem conversei sentia que resistia conscientemente à identificação com os filmes — que essa tensão fazia com que ir ao cinema fosse menos prazeroso; às vezes, doloroso. Como disse uma mulher negra: "Eu sempre podia ter prazer com os filmes, desde que não olhasse com profundidade". Para espectadoras negras que olhavam "com profundidade", o encontro com a tela machucava. Para algumas de nós, parar de olhar era um gesto de resistência, nos afastar era uma forma de protesto, de rejeitar a negação. Meu prazer com a tela terminou abruptamente quando eu e minhas irmãs assistimos a *Imitação da Vida* (1934) pela primeira vez. Ao escrever sobre essa experiência no ensaio sobre Sapphire, abordei o filme diretamente, confessando:

> Até agora eu tinha esquecido de você, aquela imagem na tela vista na adolescência, aquelas imagens que me fizeram parar de olhar. Foi ali, em *Imitação da Vida*, aquela imagem confortável da mãe preta. Havia algo familiar naquela mulher negra trabalhadora que amava tanto sua filha, amava a ponto de machucar. De fato, como moças do sul que assistiam a esse filme, a mãe de Peola nos lembrava das mãezonas trabalhadoras, frequentadoras da igreja, que conhecíamos e amávamos. Consequentemente, não era essa imagem que capturava o nosso olhar; estávamos fascinados com Peola.

A respeito dela, escrevi:

> Você era diferente. Havia algo assustador nessa imagem de uma bela jovem negra, sensual e sexual, traída — aquela filha que não queria

ser confinada na negritude, aquela "mulata trágica" que não queria ser negada. "Apenas me deixe escapar dessa imagem para sempre", ela poderia dizer. Sempre me lembrarei dessa imagem. Eu me lembro de como chorei por ela, por nossas existências desejantes irrealizadas. Ela era trágica porque não havia lugar para ela no cinema, nenhum filme de amor. Ela também era uma imagem ausente. Era melhor, então, que estivéssemos ausentes, porque, quando estávamos presentes, era humilhante, estranho, triste. Choramos a noite inteira por você, pelo cinema que não tinha um lugar para você. E, como você, paramos de pensar que um dia seria diferente.

Quando voltei a frequentar o cinema na juventude, depois de um longo período de silêncio, tinha desenvolvido um olhar opositor. Não só eu não era magoada pela ausência de mulheres negras, ou pela inserção de uma representação agressiva, como questionava a obra, desenvolvia uma forma de olhar além da raça e do gênero para aspectos de conteúdo, forma, linguagem. Filmes estrangeiros e independentes feitos nos Estados Unidos foram as principais bases das minhas relações como espectadora de cinema, embora eu também assistisse a filmes de Hollywood.

Com um "salto", espectadoras negras iam ao cinema com a consciência da forma como a raça e o racismo determinavam a construção visual de gênero. Tanto em O *Nascimento de uma Nação*. quanto nos shows de Shirley Temple, sabíamos que a feminilidade branca era a diferença sexual racializada que ocupava o lugar do estrelato na narrativa do cinema dominante. Supúnhamos que as mulheres brancas também sabiam disso. Lendo o provocativo ensaio "Prazer visual e cinema narrativo", de Laura Mulvey, a partir de um ponto de vista que reconhece a raça, vê-se claramente por que espectadoras negras que não foram enganadas pelo cinema dominante desenvolviam um olhar opositor. Nosso posicionamento fora do prazer de olhar, Mulvey argumenta, foi determinado por um mundo "dividido entre ativo/masculino e passivo/feminino". Espectadoras negras escolheram ativamente não se identificar com o sujeito imaginário do filme porque essas identificações eram incapacitantes.

Por assistir a filmes com um olhar opositor, mulheres negras foram capazes de avaliar criticamente a construção da feminilidade branca no cinema como objeto do olhar falocêntrico e escolher não se identificar nem com a vítima nem com o perpetrador. Espectadoras negras, que se recusavam a se identificar com a feminilidade branca, que não aceitavam o olhar falocêntrico de desejo e posse, criaram um espaço crítico onde a oposição binária de Mulvey, que pressupõe "a mulher como imagem, o homem como dono do olhar", era descontruída continuamente. Como espectadoras críticas, mulheres negras observavam a partir de um lugar disruptivo, semelhante ao descrito por Annette Kuhn em *The Power of the Image* [O poder da imagem]:

> os atos de análise, de desconstrução e de leitura "contra a maré" despertam um prazer adicional — o prazer da resistência, de dizer "não": não a uma apreciação "sem sofisticação", de nossa parte e dos outros, de imagens culturalmente dominantes, [não] a estruturas de poder que nos pedem para consumi-las acriticamente de formas altamente restritas.

A crítica de cinema feminista dominante de modo algum reconhece a experiência das espectadoras negras. Sequer considera a possibilidade de que mulheres possam construir um olhar opositor através do entendimento e da consciência das políticas raciais e do racismo. A teoria feminista do cinema baseada numa moldura psicanalítica a-histórica que privilegia a diferença sexual suprime ativamente o reconhecimento da raça, reencenando e espelhando o apagamento da feminilidade negra realizado pelos filmes, silenciando qualquer discussão sobre a diferença racial — a diferença sexual racial. Apesar das intervenções críticas feministas mirarem na desconstrução da categoria "mulher" que destaca a importância da raça, muitas críticas de cinema feministas continuam a estruturar seus discursos como se falassem pelas "mulheres", quando na verdade falam apenas pelas mulheres brancas. Parece irônico que a capa da antologia *Feminism and Film Theory* [Feminismo e teoria do cinema], editada por Constance Penley, tenha um desenho que reproduz a foto das atrizes brancas Rosalind Russell e Dorothy Arzner no set do filme *Mulher sem Alma*, de 1936, embora não exista, em nenhum ensaio dessa coletânea, o reconhecimento de que a mulher discutida como "tema" é sempre branca. Embora haja fotos de mulheres negras de filmes mencionados nos textos, não há reconhecimento da diferença racial.

Seria simplista demais interpretar esse fracasso de compreensão apenas como um gesto de racismo. Sobretudo, isso também indica o problema de estruturar a teoria feminista do cinema em torno de uma narrativa totalizante da mulher como um objeto cuja imagem serve apenas para reafirmar e reforçar o patriarcado. Mary Ann Doane aborda essa questão no ensaio "Remembering Women: Psychical and Historical Construction in Film Theory" [Relembrando as mulheres: construção psíquica e histórica da teoria do cinema]:

> Esse apego à figura de uma Mulher que não pode ser generalizada como produto do aparato [cinematográfico] indica por que, para

muitos, a teoria feminista do cinema parece ter chegado a um impasse, um certo bloqueio em sua produção teórica. [...] Ao focar a tarefa de delinear com riqueza de detalhes os atributos da mulher como um efeito do aparato, a teoria feminista do cinema contribui para a abstração da mulher.

O conceito de "Mulher" apaga a diferença entre mulheres em contextos sócio-históricos específicos, entre mulheres definidas precisamente como sujeitas históricas em vez de *uma* sujeita psíquica (ou uma não sujeita). Embora Doane não enfoque raça, seus comentários tratam diretamente do problema de seu apagamento. Pois é apenas quando alguém imagina "mulher" de forma abstrata, quando a mulher se torna ficção ou fantasia, que a raça pode não ser considerada importante. Deveríamos mesmo imaginar que teóricas feministas que escrevem apenas sobre imagens de mulheres brancas, que abordam esse sujeito histórico específico sob a categoria generalizante "mulher", não enxergam a brancura da imagem? É muito provável que elas se envolvam num processo de negação que elimina a necessidade de revisar as formas convencionais de pensar a psicanálise como um paradigma de investigação e a necessidade de repensar um corpo de teoria feminista do cinema que está firmemente enraizado na negação da realidade de que sexo e sexualidade não podem ser os significantes principais ou exclusivos da diferença. O ensaio de Doane aparece na antologia *Psychoanalysis and Cinema* [Psicanálise e cinema], editada por E. Ann Kaplan, na qual, mais uma vez, nenhuma das teorias apresentadas reconhece ou discute diferença racial, com a exceção de um ensaio, "Not Speaking with Language, Speaking with No Language" [Falando sem linguagem, falando com uma não linguagem], que problematiza noções de orientalismo em sua análise do filme *Adynata* (1983), de Leslie Thornton. Contudo, na maioria dos ensaios, as teorias adotadas se revelam problemáticas se a raça for incluída como uma categoria de análise.

Construir uma teoria feminista do cinema dentro dessas linhas possibilita a produção de uma prática discursiva que nunca precise teorizar a representação das mulheres negras ou sua experiência como espectadoras. Ainda assim, a existência das mulheres negras dentro da cultura da supremacia branca problematiza e torna complexa a questão geral da experiência como espectadora, da identidade e da representação femininas. Se, como Friedberg sugere, a "identificação é um processo que exige que o sujeito seja substituído por outro, é um procedimento que rompe a separação entre o *self* e o outro e, dessa forma, replica a própria estrutura do patriarcado". Se a identificação "demanda semelhança, exige similaridade, não permite diferença", devemos supor que muitas críticas de cinema feministas que se "superidentificam" com o aparato cinematográfico dominante produzem teorias que replicam essa agenda generalizante? Por que essa crítica de cinema feminista, que mais reivindicou o terreno da identidade, representação e subjetividade da mulher como campo de análise, permanece agressivamente silenciosa em relação ao tema da negritude e, especificamente, das representações das mulheres negras? Assim como o cinema dominante historicamente forçou as mulheres negras conscientes a não olhar, muitas críticas feministas não abrem a possibilidade de um diálogo teórico que possa incluir as vozes das mulheres negras. É difícil falar quando não há ninguém ouvindo, quando você sente que há um jargão ou narrativa especial que apenas os escolhidos conseguem entender. Não surpreende então que nós mulheres negras tenhamos confinado a maior parte dos nossos comentários críticos a conversas. E deve ser reiterado que esse gesto é uma estratégia que nos protege da violência perpetuada e defendida pelos discursos da mídia de massa. Um novo foco nas questões de raça e representação no campo da teoria do cinema poderia intervir criticamente na repressão histórica reproduzida em algumas arenas da prática crítica contemporânea, criando um espaço discursivo que torne possível a discussão sobre a experiência da espectadora negra.

Quando perguntei a uma mulher negra de cerca de vinte anos, uma cinéfila obsessiva, por que ela achava que nós não escrevêramos sobre a experiência da espectadora negra, ela comentou: "Temos medo de falar de nós mesmas como espectadoras porque fomos muito abusadas pelo 'olhar'". Um aspecto desse abuso era a imposição de que as relações de olhar da mulher negra não eram importantes o suficiente para serem teorizadas. A teoria do cinema como um "terreno" crítico nos Estados Unidos reflete, tem sido e continua a ser influenciada pela dominação racial branca. Como a crítica de cinema feminista foi enraizada inicialmente num movimento de libertação das mulheres influenciado por práticas racistas, isso não abriu terreno discursivo para torná-la mais inclusiva. Mais recentemente, mesmo as teóricas de cinema brancas que incluem uma análise da raça não demonstram interesse pela experiência da espectadora negra. Em sua introdução à coletânea de ensaios *Visual and Other Pleasures* [Prazer visual e outros prazeres], Laura Mulvey descreve sua romântica imersão inicial no cinema de Hollywood, afirmando:

> Ainda que esse grande amor, não questionado nem analisado anteriormente, tenha entrado em crise com o impacto do feminismo

em meu pensamento no início dos anos 1970, ele também teve uma influência enorme no desenvolvimento de minha obra crítica e nas ideias e no debate dentro da cultura cinematográfica com a qual passei a me preocupar pelos quinze anos seguintes. Vistos pelos olhos que foram afetados pela mudança de clima da consciência, os filmes perderam sua magia.

Ao assistir aos filmes em uma perspectiva feminista, Mulvey chegou a esse lugar de decepção que é o ponto de partida para muitas mulheres negras que analisam o cinema dentro da dura realidade do racismo. No entanto, seu relato de ser parte de uma cultura cinematográfica cujas raízes estão fincadas em uma relação fundamental de adoração e amor indica o quão difícil seria entrar nesse mundo a partir de um "salto" como espectadora crítica cujo olhar foi formado em oposição.

Dado o contexto da exploração de classe e da dominação racista e sexista, foi apenas através da resistência, da luta, da leitura e do olhar "contra a maré" que as mulheres negras foram capazes de valorizar o suficiente nosso processo de olhar para, então, nomeá-lo publicamente. De forma central, aquelas espectadoras negras que defendem o caráter opositor do seu olhar desconstroem teorias da experiência da mulher espectadora fortemente baseadas em premissas de que a "mulher só pode imitar a relação do homem com a linguagem, que é assumir a posição definida pelo pênis/falo como o árbitro supremo da falta", como sugere Doane no ensaio "Woman's Stake: Filming the Female Body" [A participação da mulher: filmando o corpo feminino]. Sem se identificar com o olhar falocêntrico nem com a construção da feminilidade branca como falta, a espectadora negra crítica constrói uma teoria de relações do olhar em que o prazer visual proporcionado pelo cinema é um prazer de questionar. Toda mulher negra espectadora com quem conversei, com raras exceções, falou de estar "na defensiva" no cinema. Comentando sobre como ser uma espectadora crítica dos filmes de Hollywood a influenciou, a diretora negra Julie Dash declarou: "Faço filmes porque sou essa espectadora!". Observando o cinema de Hollywood à distância, de um ponto de vista crítico e politizado que não deseja ser seduzido pelas narrativas que reproduzem a negação de quem ela é, Dash assistiu a filmes comerciais muitas vezes pelo prazer de desconstruí-los. E é claro que um prazer adicional acontece se, no processo de questionamento, surge uma narrativa que convida a espectadora negra a se envolver com o texto sem uma ameaça de violação.

Em grande parte, comecei a escrever crítica de cinema em resposta ao primeiro filme de Spike Lee, *Ela Quer Tudo* (1986), contestando a reprodução, pelo diretor, das práticas cinematográficas patriarcais dominantes que representam explicitamente a mulher (nesse caso, a mulher negra) como objeto de um olhar falocêntrico. O investimento de Spike Lee nas práticas cinematográficas patriarcais que espelham os padrões dominantes o torna o candidato negro perfeito para entrar no cânone hollywoodiano. Sua obra imita a construção cinematográfica da mulher branca como objeto, substituindo seu corpo, como um texto no qual inscrever o desejo masculino, pelo corpo da mulher negra. É transferência sem transformação. Ao entrar no discurso da crítica de cinema a partir de um local politizado de resistência, de não desejo, "para ver mulheres negras na posição que as mulheres brancas sempre ocuparam nos filmes", como afirmou uma mulher negra da classe trabalhadora que entrevistei, comecei a pensar criticamente sobre a experiência da espectadora negra.

Durante anos fui assistir a filmes independentes e/ou estrangeiros em que eu era a única mulher negra na sala de projeção. Com frequência, imaginava que em cada sala de cinema dos Estados Unidos havia outra mulher negra assistindo ao mesmo filme e se perguntando se era a única espectadora negra visível. Eu me lembro de tentar compartilhar o cinema de que eu gostava tanto com uma das minhas cinco irmãs. Ela ficou "furiosa" que eu a levara para ver um filme em que precisava ler as legendas. Para ela, era uma violação da ideia hollywoodiana de experiência do espectador, de ir ao cinema para se divertir. Quando a entrevistei para perguntar o que a fez mudar de ideia ao longo dos anos, o que a fez abraçar aquele cinema, ela relacionou isso ao desenvolvimento de uma consciência crítica, dizendo: "Eu aprendi que existe mais para ver do que aquilo a que eu tinha sido exposta nos filmes comuns [de Hollywood]". Admiti que, embora os filmes que eu adorava fossem, em sua maioria, todos brancos, eu podia me envolver com eles porque não tinham em sua estrutura profunda um subtexto que reproduzisse a narrativa da supremacia branca. Sua resposta foi dizer que esses filmes desmistificavam a "branquitude", uma vez que as vidas que mostravam pareciam menos baseadas em fantasias escapistas. Eram, ela deu a entender, mais próximos "do que nós sabíamos que a vida era, o lado mais profundo da vida também". Sempre mais seduzida e encantada com os filmes de Hollywood do que eu, ela destacou que a espectadora negra que não está consciente precisa "se libertar", não se deixar aprisionar por imagens que encenam o drama da negação de quem somos. Embora ainda assista a filmes hollywoodianos, porque "têm uma grande influência na nossa cultura", ela não se sente mais enganada ou vitimada.

Ao falar com espectadoras negras e ver discussões por escrito tanto na ficção quanto em ensaios acadêmicos sobre mulheres negras, percebi a conexão entre o domínio da representação na mídia de massa e a capacidade das mulheres negras de se construírem como sujeitas na vida cotidiana. A profundidade do sentimento de desvalorização, objetificação e desumanização das mulheres negras nesta sociedade determina o escopo e a textura de suas relações com o olhar. Aquelas mulheres negras cujas identidades foram construídas na resistência, pelas práticas de oposição à ordem dominante, eram mais inclinadas a desenvolver um olhar opositor. Agora que existe um interesse crescente em filmes feitos por mulheres negras e eles se tornaram mais acessíveis ao público, é possível falar sobre a experiência da mulher negra espectadora em relação a essas obras. Por enquanto, a maioria das discussões sobre a experiência de espectadores negros que encontrei está focada nos homens. Em "Black Spectatorship: Problems of Identification and Resistance" [Audiência negra: problemas de identificação e resistência], Manthia Diawara sugere que "os componentes da 'diferença'" entre elementos de sexo, gênero e sexualidade dão margem para diferentes leituras do mesmo material, acrescentando que essas condições produzem um espectador "resistente". Ele direciona sua discussão crítica à masculinidade negra.

A publicação da antologia *The Female Gaze: Women as Viewers of Popular Culture* [O olhar feminino: mulheres como espectadoras da cultura popular] me deixou animada, especialmente quando incluíram um ensaio, "Black Looks" [Olhares negros], de Jacqui Roach e Petal Felix, que tenta abordar a experiência da espectadora negra. O ensaio coloca questões provocativas que não são respondidas: existe um olhar da mulher negra? Como as mulheres negras se relacionam com as políticas de gênero da representação? Na conclusão, as autoras afirmam que nós, mulheres negras, temos "nossa própria realidade, nossa própria história, nosso próprio olhar — que vê o mundo de modo diferente de 'qualquer outro'". No entanto, não nomeiam/descrevem essa experiência de ver "diferente". A falta de definição e de explicação dá a entender que estão assumindo uma postura essencialista em que se supõe que as mulheres negras, como vítimas da opressão de gênero e raça, têm um campo de visão intrinsecamente diferente. Muitas mulheres negras não "veem diferente" justamente porque suas percepções da realidade são profundamente colonizadas, moldadas pelas formas de saber dominantes. Como Trinh T. Minh-ha aponta em "Outside In, Inside Out" [De fora pra dentro, de dentro pra fora]: "A subjetividade não consiste apenas em falar de si mesma [...], seja essa fala indulgente ou crítica".

A habilidade crítica da espectadora negra surge de um lugar de resistência apenas quando as mulheres negras individualmente resistem de modo ativo à imposição de formas dominantes de ver e de saber. Ainda que todas as mulheres negras com quem falei estivessem conscientes do racismo, essa consciência não correspondia automaticamente à politização, ao desenvolvimento de um olhar opositor. Quando correspondia, mulheres negras individualmente nomeavam o processo de modo consciente. A "experiência do espectador resistente" cunhada por Manthia Diawara é um termo que não descreve adequadamente o terreno da experiência da espectadora negra. Fazemos mais do que resistir. Criamos textos alternativos que não são apenas reações. Como espectadoras críticas, mulheres negras participam de um amplo espectro de relações de olhar, contestação, resistência, revisão, questionamento e invenção em múltiplos níveis. Quando assisto ao trabalho das cineastas negras Camille Billops, Kathleen Collins, Julie Dash, Ayoka Chenzira, Zeinabu Davis, certamente não preciso "resistir" às imagens, mesmo quando escolho assistir às suas obras com um olhar crítico.

Pensadoras críticas negras preocupadas com a criação de um espaço para a construção de uma subjetividade negra radical, e a forma como a produção cultural influencia essa possibilidade, reconhecem totalmente a importância da mídia de massa, em especial os filmes, como uma instância poderosa para a intervenção crítica. Com certeza, *Illusions* [Ilusões] (1982), de Julie Dash, identifica o domínio do cinema hollywoodiano como um espaço poderosíssimo de produção de conhecimento. No entanto, ela também cria uma narrativa fílmica na qual a protagonista negra reivindica aquele espaço de forma subversiva. Entrevendo a estrutura de poder da "vida real", ela oferece à espectadora negra representações que desafiam as ideias estereotipadas que nos põem fora dos domínios das práticas discursivas fílmicas. No filme, ela usa estratégias das produções de suspense de Hollywood para minar as práticas cinematográficas que recusam um lugar para a mulher negra nessa estrutura. Problematizando a questão da identidade "racial" ao retratar uma mulher que se passa por branca, é a capacidade do homem branco olhar, definir e saber que de repente é posta em questão.

Em "Woman's Stake: Filming The Female Body", quando Mary Ann Doane descreve a forma como a prática feminista de direção de filmes pode elaborar "uma sintaxe especial para uma articulação diferente do corpo da mulher", ela menciona um processo crítico que "desfaz a estrutura da narrativa clássica por meio de uma insistência naquilo que ela reprime". Essa descrição eloquente define com precisão a estratégia de Dash em *Illusions*, embora esse filme não esteja livre de problemas e trabalhe dentro de determinadas convenções que não são desafiadas com sucesso. Por exemplo, o filme não indica se a personagem Mignon fará filmes hollywoodianos que irão subverter e transformar o gênero ou se simplesmente vai assimilar e perpetuar a norma. Ainda assim, de forma subversiva, *Illusions* problematiza a questão da raça e a experiência do espectador. Pessoas brancas nos filmes não conseguem "ver" que a raça influencia suas relações com o olhar. Embora ela se passe por branca para ganhar acesso ao maquinário da produção cultural representado pelo cinema, Mignon afirma continuamente seus laços com a comunidade negra. O laço entre ela e a jovem cantora negra Esther Jeeter é confirmado por gestos de apoio, frequentemente expressados por meio do olho no olho, um olhar direto de reconhecimento, dispensando mediações. Ironicamente, é esse olhar masculino branco desejante, objetificante, sexualizado que ameaça penetrar os "segredos" dela e interromper seu processo. Metaforicamente, Dash sugere que o poder das mulheres negras que fazem filmes será ameaçado e minado pelo olhar do homem branco que busca recolocar o corpo da mulher negra em uma narrativa do prazer voyeurístico em que apenas a oposição homem/mulher é relevante, e a única posição para a mulher é a de vítima. Essas tensões não são resolvidas pela narrativa. Não é evidente que Mignon irá triunfar sobre o "olhar" dominante supremacista branco capitalista imperialista.

Ao longo de *Illusions*, o poder de Mignon é reforçado por seu contato com a jovem negra que ela protege e acolhe. É esse processo de reconhecimento espelhado que possibilita às duas mulheres negras definirem suas realidades, longe da realidade imposta a elas pelas estruturas de dominação. O olhar compartilhado pelas duas mulheres reforça sua solidariedade. Como personagem jovem, Esther representa um público potencial para os filmes que Mignon possa produzir, filmes em que mulheres negras serão o foco narrativo. O longa-metragem de Julie Dash *Filhas do Pó* (1991) ousa pôr mulheres negras no centro da narrativa. Esse foco fez com que críticos (especialmente homens brancos) analisassem o filme negativamente ou expressassem muitas reservas. Claramente, o impacto do racismo e do machismo é tão determinante na experiência do espectador — não só para o que olhamos, mas com quem nos identificamos — que a parte do público que não são mulheres negras acha difícil sentir empatia pelas personagens principais do filme. Eles ficam à deriva sem uma presença branca na tela.

Outra representação de mulheres negras cuidando uma da outra via reconhecimento de sua luta em comum pela subjetividade é retratada na obra do coletivo Sankofa *The Passion of Remembrance* [A paixão da recordação] (1986). No filme, duas amigas negras, Louise e Maggie, estão, desde o início da narrativa, debatendo-se com a questão da subjetividade, de seus lugares nos movimentos progressistas de libertação negra que têm sido machistas. Elas desafiam normas antigas e querem substituí-las por novas compreensões da complexidade da identidade negra, e da necessidade por lutas pela libertação que abordem essa complexidade. Louise e Maggie reivindicam o "olhar" enquanto se arrumam para ir a uma festa. Olhando uma para outra, encarando espelhos, parecem completamente focadas em seu encontro com a feminilidade negra. O mais importante é como elas veem a si mesmas, não como serão vistas pelos outros. Dançando ao som de "Let's Get Loose" [Vamos nos soltar], exibem seus corpos não para um olhar colonizador voyeurístico, mas para aquele olhar de reconhecimento que fortalece suas subjetividades — que as constitui como espectadoras. Mutuamente empoderadas, elas saem empolgadas do domínio privado para o confronto público. Rompendo com as representações convencionais do corpo negro, racistas e machistas, essas cenas convidam o público a olhar de um jeito diferente. Agem como uma intervenção crítica e transformam as práticas cinematográficas, alterando noções sobre a experiência do espectador. *Illusions*, *Filhas do Pó*, *The Passion of Remembrance* empregam uma prática de desconstrução fílmica que mina as grandes narrativas cinematográficas existentes ao mesmo tempo que reteorizam a subjetividade no domínio visual. Sem fornecer representações positivas "realistas" que surgem apenas como resposta à natureza generalizante das narrativas existentes, esses filmes oferecem pontos de partida radicais. Abrindo espaço para a afirmação de uma experiência crítica da espectadora negra, não apresentam simplesmente representações variadas: imaginam novas possibilidades transgressoras para a formulação da identidade.

Nesse sentido, tornam explícita uma prática crítica que nos fornece diferentes formas de pensar a subjetividade da mulher negra e a experiência da espectadora negra. Cinematograficamente, apresentam novos pontos de reconhecimento, personificando a visão de Stuart Hall de uma prática crítica que reconheça que a identidade é constituída "do lado de dentro, assim como de fora" da representação, e nos convida a ver o cinema "não como um espelho de segunda mão erguido para refletir o que já existe, mas como uma forma de representação que é capaz de nos constituir como novos tipos de sujeitos, e desse modo nos possibilita descobrir quem somos".

É essa prática crítica que permite a produção de uma teoria feminista do cinema que aborde a experiência da espectadora negra. Ao olharmos e nos vermos, nós, mulheres negras, nos envolvemos em um processo por meio do qual enxergamos nossa história como contramemória, usando-a como forma de conhecer o presente e inventar o futuro.

08.
filmes de Micheaux: celebrando a negritude

Concebendo sua obra de cineasta independente como uma produção cultural contra-hegemônica, Oscar Micheaux trabalhou incansavelmente para criar nas telas imagens que desafiassem e rompessem com as representações convencionais da negritude. Ao estabelecer sua agenda política na edição de 24 de janeiro de 1925 do jornal *Philadelphia Afro-American*, Micheaux declarou:

> Sempre tentei fazer com que meus filmes apresentassem a verdade, pusessem diante da raça uma fatia de sua própria vida, vissem o coração das pessoas não brancas bem de perto. Meus resultados podem ter sido limitados às vezes, talvez por causa de situações específicas, que me esforcei para retratar, mas, nessas situações específicas, a característica predominante era a verdade. Somente apresentando essas pequenas porções da raça retratadas nas minhas imagens, sob a luz e tendo ao fundo seu estado verdadeiro, nós podemos elevar o nosso povo a grandes alturas.

Embora Micheaux tivesse o objetivo de produzir uma arte contra-hegemônica que desafiasse as representações de "negritude" da supremacia branca, não estava preocupado com a simples redução da representação negra a uma imagem "positiva". No espírito da criatividade opositora, trabalhou para produzir imagens que transmitem a complexidade da experiência e dos sentimentos, argumentando que, "antes de esperarmos nos ver na tela grande como vivemos, como agimos, como temos esperança e pensamos hoje, homens e mulheres devemos escrever histórias originais da vida negra". Embora não tenha pensado em seu trabalho como documentação, fazendo a câmera espelhar a vida, ele queria que as pessoas negras vissem imagens nas telas que não eram estereótipos ou caricaturas. Micheaux se esforçou para ir além do domínio do comum — é essa visão que dá a seus filmes um elemento intrigante e prazeroso que nos fascina.

Ironicamente, seu uso do melodrama não foi compreendido pelos espectadores contemporâneos que veem esse estilo como algo que enfraquece a capacidade cinematográfica de transmitir complexidade. Micheaux não cometeu um erro de julgamento. No ensaio "Melodrama Inside and Outside the Home" [Melodrama dentro e fora de casa], Laura Mulvey explora as possibilidades subversivas que emergem do formato melodrama a partir de *The Melodramatic Imagination* [A imaginação melodramática], de Peter Brooks:

> Peter Brooks mostra como a força da estética do melodrama reside precisamente em seu deslocamento do poder da palavra. Essa forma de "baixa cultura" pôde refletir sobre a luta humana com a linguagem e a expressão e, por isso, influenciar o desenvolvimento do teatro romântico. A estética do melodrama popular depende do gesto amplo, do palco, dos grandes temas morais, com narrativas de coincidências, reviravoltas e finais felizes repentinos organizadas em torno da rígida oposição entre o bem e o mal. Os personagens representam forças mais do que pessoas, e falham em controlar e

compreender suas circunstâncias para que o destino, em vez de uma transcendência heroica, ofereça uma resolução para o drama. [...] Enquanto a estética do melodrama evoluiu para um público não letrado, o estilo põe em dúvida a adequação da fala para expressar as complexidades da paixão. [...] Todo um terreno do "indizível" pode então ser retratado.

Micheaux usou o melodrama precisamente dessa forma. Abordar sua obra a partir desse ponto de vista possibilita que o espectador contemporâneo veja mais claramente como seus filmes trabalham para transgredir os limites e apresentar perspectivas, "enquadramentos" diferentes da experiência negra que não podiam ser encontrados/vistos em nenhuma outra prática cinematográfica naquela época. Ao escrever sobre a visão única de Micheaux no ensaio "The Changeling: Race, Sex and Property in Oscar Micheaux 'God's Stepchildren'", a crítica Marilyn Jimenez diz:

> Existe ali uma verdadeira marca do "autor", o selo inconfundível de uma personalidade, as obsessões de um visionário; tudo isso geralmente sob a superfície, pois a marca que distingue um filme de Micheaux é o relacionamento entre texto e subtexto, entre o que o filme diz e o que ele realmente diz. Ao fazer isso, Micheaux, mais do que qualquer outro cineasta, personifica a característica da criação artística negra: a figura da reversão, o uso de "desvios para encontrar a direção".

Micheaux, fascinado pelo que chamo de "uma política do prazer e do perigo", focou as políticas sexuais raciais e o quanto elas influenciaram a construção e a expressão do desejo entre casais heterossexuais negros, bem como as ligações sexuais inter--raciais. Embora estivesse envolvido numa relação romântica com uma mulher branca da Dakota do Sul, Micheaux sentia que se casar com ela seria equivalente a trair a sua raça. O desejo expressado sexualmente, um tema constante em seus filmes, se tornou uma instância em que a lealdade e a solidariedade são testadas. Muito de sua obra explora paixões despertadas em reação a traições. Tentando expressar e transmitir as formas particulares que o desejo e a corte assumem dentro do contexto racial de castas, uma sociedade onde a sexualidade do homem e da mulher negros é construída como ameaçadora e perigosa, o trabalho de Micheaux apresenta uma narrativa cinematográfica estendida das políticas sexuais negras. Com foco na cafajestagem e na sedução interesseira, a obra de Micheaux "explora" construções convencionais de boa e má sexualidade ao mesmo tempo que "joga" com a ideia de transgressão.

O filme *Ten Minutes to Live* [Dez minutos para viver], de 1932, problematizava o lugar do prazer heterossexual negro dentro de um sistema de castas de cores que faz com que o corpo objeto de desejo mais atraente seja o que mais se assemelha à branquitude. Em uma série de reviravoltas narrativas que desafiam as suposições de que a brancura/pele clara deveria ser interpretada como sinal de inocência, a questão de quem é bom ou mau se revela bem mais complexa do que a questão da cor. Chamando a atenção para a questão do dualismo metafísico do ocidente que associa o branco à pureza e o negro à degradação, o subtexto do melodrama aparentemente simples de Micheaux questiona o racismo internalizado e o sistema de castas de cores.

Superficialmente, *Ten Minutes to Live* está de acordo com o paradigma cinematográfico definido por Hollywood e dá um vilão para o seu público. Levando em conta a necessidade do público negro de ter filmes raciais que reproduzissem aspectos do cinema branco dominante que rejeitava sua presença, Micheaux incorpora em seu trabalho as narrativas melodramáticas habituais. Assim como as narrativas "mestras" brancas insistiam que as tramas deveriam ser estruturadas em torno de conflitos entre o bem e o mal, esse se tornou o terreno comum para os conflitos nos filmes raciais. Em resposta ao que Clyde Taylor chama, em "The Master Text and the Jeddi Doctrine" [O texto base e a doutrina jedi], de uma insistência no "senso de presença e identidade da corrupção" que então "corporifica a necessidade de um adversário maniqueísta ameaçador", Micheaux usou esse modelo para criar suspense, uma tensão cinematográfica que fascinou as audiências.

Ironicamente, ainda que *Ten Minutes to Live* questione a necessidade do público de um "cara mau", Micheaux estrutura a cena de abertura do filme de modo a estimular o interesse da plateia a se identificar com o vilão. Primeiro, nos é mostrada a imagem de uma mulher negra aflita embarcando num trem, a glamourosa Letha. Uma voz *off* masculina pergunta: "Qual o mistério aqui? Por que esta bela moça foi colocada em destaque?". O filme segue e explica a cena que acabamos de ver. Inicialmente jogado num estado de desfamiliarização, o público vê imagens que conhece, mas que não entende no contexto do filme. Micheaux trabalha para estabelecer o filme como um lugar de produção de narrativas que são estruturadas para ser mais envolventes do que a vida comum, porque, afinal, filmes raciais eram, como seus semelhantes hollywoodianos, um negócio. Um público tinha que ser cativado para que voltasse ao cinema. Ao usar a câmera para romper com as ideias fixas de tema e local, criar uma aura de intriga, Micheaux insiste agressivamente que os espectadores fiquem "grudados em suas cadeiras" se quiserem resolver o mistério. (Sua forma de filmar essa cena é realmente espetacular do ponto de vista tecnológico quando consideramos o contexto dos primórdios do cinema). Contrariando a capacidade do público de "ler" sinais familiares, Micheaux se deleita com o prazer da manipulação, subordinando tudo excessivamente à narração. Embora fosse um "corredor" ansioso por trabalhar pela elevação do povo negro, ele se recusava a aceitar a ideia de que a produção cultural negra deveria simplesmente ser uma resposta às representações de negritude feitas pelos brancos, retratando a negritude apenas sob uma luz positiva. Por insistir na diversidade e na complexidade da imagem, seus filmes servem de exemplo.

Depois da cena do trem, que abre o filme no meio da história, estrategicamente mudando o foco para longe da narrativa linear, Micheaux rompe com a convenção e deixa o público saber logo quem é o "homem mau". Identificado por uma fotografia de um boletim policial, o vilão Marvin é descrito como:

> Quarenta anos, surdo e mudo — mas astuto, ex-ator, conhecido nos palcos como o rei da "escapada" devido à habilidade de destravar qualquer fechadura, abrir qualquer porta. [...] perdeu a voz e a audição há cerca de cinco anos e desenvolveu estranhas alucinações.

Embora pareça "identificar" o cara mau, essa descrição não diz realmente quais crimes ele cometeu. Apresentada como informação oficial, ainda que não diga nada específico, essa representação minimiza o estereótipo do homem negro como criminoso, sinalizando a possibilidade de que toda representação é construída e, portanto, sujeita à manipulação (Marvin como um ator), e que nada é o que parece.

Incapaz de ouvir ou falar, Marvin deve confiar apenas na visão como meio de perceber a realidade. Ao mesmo tempo, uma vez que não tem voz (um espelhamento simbólico da falta de voz da comunidade negra em uma cultura racista durante os anos 1930), deve pensar e sentir através do corpo. A avaliação crítica feita por Richard Dyer sobre Paul Robeson em *Heavenly Bodies: Film Stars and Society* [Corpos celestes: estrelas do cinema e sociedade] chama a atenção para a maneira como a representação de pessoas negras na imaginação branca é uma "instância em que se lida com o problema do corpo":

> Representações de negros funcionam então como o lugar da recordação e da negação da inescapabilidade do corpo na economia. Por isso, de um lado o corpo negro é um lembrete do que o corpo é capaz de fazer, sua vitalidade e força, sua sensualidade, e por outro, ao mesmo tempo, é a negação de toda aquela energia corporal e deleite como produtivos e criativos.

De modo análogo, para subverter a negação do corpo negro que é imposta pela supremacia branca, as representações de pessoas negras reivindicam esse potencial criativo, glorificando-o. Apesar de o belo e claro Marvin ser o cara mau, seu corpo é construído como objeto do olhar desejante da mulher negra. Desafiando as práticas cinematográficas dominantes que põem a mulher como objeto para o olhar masculino, Micheaux reconhece o desejo feminino, explorando-o para criar interesse pelo personagem Marvin. Seu corpo é excessivamente objetificado, especialmente porque ele não fala. Afirmando uma presença masculina que é profundamente física, que personifica um senso de ameaça e perigo, ele é um vilão sedutor. Micheaux ao mesmo tempo critica e celebra essa fisicalidade do homem negro. Por ter começado sua vida profissional como mensageiro da Pullman, um emprego respeitável (a cena do trem representa a inclusão de sua história pessoal no filme), ele se identifica com aquela organização de homens negros que resistiram ativamente à discriminação racista na força de trabalho. No entanto, Micheaux sabia muito bem que era fácil para o homem negro cair em descrédito dentro de uma sociedade racista, acabar como Marvin, acorrentado, fazendo trabalhos forçados. É quase no fim do filme que ficamos sabendo, por uma carta escrita pela mãe de Marvin repreendendo-o por perseguir a bela Letha, que ele foi condenado a trabalhos forçados, um lugar em que a dominação branca sobre o corpo negro é expressa pela exploração excessiva de seu trabalho físico. Muitas equipes de prisioneiros acorrentados formadas apenas por homens negros fizeram o trabalho árduo em linhas de trem, instalando trilhos, executando reparos. A inclusão dessas referências históricas (que podiam ser entendidas imediatamente pelo público de Micheaux) situa as representações da "criminalidade" do homem negro em um contexto social e político, contestando ideias sobre uma propensão para o mal inerente à biologia, perpetuadas pela ideologia racista, no cinema branco.

Embora Marvin seja um personagem simpático, é retratado como perigoso, exibindo todas as características de um "amante demoníaco". Ele regressou a assombrações do passado para matar a mulher que o traiu ao entregá-lo às autoridades. A descrição de Robin Morgan do "herói mortífero" no livro *The Demon Lover* [Amante do demônio] poderia ser um perfil de Marvin:

> Valoroso, abnegando sua identidade e separado da identidade dos outros, desconectado de uma lógica de vida e dos compromissos do *pathos* emocional, reconhecendo apenas o êxtase redentor de

uma morte trágica, *o herói já vive como um homem morto*. Como um homem morto ele não tem medo, porque como homem morto não pode ser sobrepujado por nenhuma força da vida.

Ao longo de *Ten Minutes to Live*, Marvin ressurge como se voltasse dos mortos. Sua incapacidade de falar reforça essa impressão de que não tem laços com a comunidade humana, como se fosse a linguagem que estabelecesse essa relação. Capaz de se comunicar com os outros apenas por escrito, ele aterroriza Letha enviando mensagens ameaçadoras, "alertas de morte", para que ela saiba que é a caça, perseguida por um amor antigo que não pretende demonstrar misericórdia. Invertendo o mito popular da mulher traída amarga e vingativa, maltratada pelo homem, Micheaux dá a entender que, na realidade, é o homem negro, personificado por Marvin, que será traído e manipulado.

Sustentando sua crítica às castas de cor que veem as mulheres negras de pele clara como mais desejáveis e merecedoras de amor, a "sedutora interesseira" de Micheaux, Charlotte, poderia se passar por branca. A atriz judia estadunidense Theda Bara, cujo verdadeiro nome era Theodosia Goodman, trouxe para Hollywood a imagem da *vamp*, a "sedutora interesseira", e a popularizou. Mulheres *vamp* eram retratadas como aventureiras, atraentes, provocantes, perigosas; *vamp* é uma abreviação de vampira. Ela tinha o poder de seduzir e destruir os homens. Em *Girls on Film* [Garotas no cinema], Julie Burchill examina criticamente a apresentação da mulher como *vamp*, enfatizando que essa personagem era mostrada como de pele escura, em contraste com as brancas:

> A *vamp* era um farol e uma benção no cinema, o ápice do que uma mulher nas telas poderia ser. A *vamp* era bonita *e* forte; ela fez o desam-

paro, que antes e desde então fora considerado a norma desejável para garotas no cinema, parecer insípido e nada inspirador. Ela veio do nada e caminhava sozinha. A *vamp* era uma rapsódia e uma revolução.

Micheaux oferece ao público imagens de mulheres como *vamp* e como donzela desamparada em perigo por meio da justaposição das personagens Charlotte e Letha. Mais uma vez, como forma de se posicionar contra o racismo do cinema dominante, sua *vamp* é a mulher de pele clara, a que se parece com a mulher branca.

A incapacidade de Marvin de distinguir Charlotte e Letha, de saber qual mulher o está enganando e traindo, é a forma de Micheaux problematizar mais uma vez a questão da representação e nossa capacidade de conhecer a realidade usando nossos sentidos. Como podemos julgar o bem e o mal se o que parece uma coisa, na verdade, é outra? Sua resposta é, claro, afiar e intensificar a capacidade de percepção, aprender a ser mais consciente. Usando várias imagens da feminilidade negra, Micheaux encoraja o público a resistir ao impulso de construir uma visão totalizadora da mulher, que vê a mulher como a personificação de tudo o que é mau, licencioso e moralmente corrupto. Defensor dos direitos das mulheres, Micheaux criou um espaço no cinema onde as mulheres negras podiam ser retratadas como sujeitas desejantes; ele contrariou as imagens degradantes da feminilidade negra no cinema hollywoodiano. Em seus filmes, os corpos das mulheres negras são celebrados — rechonchudos ou magros, claros ou escuros (embora eles nunca sejam "muito" escuros), eles são sensuais e desejáveis.

Com o cuidado de distinguir, em *Ten Minutes to Live*, entre a imagem da mulher como *vamp*, que usa o seu corpo como arma de sedução para exercer poder sobre os homens, e a representação de uma imagem liberada da mulher negra sensual/sexual que está confortável com seu corpo, Micheaux continua como um dos poucos cineastas a representar os corpos das mulheres de maneiras que não convidam ao olhar falocêntrico violador. Sem se aliar a representações idealizadas de feminilidade "inocente", ele retrata Letha como uma mulher virtuosa e também glamourosa, e por isso desejável. Em "Living Dolls and the 'Real' Women" [Bonecas vivas e as mulheres "reais"], publicado em *The Power of the Image* [O poder da imagem], Annette Kuhn apresenta o seu relato sobre a fascinação do glamour:

> O glamour é compreendido genericamente como implicando um senso ilusório de fascinação, de beleza cultivada, de charme aprimorado por meio da ilusão. Uma imagem glamourosa/glamourizada então é manipulada, talvez falsificada, para elevar ou mesmo idealizar. Uma imagem glamourosa de uma mulher (ou uma imagem de uma mulher glamourosa) é particularmente poderosa quando joga com o desejo do espectador de forma particularmente pura: beleza ou sexualidade são desejáveis na medida em que idealizadas e inatingíveis.

Micheaux aplica essa noção de glamour a sua representação de Letha. Uma das cenas mais longas de *Ten Minutes to Live* mostra Letha voltando para o seu quarto em uma pensão para trocar de roupa. Lá, toda maquiada, encarando-se na penteadeira (todas imagens que criam glamour ao identificá-la como alguém que usa cosméticos), trajando uma bela lingerie e uma camisola, ela se veste para sair à noite. Enfeitada de forma não autoconsciente, Letha mantém uma aura de ingenuidade mesmo que não seja inocente. Essa aura não é perturbada pela de Marvin, que adentra seu espaço, violando sua privacidade, pois ela não sabe que sua integridade está ameaçada até que a porta da frente bata e ele escape.

Toda arrumada, a glamourosa Letha encontra seu atual admirador de pele escura, Anthony, numa boate. Ela mostra a ele outra mensagem aterrorizante de Marvin, que diz que ela só tem "dez minutos para viver". Ir para uma boate quando sua vida está em perigo parece extremamente melodramático; no entanto, a tática de Micheaux é sempre reproduzir uma imagem do real num contexto bizarro. Tal é a natureza da intriga. Ela requer a combinação do ordinário e do fantástico. Em seus filmes, casas noturnas são os ambientes perfeitos para apresentar essa mistura, representando locais de transgressão, que existem nos limites da moralidade sancionada pela vida social. Vendo as casas noturnas como não hegemônicas, espaços não homogêneos onde barreiras de classe/casta eram cruzadas no reino do prazer, Jimenez comenta:

> As sequências com música e dança nos filmes negros elevavam o cinema acima da realidade social, aliviavam as tensões de ter que manter a consciência racial, e rompiam com as correntes dos desenvolvimentos narrativos irrealistas. A casas noturnas eram um espaço para o jogo, a distopia, não um espaço de não lugar, mas um domínio descontínuo.

Em *Ten Minutes to Live*, Micheaux inclui uma sequência de música e dança na boate que à primeira vista não parece conectada com o drama de suspense. Entretanto, é uma pista para o subtexto do filme como qualquer outra cena da produção.

Na boate, Letha fala calmamente com Anthony, encorajando-o a esperar, ainda que estejam esperando pela morte. Ele responde: "Você está louca a ponto de achar que vou me sentar aqui e deixar você, a mulher que eu amo — que sempre amei — ser assassinada por esse doido?". Essa declaração melodramática, passional, e seu erotismo subjacente, pode ser expressada no ambiente da boate como a tensão sexual que ele eleva; o desejo pode ser deslocado para os dançarinos. A conversa passional entre Letha e Anthony é interrompida pelo anúncio do mestre de cerimônias: "E agora vamos apresentar a vocês um pouquinho da selva — 'Espírito da Selva'". De repente, mulheres negras de todos os tamanhos e tons de pele, com pouca roupa, aparecem e começam a dançar. Seus movimentos corporais lembram Josephine Baker, chamando a atenção para seios, pernas e bundas. Embora essa exibição não evoque olhares pornográficos do público na casa noturna, ela é apresentada não como um tabu da sexualidade, mas com uma expressão confortável do prazer corporal. Como Baker, Micheaux vê o corpo negro como um lugar em que a nudez e o erotismo não são considerados realidades vergonhosas a serem escondidas ou mascaradas.

Embora a biografia *A Cleópatra do Jazz: Josephine Baker e seu tempo*, de Phyllis Rose, ataque a vida e a obra de Baker, de vez em quando ela oferece um punhado de informações relevantes. Essa é uma passagem específica que aborda a relação de Baker com o erotismo e com como ela teoriza o corpo. Tentando descrever o senso que Baker tinha do corpo, especialmente da bunda, e registrando as palavras dela, Rose comenta:

> Ela a usava como se fosse um instrumento, um chocalho, algo separado de si que pudesse balançar. É quase impossível superestimar a importância que tinha seu traseiro. A própria Baker declarava que as pessoas vinham escondendo a bunda há tempo demais. "O traseiro existe, eu não vejo motivo para ter vergonha disso. É verdade que existem bumbuns tão estúpidos, tão pretensiosos, tão insignificantes que só servem para se sentar neles". Com o sucesso de Baker, o

olhar erótico de uma nação se moveu para baixo: ela tinha revelado uma nova região a ser desejada.

Faltam a Rose o conhecimento da cultura negra que lhe possibilitaria decodificar o subtexto dos comentários de Baker, assim como uma perspectiva racial informada que lhe permitiria compreender que "bumbuns" sempre foram erotizados na iconografia sexual negra, uma vez que dentro da cultura negra os traseiros ridicularizados e tratados com zombaria são os brancos, chamados de "bundas de tábua de passar roupa". Portanto, apenas o olhar da parte branca da nação foi transformado pela afirmação da paixão corporal na dança de Baker.

Embora associadas à "selva", todas as dançarinas na sequência de Micheaux têm a pele clara, algumas o suficiente para se passarem por brancas. No entanto, ao conectar essa imagem com a experiência da selva, ele estabelece um laço diaspórico contínuo com a África que não foi rompido pela assimilação. O atavismo, expresso na coreografia, glorifica a conexão com a África. Como Dyer aponta em seu ensaio sobre Robeson, o atavismo geralmente está enraizado na "ideia da raça negra como um repositório de sentimentos não contaminados". Embora reconheça que a imagem atávica na imaginação branca é semelhante à da cultura folclórica do povo negro, como símbolo ela tem significados diferentes no contexto negro. Na imaginação negra, o atavismo estava conectado principalmente a uma percepção contra-hegemônica de história, dentro de um passado africano que a supremacia branca ensinou os negros a desprezar, agora reverenciado e visto como um lugar para "a recuperação das qualidade e valores adotados pelos ancestrais".

Depois que as dançarinas evocam um atavismo que está ligado ao reconhecimento ancestral, Letha enfatiza seu legado familiar. Ela explica a Anthony que recebeu orientação espiritual de sua mãe em um sonho:

> Noite passada sonhei com a minha mãe, minha pobre mãezinha, que já morreu. Ela veio enquanto eu dormia e me disse para não fugir. "Fique calma, querida. Coloque sua confiança em Deus. Algo terrível vai acontecer. Tenha fé minha filha, tenha fé".

Confiando na sabedoria de sua mãe, Letha se recusa a ouvir ambas as vozes patriarcais, a que a ameaça e a que a encoraja a fugir, oferecendo a Anthony um modelo de amor romântico que é baseado na confiança.

Ao contrário da conceitualização freudiana de subjetividade em que, como Jane Gallop descreve em *Thinking Through the Body* [Pensando através do corpo], "a ambivalência universal direcionada à mãe é criada a partir de um apego primário universal à mãe como nutridora e à decepção universal com a mãe", o drama de Micheaux sugere que apenas mantendo uma conexão com a mãe que não seja contaminada pela suspeita é que o filho adulto recebe sua sabedoria e orientação diretas. Letha e Marvin são resgatados depois de ouvirem as vozes da mãe. A possibilidade de decepção não repousa sobre a mãe, mas sobre o filho que pode não ter a habilidade de reconhecer a "verdade" e, portanto, a realidade. A mãe de Marvin lhe informa numa carta que Charlotte é a sedutora que o traiu por uma recompensa financeira, ao mesmo tempo que o repreende por ser um "tolo". Como outros filmes de Micheaux que têm insinuações feministas, suas representações masculinas desafiam a construção patriarcal da masculinidade como poderosa e onisciente. Os homens em *Ten Minutes to Live* não têm intuição. Só são capazes de apreender o mundo completamente, agarrar a verdadeira natureza da realidade, aprendendo com as mulheres. Letha e Marvin são renovados espiritualmente quando ouvem as vozes de sua mãe. Fugindo depois de se vingar de Charlotte, Marvin escreve um bilhete se desculpando com Letha. Essa expressão de arrependimento possibilita que ele se reconecte com a comunidade humana. Sua representação como "vilão" é amenizada por sua confissão de ter feito o mal.

Ten Minutes to Live explora todas as convenções do melodrama simplista mesmo quando questiona, em vários níveis, temas de representação. Nada do que aparece na tela é tão simplista quanto pode parecer com frequência no dia a dia. A capacidade dos indivíduos discernirem entre o bem e o mal, distinguirem o que é desejável e ameaçador, é questionada. Micheaux permite que o público saiba o quão facilmente as percepções podem ser manipuladas. Representando a grande vilã, Charlotte, que é clara o bastante para se passar por branca, faz contraste com Anthony, o amante confiante e amoroso que tem a pele escura. Micheaux sutilmente convida os espectadores negros a reavaliarem o racismo internalizado que os leva a respeitar a pele clara ou branca e a desvalorizar a negritude. Ao mesmo tempo, ele nos estimula a retomar o passado, simbolizado pelo corpo da mãe — a língua mãe, a mãe terra. É um chamado à celebração da negritude em toda a sua diversidade e complexidade — naquele nível de autorreconhecimento coletivo que traz clareza e compreensão, que possibilita a reunião e a reconciliação.

09.
Paris está
em chamas?

Houve uma época da minha vida em que eu gostava de me vestir de homem e sair pelo mundo. Era uma forma de ritual, de jogo. Também tinha a ver com poder. Praticar *crossdressing* como uma mulher no patriarcado — naquela época mais do que hoje — era também cruzar simbolicamente a fronteira de um mundo de impotência para outro de privilégio. Era o gesto íntimo voyeurístico máximo. Pesquisando em diários antigos em busca de passagens que registram aquele período, encontrei este parágrafo:

> Ela insistiu com ele "pelo menos uma vez, bem de vez em quando, eu só queria que nós fôssemos meninos juntos. Eu quero me vestir como você e sair e fazer com que o mundo nos veja de um jeito diferente, fazer com que se surpreendam conosco, fazer com que nos encarem e façam aquelas perguntas bobas, tipo ele é uma mulher vestida de homem, ele é um cara negro gay mais velho com seu namorado/namorada afeminado ostentando seu amor pelo mesmo sexo por aí. Não se preocupe, vou levar tudo isso muito a sério, quero deixar que riam de você. Farei parecer de verdade, os deixarei na dúvida, de um jeito que nunca terão certeza. Não se preocupe, quando viermos para casa, eu serei uma garota outra vez para você, mas agora eu quero que sejamos meninos juntos".

Crossdressing, fazer *drag*, travestismo e transexualidade surgem num contexto em que a ideia de subjetividade é desafiada, e a identidade é sempre percebida como passível de construção, invenção, mudança. Muito antes de existir um movimento feminista contemporâneo, os locais dessas experiências eram lugares subversivos onde as normas de gênero eram questionadas e desafiadas.

Dentro de uma sociedade supremacista branca, patriarcal e capitalista, a experiência de homens vestidos de mulher, fazendo *drag*, sempre foi vista pela perspectiva da cultura dominante como um sinal de que a pessoa está cruzando simbolicamente de um domínio de poder para um de impotência. Apenas olhar para as várias formas negativas como a palavra *drag* é definida reconecta esse rótulo a uma experiência que é vista como problemática, retrógrada e regressiva. Escolher se parecer com uma "mulher" quando se é "homem" é sempre construído na mentalidade patriarcal como uma perda, uma escolha que só tem valor de ridículo. Dado o contexto cultural, não surpreende que muitos comediantes negros, em suas primeiras aparições na televisão, incluíssem em suas apresentações esquetes de imitação de mulheres negras. A mulher negra geralmente era retratada como objeto a ser ridicularizado, zombado, odiado (a "mulher" representando a imagem da qual todos têm permissão para rir e desprezar). Frequentemente, o momento em que o comediante negro aparece de *drag* é o mais bem-sucedido de uma determinada apresentação (por exemplo, Flip Wilson, Redd Foxx ou Eddie Murphy).

Eu costumava me perguntar se o estereótipo sexual dos homens negros como extremamente libidinosos, másculos, "estupradores", permitia que homens negros cruzassem essa fronteira de gênero com mais facilidade do que os homens brancos, sem precisar temer a possibilidade de serem vistos como gays ou travestis. Como jovem negra, eu achava essas imagens depreciativas. Elas pareciam permitir que os homens expressassem publicamente a misoginia geral, assim como um ódio e um desprezo específicos direcionados às mulheres negras. Criada num mundo onde as mulheres negras eram, e ainda são, alvo de abusos extremos, zombaria e ridicularização, sentia que o objetivo desses imitadores era reforçar o poder que todos tinham sobre nós. Em retrospecto, posso ver que o homem negro de *drag* também é uma imagem que diminui o poder dos homens negros. Aparecer como mulher na mídia racista e machista era uma forma de se tornar, na "brincadeira", aquele homem negro infantil, bobo, "castrado", que o patriarcado branco racista se sentia confortável de receber como imagem em sua casa. Essas imagens televisionadas de homens negros de *drag* nunca foram subversivas; elas ajudavam a sustentar o racismo e o machismo.

Não me surpreendeu que Catherine Clément, em seu livro *A ópera ou a derrota das mulheres*, tenha incluído uma seção sobre homens negros e sobre como a forma com que são representados na ópera não permitia que ela separasse claramente o mundo em polaridades de gênero nas quais os homens e as mulheres ocupavam diferentes espaços sociais e eram "duas metades antagônicas, uma perseguindo a outra desde a noite dos tempos". Examinando criticamente as imagens dos homens negros nas óperas, ela descobriu que eles geralmente eram retratados como vítimas:

> Eva está aí desfeita como mulher, constantemente mortificada, constantemente moribunda e renascente para morrer melhor ainda. Mas eis que me voltam à lembrança figuras de homens traídos, machucados; homens aos quais acontecem histórias de mulheres; homens com o estatuto de Eva, como se tivessem perdido seu Adão

íntimo. Esses morrem como as heroínas; esses choram e estertoram por terra, esses se lamentam. E, como as heroínas, estão cercados por homens verdadeiros, por verdadeiros Adões que os rebaixaram. Participam da feminilidade: excluídos, marcados por uma estranheza inicial, destinados à derrota.

Muitos homens negros heterossexuais em uma cultura supremacista branca patriarcal agem como se o maior "mal" do racismo fosse recusar a eles o acesso total ao poder patriarcal, de modo que, em termos machistas, são obrigados a habitar a esfera da falta de poder, considerada "feminina", e então veem a si mesmos como emasculados. Conforme os homens negros aceitam uma representação supremacista branca machista de si como castrados, sem poder fálico e, portanto, pseudomulheres, precisam afirmar abertamente uma masculinidade misógina fálica, baseada no desprezo pela mulher. Muito da homofobia dos homens negros está ligado ao desejo de evitar qualquer relação com todas as coisas consideradas "femininas", o que claramente inclui os homens negros gays. Um comediante contemporâneo como Eddie Murphy "prova" seu poder fálico ao ousar ridicularizar mulheres negras e gays abertamente. Seus dias de se apresentar vestido de mulher acabaram. De fato, é essa *drag queen* em sua imaginação misógina que ele evoca com muita frequência como a imagem da cultura negra gay, submentendo-a a um ataque homofóbico cômico — que o público aceita e perpetua.

Homens negros que levam a sério se apresentar em *drag*, sejam eles gays ou héteros, representam uma oposição à representação heteronormativa da masculinidade negra. Fluidez de gênero ou transgressões da normatividade feitas por homens negros sempre foram uma crítica à masculinidade falocêntrica na experiência negra tradicional. No entanto, o poder subversivo dessas imagens é alterado radicalmente quando influenciado pela construção ficcional racializada do "feminino" que, de repente, faz com que a representação da branquitude seja crucial para a experiência de imitar o feminino como gênero, o que significa que a imagem idealizada da mulher/do feminino é realmente uma idealização da feminilidade branca. Isso é brutalmente evidente no filme *Paris Is Burning* [Paris está em chamas] (1990), de Jennie Livingston. Dentro do mundo da cultura negra de festas *drag* retratado por ela, a ideia de feminilidade, de ser uma mulher, é totalmente personificada pela branquitude. O que os espectadores observam não são homens negros querendo imitar ou se tornar como as mulheres negras "reais", mas sua obsessão com uma visão idealizada e fetichizada de feminilidade branca. No filme, isso é apontado por Dorian Carey, que declara que nenhuma *drag queen* negra de sua época queria ser Lena Horne, e deixa claro que a feminilidade mais almejada, mais adorada, era aquela vista como propriedade exclusiva das mulheres brancas. Quando vemos representações de feminilidade no filme (imagens arrancadas de revistas e coladas nas paredes dos quartos e salas), elas são, com raras exceções, de mulheres brancas. De forma significativa, a fixação de se tornar o mais semelhante possível com uma mulher branca evoca implicitamente uma conexão com uma figura que nunca está visível neste filme: a do patriarca branco. E, se as aspirações de classe, raça e gênero expressadas pelas *drag queens* que falam de seus sonhos mais intensos são sempre o desejo de estar numa posição de mulher da classe dominante, então isso significa que também há um desejo de agir em parceria com o homem branco dominante.

Essa combinação de desejo de classe e raça que privilegia a "feminilidade" da mulher branca das classes dominantes, adorada e protegida, cercada de luxo, não inclui uma crítica ao patriarcado. Com frequência, existe a suposição de que o homem gay, e mais especificamente a *drag queen*, são antifalocêntricos e antipatriarcais. O ensaio "Lesbian Feminism and Gay Rights" [Feminismo lésbico e direitos dos homossexuais], de Marilyn Frye, segue como uma das mais úteis críticas que desmascaram esse mito. Em *The Politics of Reality* [Políticas da realidade], Frye comenta:

> Uma das coisas que persuadem o mundo hétero de que homens gays não são realmente homens é o estilo afeminado de alguns homens homossexuais e a instituição gay da imitação de mulheres, ambas associadas no pensamento popular com a homossexualidade masculina. Mas, no meu entendimento, ser um gay afeminado e vestir roupas de mulher não são demonstrações de amor ou de identificação com as mulheres e a feminilidade. Na maioria das vezes, essa feminilidade é afetada e é caracterizada por um exagero teatral. É uma zombaria casual e cínica das mulheres, para quem a feminilidade é a armadilha da opressão, mas é também uma espécie de jogo, uma brincadeira com algo que é tabu. [...] A feminilidade afetada dos homens gays parece ser um esporte sério no qual homens podem exercitar seu poder e controle sobre o feminino, como em outros esportes. [...] Mas o domínio da feminilidade não é feminino. É masculino.

Qualquer espectador de *Paris Is Burning* não pode negar a forma como os bailes de *drag* contemporâneos têm uma aura de evento esportivo, competições agressivas, um time (uma "casa", nesse caso) competindo contra outro etc., nem ignorar a forma como o "olhar" masculino do público é direcionado de uma maneira similar ao olhar fálico objetificante que os homens héteros direcionam para as mulheres "femininas" diariamente nos espaços públicos. Muitos espectadores podem supor que *Paris Is Burning* é um filme inerentemente de resistência por causa do assunto abordado e da identidade da diretora. No entanto, as políticas do filme em relação a raça, gênero e classe são apresentadas de formas ao mesmo tempo progressistas e reacionárias.

Quando ouvi falar pela primeira vez desse documentário sobre homens gays, *drag queens* e bailes de *drag* negros, fiquei fascinada pelo título. Ele evoca imagens da verdadeira Paris em chamas, a morte e a destruição de uma civilização e de uma cultura ocidental dominante branca, o fim do eurocentrismo opressivo e da supremacia branca. Essa fantasia não só alimentou minha sensação de prazer, mas também se colocou entre mim e a realidade improvável de que uma jovem cineasta branca, apresentando visões progressistas da "negritude" do ponto de vista da "branquitude", pudesse ser bem recebida pela imprensa, como foi o caso de Livingston e seu filme. Ao assistir *Paris Is Burning*, comecei a pensar que as muitas pessoas brancas na plateia, *yuppies*, que pareciam héteros, arrojadas, estavam lá porque o filme não questiona a "branquitude" de modo algum. Essas pessoas saíram do cinema dizendo que era "ótimo", "maravilhoso", "incrivelmente engraçado", digno de comentários do tipo: "Você não adorou?". Não, eu não adorei. Porque, de várias maneiras, esse filme retrata graficamente as formas como pessoas negras colonizadas (neste caso, os irmãos gays negros, entre eles alguns que são *drag queens*) idolatram o trono da branquitude, mesmo quando essa idolatria exige que vivamos em um auto-ódio eterno, roubemos, mintamos, passemos fome e até mesmo morramos nessa busca. O "nós" evocado aqui somos todos nós, pessoas negras/não brancas, que são bombardeadas diariamente por uma branquitude colonizadora poderosa que nos seduz para longe de quem somos, que nega a existência da beleza que pode ser encontrada em qualquer forma de negritude que não é uma imitação de branquitude.

A branquitude celebrada em *Paris Is Burning* não é apenas o velho tipo de branquitude, mas sim aquela branquitude brutal imperialista capitalista das classes dominantes que se apresenta — e ao seu estilo de vida — como o único modo relevante de existência. O que poderia ser mais reconfortante para um público branco com medo de que as pessoas negras privadas de direitos possam se rebelar a qualquer momento e tornem a luta revolucionária pela libertação negra uma realidade do que um documentário afirmando que pessoas negras colonizadas, injustiçadas e exploradas estão tão dispostas a ser cúmplices na perpetuação da fantasia de que a cultura da classe dominante branca é o lugar por excelência da alegria, da liberdade, do prazer irrestritos? De fato, é esse mesmo "prazer" que tantos espectadores brancos com privilégio de classe experimentam quando assistem a este filme que atua para censurar vozes dissidentes que acham o filme e sua recepção criticamente problemáticos.

Em sua resenha do filme para o *New York Times*, Vincent Canby começa citando as palavras de um pai negro para seu filho homossexual. O pai admite que é difícil para homens negros sobreviverem numa sociedade racista e que, "se você é negro e homem e gay, você precisa ser mais forte do que pode imaginar". Começando essa resenha imensamente positiva com as palavras de um pai negro hétero, Canby sugere que o filme, de alguma maneira, registra essa força, retrata o orgulho negro gay. No entanto, não aponta nenhuma das formas que evidenciam esse orgulho e poder na obra. Como a maioria dos críticos do filme, o que ele acha mais envolvente são os concursos nas festas de *drag*. Ele não usa nenhuma linguagem que identifique perspectivas de raça e classe quando indica, no final do texto, que por trás das imitações e performances "há também uma tristeza terrível no testemunho". Canby não identifica totalmente as origens da tristeza; em vez disso, declara que "as *queens* se exaurem para imitar os integrantes de uma sociedade que não as aceitará". Isso faz parecer que as políticas da cultura branca das classes dominantes são apenas sociais e não políticas, apenas questões "estéticas" de escolha e desejo em vez de expressões de poder e privilégio. Canby não diz aos leitores que muito da tragédia e da tristeza nesse filme é evocado pela disposição de homens negros gays de se esforçar tanto para imitar a cultura de uma classe dominante e uma elite do poder que são os agentes principais de sua opressão e exploração. Ironicamente, as próprias "fantasias" evocadas emergem do contexto colonizador, e, enquanto pessoas marginalizadas frequentemente se apropriam e subvertem aspectos da cultura dominante, *Paris Is Burning* não indica vigorosamente que tal processo esteja acontecendo.

O filme de Livingston é apresentado como um filme politicamente neutro que oferece um olhar franco, até mesmo celebratório, sobre as festas negras de *drag*. E é precisamente o seu tom celebratório que mascara até que ponto esses bailes não são expressões necessariamente radicais de uma imaginação subversiva que trabalha para minar e desafiar o status quo. Grande parte do foco do filme no cerimonial pomposo faz com que o ritual do baile *drag* se torne um espetáculo. O ritual é um ato cerimonial que carrega em si significado e importância além da aparência, enquanto o espetáculo funciona principalmente como uma exibição dramática de entretenimento. Aqueles entre nós que cresceram em ambientes negros segregados onde participamos de vários rituais e cerimoniais sabemos que os elementos de um determinado ritual que são empoderadores e subversivos podem não ser prontamente visíveis para o olhar de um forasteiro. Assim, é fácil para os observadores brancos retratar os rituais negros como espetáculos.

Jennie Livingston aborda seu tema como uma forasteira olhando o desconhecido. Uma vez que sua presença como diretora branca/lésbica de cinema está "ausente" de *Paris Is Burning*, é fácil para os espectadores imaginarem que estão assistindo a um filme etnográfico documentando a vida de negros gays "nativos" e não reconhecer que estão assistindo a uma obra modelada e formada pela perspectiva e ponto de vista específicos de Livingston. Ao mascarar essa realidade cinematograficamente (nós ouvimos suas perguntas, mas nunca a vemos), Livingston não se opõe à forma hegemônica como a branquitude "representa" a negritude; em vez disso, assume uma posição de supervisão imperial que não é de modo algum progressista ou contra-hegemônica. Ao filmar usando uma abordagem convencional de documentário e não deixar claro como seu ponto de vista rompe com a tradição, Livingston assume uma posição privilegiada de "inocência". Ela é descrita em suas entrevistas e nas resenhas como uma mulher branca virtuosa, gentil e de bom coração que ousou se aventurar em um *Coração das trevas* contemporâneo para trazer de volta o conhecimento sobre os nativos.

Uma resenha na *New Yorker* declara (sem nenhum argumento que sustente a afirmação) que o filme é "uma observação sensível de um mundo específico, particular". Uma entrevista de Livingston na *Outweek* com o título "Pose, She Said" [Faça uma pose, ela disse] nos conta que ela "descobriu o mundo dos bailes por acaso". Livingston não discute seu interesse e fascinação pela subcultura gay negra. Ninguém pediu que ela falasse sobre o conhecimento, a informação ou a compreensão da cultura e da história negras que havia adquirido em sua vivência e serviram de base para o seu trabalho, ou que explicasse que perspectiva da vida negra desejava transmitir e para quem. Pode alguém imaginar uma lésbica negra fazendo um filme sobre a subcultura gay branca que não tenha que responder a perguntas como essas? Na entrevista à *Outweek* perguntam a Livingston: "Como você construiu o tipo de confiança que deixou as pessoas tão abertas para falar sobre suas experiências?". Ela não responde a essa pergunta. Em vez disso, dá a entender que ganhou sua "credibilidade" com a intensidade de sua observação, acrescentando: "Eu também escolhi pessoas que eram articuladas, que tinham coisas que queriam dizer e ficaram felizes por haver alguém que queria ouvi-las". Evitando as perguntas implícitas difíceis sobre o que significa ser uma pessoa branca numa sociedade supremacista branca criando um filme sobre qualquer aspecto da vida negra, Livingston responde à pergunta "O fato de você ser uma lésbica branca indo para um mundo de [*drag*] *queens* negras e garotos de rua não tornou isso [o processo de entrevistas] mais difícil?" fazendo alusões a um superficial senso de conexão universal. Ela responde: "Se você conhece alguém por um período de dois anos e ainda os define por seu sexo e raça, você deve ser uma pessoa bem racista e machista". No entanto, é precisamente a raça, o sexo e as práticas sexuais dos homens negros filmados que são explorados como tema.

Até agora não li nenhuma entrevista em que Livingston discuta a questão da apropriação. E embora ela critique Madonna abertamente, não expõe como o seu trabalho é diferente da forma como Madonna se apropria da experiência negra. Até certo ponto, é precisamente o reconhecimento pela cultura de massa de que alguns aspectos da vida negra, como a dança "vogue", fascinam públicos brancos que cria mercados para as produções de Madonna e Livingston. Infelizmente, os comentários de Livingston sobre *Paris Is Burning* não transmitem uma reflexão séria a respeito das implicações políticas e estéticas de sua escolha, enquanto mulher branca, de focar um aspecto da vida e da cultura negra ou da forma como o racismo pode moldar e influenciar como ela interpreta a experiência negra nas telas. Críticos como Georgia Brown, no *Village Voice*, que sugerem que a branquitude é "um fato da natureza que não impede a sua pesquisa", são coniventes com a negação dos modos como a branquitude influencia a perspectiva dela e seu ponto de vista. Afirmar, como fez Livingston, "eu certamente não tenho a palavra final sobre a experiência gay negra; eu adoraria que um diretor negro tivesse feito esse filme" é simplificar demais a questão e absolvê-la da responsabilidade e da necessidade de uma reflexão crítica progressista, e implicitamente sugerir que não haveria diferença entre o trabalho dela e o de um diretor negro. Sob a aparente modéstia desse comentário está a arrogância cultural, uma vez que ela não só dá a entender que impôs esse tema ao mercado, mas que a possibilidade de fazer filmes é uma questão de escolha pessoal, como se ela apenas tivesse "descoberto" o "material bruto" antes de um diretor negro. Os comentários dela são perturbadores porque revelam quão pouca consciência política forma as bases de qualquer comodificação da "negritude" nesta sociedade.

Se Livingston tivesse abordado seu tema com maior consciência das formas como a supremacia branca molda a produção cultural — determinando não só quais representações da negritude são consideradas aceitáveis, vendáveis, assim como dignas de serem vistas —, talvez o filme não tivesse transformado o baile de *drag* num espetáculo para o entretenimento daqueles que supostamente estão olhando de fora para essa experiência. Muito do que é expressado neste filme tem a ver com questões de poder e privilégio e a forma como o racismo impede as pessoas negras de progredir (e certamente as aspirações de classe da subcultura gay retratada não diferem das dos outros pobres das comunidades negras de classes baixas). Aqui, supostamente, a posição de forasteira é situada principalmente pela experiência da branquitude. Livingston não parece disposta a questionar como assumir a posição do olhar de forasteira, assim como de intérprete, pode perverter e distorcer a perspectiva de alguém — e geralmente o faz. Sua habilidade de assumir tal posição sem um questionamento rigoroso de suas intenções está baseada nas políticas de raça e racismo. Patricia Williams critica a suposição branca de um olhar "neutro" no ensaio "Teleology on the Rocks" [Teleologia com gelo] em seu livro *The Alchemy of Race and Rights* [A alquimia de raça e direitos]. Descrevendo uma caminhada pelo Harlem em um tour com um grupo de pessoas brancas, ela se recorda do guia dizendo que poderiam "ver alguns cultos", uma vez que "o domingo de Páscoa no Harlem é um show à parte". As observações críticas de Williams são relevantes para qualquer debate sobre *Paris Is Burning*:

> O que me deixou chocada é que ninguém perguntou às igrejas se elas queriam ser observadas como museus vivos. Eu me perguntei o que aconteceria se um grupo de negros vestindo jeans entrasse sem ser convidado em uma sinagoga durante o Pessach ou em Santo Antônio de Pádua durante uma missa — só para olhar, não para rezar. Meu sentimento é que tal atividade seria vista como desrespeitosa,

no mínimo. No entanto, o aspecto de desrespeito, intrusão, parecia irrelevante para esse grupo de pessoas bem-educadas e agradáveis. Elas ignoraram minha observação com comentários do tipo "só queremos dar uma olhada", "ninguém vai se importar" e "não temos más intenções". Por mais bem intencionadas que fossem, fiquei com a impressão de que não existia ninguém para elas que não pudesse ser governado por suas intenções. Ao mesmo tempo que reconhecia a falta de malícia aparente em seu comportamento, eu não conseguia evitar pensar que é uma responsabilidade, assim como um luxo, viver sem interações. Viver tão completamente insensível ao próprio impacto nos outros é um privilégio frágil, que muitas vezes depende não apenas da disposição, mas da incapacidade dos outros — nesse caso dos negros — de fazer seu desprazer ser ouvido.

Essa crítica perspicaz me veio à mente enquanto eu refletia sobre as razões pelas quais os brancos podiam abertamente expressar seu prazer com esse filme, e sobre os espectadores negros que demonstraram seu descontentamento, levantando questões críticas acerca de como o documentário foi feito, é visto, foi recebido, e que não expuseram seu desprazer publicamente. Muitos críticos e entrevistadores não apenas supõem que não há necessidade de questionar pontos-chave do filme de Livingston, mas agem como se ela de algum modo tivesse feito um favor para essa subcultura gay negra marginalizada ao apresentar a experiência deles a um público mais amplo. Tal postura obscurece as recompensas substanciais que ela recebeu por esse trabalho. Uma vez que muitos dos jovens negros gays no filme expressam o desejo de serem grandes estrelas, é fácil pôr Livingston no papel de benfeitora, oferecendo a essas "pobres almas pretas" uma forma de realizar seus sonhos. Porém, é essa tendência atual de produzir uma etnicidade colorida para o consumidor branco que possibilita que a negritude seja transformada em mercadoria de uma maneira sem precedentes, e que os brancos se apropriem da cultura negra sem questionar a branquitude ou demonstrar preocupação com o incômodo dos negros. Assim como o imperialismo cultural influenciou e reforçou as expedições colonizadoras dos brancos em direção a países e culturas dos "outros de pele escura", isso permite que o público branco aplauda representações da cultura negra — se estiverem satisfeitos com as imagens e hábitos representados.

Assistindo ao filme com uma amiga negra, ficamos perturbadas com o quanto as pessoas brancas ao nosso redor estavam "entretidas" e se "deleitavam" com cenas que víamos como tristes, às vezes trágicas. Com frequência alguns indivíduos riam de testemunhos pessoais sobre privação, dor, solidão. Várias vezes gritei no escuro: "O que tem de tão engraçado nesta cena? Por que vocês estão rindo?". A risada nunca era inocente. Em vez disso, ela minava a seriedade do filme, mantendo-o sempre no nível do espetáculo. E muito do filme contribuía para que isso acontecesse. Momentos de dor e tristeza eram rapidamente encobertos por cenas dramáticas de bailes de *drag*, como se houvesse duas narrativas cinematográficas competindo, uma mostrando o cerimonial do baile e outra refletindo a respeito da vida dos participantes e do valor da fantasia. Esta segunda narrativa era literalmente difícil de ouvir por causa das risadas que soavam mais alto, assim como o foco mantido nas apresentações elaboradas dos bailes dispersava o poder da narrativa mais séria e crítica. Qualquer público esperando ser entretido não estaria interessado nas histórias da vida real e testemunhos dados. Muitos dos testemunhos individuais fazem parecer que os personagens estão separados de qualquer comunidade para além de si mesmos. Família, amigos etc. não são mostrados, o que reforça a representação desses jovens negros como isolados, vivendo à margem.

É proveitoso comparar o retrato dessas vidas em *Paris Is Burning* com as mostradas no filme comovente de Marlon Riggs, *Línguas Desatadas* (1989). Em nenhum ponto do filme de Livingston pede-se que os homens falem de suas conexões com o mundo da família e a comunidade fora do baile *drag*. A narrativa cinematográfica faz do baile o centro de sua vida. E, no entanto, quem determina isso? É dessa forma que esses homens negros veem suas realidades ou essa é a realidade construída por Livingston? Certamente, o grau em que essa subcultura gay é retratada como isolada de um mundo "real" aumenta a ênfase na fantasia, e de fato dá a *Paris Is Burning* seu recorte trágico. Essa tragédia é tornada explícita quando somos informadas do assassinato de Venus, que tinha a pele clara, e no entanto não há luto para ele/ela no filme, nenhum foco intenso na tristeza pela sua morte. Atendido o propósito do "espetáculo", o filme o/a abandona. O público não vê Venus depois do assassinato. Não há cenas de tristeza. Para ser franca, sua morte é ofuscada pelo espetáculo. A morte não é entretenimento.

Para aqueles que não foram assistir a esse filme como *voyeurs* da subcultura gay negra, é o testemunho comovente de Dorian Carey ao longo da narrativa que faz de *Paris Is Burning* uma experiência memorável. Carey é historiador e crítico cultural. Ele explica como os bailes possibilitaram que as *drag queens* negras empoderassem os participantes e o público. É Carey quem fala sobre a importância de uma "estrela" na vida de um jovem negro gay que é *drag queen*. De forma similar ao trabalho do crítico Richard Dyer em *Heavenly Bodies*, Carey diz aos espectadores que o desejo pelo estrelato é uma expressão do desejo de realizar o sonho de um individualismo estelar autônomo. Lembrando aos leitores que a ideia de individual continua a ser uma imagem importante do que significa viver num mundo democrático, Dyer escreve:

> O capitalismo se justifica com base na liberdade (separação) de qualquer um para ganhar dinheiro, vender seu trabalho como quiser, ser capaz de expressar opiniões e ser ouvido (independente de riqueza ou posição social). A abertura da sociedade é suposta pela forma como somos tratados enquanto indivíduos — enquanto consumidores (cada um escolhendo livremente o que comprar, a que assistir, o que queremos), enquanto sujeitos legais (igualmente responsáveis perante a lei), enquanto sujeitos políticos (capazes de formar suas ideias sobre quem vai comandar a sociedade). Assim, mesmo quando a ideia de indivíduo é duramente atacada por todos os lados, é uma ficção necessária para a reprodução do tipo de sociedade em que vivemos. [...] Estrelas articulam essas ideias de ser alguém.

Esta é exatamente a ideia de estrelato que Carey articula. Ele enfatiza a maneira como o capitalismo de consumo enfraquece o poder subversivo dos bailes *drag*, subordinando o ritual a um espetáculo, afastando o desejo de exibir trajes únicos e imaginativos e a imagem adquirida. Carey fala profundamente sobre o poder redentor da imaginação na vida negra, que os bailes *drag* eram originalmente o lugar onde a estética da imagem em relação à vida negra gay podia ser explorada com complexidade e graça.

Carey exalta a importância da fantasia mesmo enquanto critica o seu uso para escapar da realidade. Ao analisar o lugar da fantasia na subcultura negra gay, relaciona essa experiência ao desejo pelo estrelato que é tão impregnado nessa sociedade. Recusando-se a permitir que a *queen* seja transformada no Outro, ele transmite a mensagem de que existe em todos nós esse desejo de transcender as fronteiras do *self*, de ser glorificado. Falando sobre a importância das *drag queens* em uma entrevista na *Afterimage*, Marlon Riggs dá a entender que a *queen* personifica o desejo que todos têm por amor e reconhecimento. Vendo nas *drag queens* "um desejo, uma necessidade muito visceral de ser amada, assim como uma sensação de solidão abjeta de uma vida em que ninguém ama você", Riggs sustenta que "essa imagem é real para qualquer um que esteve no fundo do poço como elas estiveram, rejeitadas por todos e amadas por ninguém". Concordando com Carey, Riggs declara: "O que é real para elas é a percepção de que você precisa aprender a amar a si mesma". Carey destaca que uma pessoa só aprende a amar a si mesma quando rompe com a ilusão e encara a realidade, sem recorrer à fantasia como válvula de escape. Enfatizando que o ponto não é desistir da fantasia, mas reconhecer suas limitações, ele reconhece que é necessário distinguir o lugar da fantasia num jogo ritualizado do uso da fantasia como forma de escapismo. Diferente de Pepper Labeija, que constrói um mundo mítico para habitar, criando sua realidade particular, Carey encoraja o uso criativo da imaginação para aprimorar a capacidade de viver mais intensamente em um mundo para além da fantasia.

Apesar do impacto profundo que Carey provoca — o que Riggs chamaria de "um ícone visual das *drag queens* com uma humanidade muito digna" —, sua mensagem com frequência é emudecida, obscurecida pelo espetáculo. É difícil para os espectadores realmente ouvir essa mensagem. Ao criticar a absorção na fantasia e mencionar a miríade de formas de dor e sofrimento envolvidas em qualquer processo de autorrealização, a mensagem de Carey faz a mediação com o espectador que deseja escapar voyeuristicamente dentro do filme, habitar de modo vicário aquele espaço à margem, ao expor a farsa, ao desafiar todos nós a confrontarmos a realidade. James Baldwin aponta em *Da próxima vez, o fogo* que "um povo que não conhece o sofrimento jamais chegará à maturidade, nunca chegará a conhecer-se pelo que é". Sem ser sentimental em relação ao sofrimento, Dorian Carey nos convida a romper com a negação, com o desejo por uma identidade estelar ilusória, para que então possamos nos confrontar e nos aceitar como realmente somos — só então a fantasia, o ritual, podem ser locais de sedução, paixão e jogo nos quais o *self* é verdadeiramente reconhecido, amado e jamais abandonado ou traído.

10. Madonna: amante da casa-grande ou irmã de alma?

> *A subversão é contextual, histórica e acima de tudo social. Não importa quão excitante seja o potencial "desestabilizador" dos textos, corporais ou não; se aqueles textos são subversivos ou restauradores, os dois ou nenhum dos dois, é algo que não pode ser determinado abstraindo-se a prática social concreta.*
>
> — Susan Bordo

"Estrelas" brancas como Madonna, Sandra Bernhard e muitas outras falam publicamente sobre seu interesse pela cultura negra, sobre a apropriação que fazem dela, como mais um símbolo do seu *radical chic*. Elas buscam intimidade com aquela negritude "indecente" da qual as boas moças brancas mantêm distância. Para consumidores brancos e não negros, isso confere a elas um sabor especial, um tempero extra. Afinal, é um fenômeno histórico recente que qualquer garota branca possa ir longe ostentando sua fascinação e inveja da negritude. O problema com a inveja é que ela é sempre capaz de destruir, apagar, dominar e consumir o objeto de seu desejo. É exatamente isso o que Madonna tenta fazer quando se apropria de aspectos da cultura negra e os transforma em mercadoria. Não há necessidade de dizer que esse tipo de fascinação é uma ameaça. Impõe um risco. Talvez esse seja o motivo pelo qual tantas mulheres negras adultas com quem conversei sobre Madonna não têm interesse por ela e fazem comentários do tipo: "A vadia nem sabe cantar". Foi apenas entre as jovens negras que consegui encontrar fãs fervorosas de Madonna. Embora eu com frequência admire Madonna, e sim, às vezes, até a inveje porque ela criou um espaço cultural onde pode se inventar e reinventar e receber apoio público e recompensas materiais, não me considero uma fã de Madonna.

Uma vez li uma entrevista em que Madonna falava de sua inveja da cultura negra, na qual declarou que queria ser negra quando criança. É um sinal de privilégio branco ser capaz de "ver" a negritude e a cultura negra de um ponto de vista em que sejamos marcados e definidos apenas pela rica cultura de oposição criada pelas pessoas negras como resistência. Tal perspectiva permite que a pessoa ignore a dominação supremacista branca e a dor que ela provoca via opressão, exploração, feridas e mágoas diárias. Pessoas brancas que não veem a dor negra nunca entendem realmente a complexidade do prazer negro. E não surpreende então que, quando tentam imitar a alegria de viver que enxergam como a "essência" e a alma da negritude, suas produções culturais possam ter um ar farsesco e uma falsidade que podem atiçar e mobilizar ainda mais públicos brancos, embora deixem várias pessoas negras indiferentes.

Não é preciso dizer que, se Madonna dependesse de multidões de mulheres negras para manter seu status como ícone cultural, teria sido destronada há algum tempo. Muitas das mulheres negras com quem falei expressaram um ódio e um desprezo profundo por Madonna. A maioria permaneceu indiferente às minhas tentativas cuidadosas de insinuar que, debaixo daqueles sentimentos negativos, poderia estar à espreita a inveja e, ouso dizer, o desejo. Nenhuma mulher negra com quem conversei declarou que queria "ser Madonna". No entanto, basta olhar para o número de artistas/estrelas negras (Tina Turner, Aretha Franklin, Donna Summer, Vanessa Williams, Yo-Yo etc.) que receberam grande reconhecimento na cultura de massa quando demonstraram que, assim como Madonna, também tinham uma dose saudável de "ambição loira".[16] Suas carreiras foram claramente influenciadas pelas escolhas e estratégias de Madonna.

Para uma massa de mulheres negras, o racismo e a supremacia branca são a realidade política que está por trás do reconhecimento por parte de Madonna e por nós mesmas de que esta é uma sociedade onde "loiras" não apenas "se divertem mais", mas também têm mais possibilidades de ser bem-sucedidas em qualquer iniciativa. Não podemos encarar a mudança da cor de cabelo de Madonna apenas como uma mera questão de escolha estética. Eu concordo com Julie Burchill quando ela nos lembra, em seu trabalho crítico *Girls on Film* [Garotas no cinema]: "O que se pode dizer da pureza racial se as melhores loiras eram todas morenas (Harlow, Monroe, Bardot)? Acho que isso significa que não somos tão brancos quanto pensamos. Acredito que isso significa que a Pureza é uma Chatice". Também sei que é o desejo expressado pela Outra não loira por aquelas características vistas como marcas essenciais da estética da superioridade racial que perpetua e mantém a supremacia branca. Nesse sentido, Madonna tem muito em comum com as multidões de mulheres

---

16. Em inglês, *blonde ambition*, título da turnê de Madonna em 1990. [N.T.]

negras que sofrem de racismo internalizado e são eternamente aterrorizadas por um padrão de beleza que sentem que jamais poderão corporificar de verdade.

Como muitas mulheres negras que ficaram de fora da fascinação cultural pela beleza loira e que conseguiram alcançá-la apenas por meio da imitação e do artifício, Madonna frequentemente se recorda de que era uma moça branca da classe trabalhadora que se achava feia, fora do padrão de beleza dominante. E, de fato, o que algumas de nós gostamos nela é a forma como desconstrói o mito da beleza natural branca ao expor até que ponto ela pode ser, e geralmente é, construída e mantida artificialmente. Ela zomba do ideal de beleza convencional racista ao mesmo tempo que se esforça para incorporá-lo. Dada a sua obsessão em expor a realidade de que a beleza feminina ideal nesta sociedade pode ser obtida por artifício e construção social, não deveria surpreender que muitos de seus fãs sejam homens gays, e que uma maioria de homens não brancos, particularmente os negros, estejam entre eles. O filme de Jennie Livingston, *Paris Is Burning* [Paris está em chamas], sugere que muitos gays negros, especialmente divas e *drag queens*, são movidos pela "ambição loira" assim como Madonna. Madonna nunca deixa seu público esquecer que, qualquer que seja seu visual, ela o obteve com trabalho duro — "isso não é natural". E como Burchill comenta em seu capítulo "Homossexual Girls" [Garotas homossexuais]:

> Eu tenho um amigo taxista que se parece com o caubói do Marlboro, mas à noite se torna a segunda melhor Jean Harlow que já vi. Ele resume o tipo de estrela de cinema que ama, brutal e brilhantemente, ao dizer: "Eu gosto de atrizes que parecem ter passado horas se arrumando — e nem assim elas parecem prontas".

Certamente ninguém, nem mesmo os fãs mais fervorosos de Madonna, insiste que sua beleza não é resultado de um artifício habilidoso. E, de fato, um dos principais pontos do documentário *Na Cama com Madonna* (1991) era demonstrar quanto trabalho envolvia a construção de sua imagem. No entanto, quando as cartas estão na mesa, a imagem que Madonna mais explora é a "garota branca" por excelência. Para manter essa imagem, ela deve sempre se posicionar como uma forasteira em relação à cultura negra. É essa posição de forasteira que possibilita que colonize e se aproprie da experiência negra para seus fins oportunistas, mesmo quando tenta mascarar seus atos de agressão racista como reconhecimento. E nenhum outro grupo nesta sociedade vê isso tão claramente quanto as mulheres negras. Pois nós sempre soubemos que a imagem de inocência da feminilidade branca construída socialmente se baseia na produção contínua do mito machista/racista de que mulheres negras não são inocentes e nunca poderiam ser. Uma vez que sempre fomos codificadas como mulheres "maculadas" na iconografia cultural racista, nunca poderemos, como Madonna, trabalhar nossa imagem como a da mulher inocente ousando ser má. A cultura dominante sempre lê o corpo da mulher negra como um sinal de experiência sexual. Em parte, muitas mulheres negras que ficam enojadas com a ostentação que Madonna faz da experiência sexual estão enfurecidas porque a própria imagem da agência sexual que ela é capaz de projetar e afirmar com ganhos materiais tem sido o padrão usado por esta sociedade para justificar seus contínuos ataques e agressões ao corpo da mulher negra. A vasta maioria das mulheres negras nos Estados Unidos, mais preocupada em projetar imagens de respeitabilidade do que com ideias de agência sexual e transgressão, frequentemente não sente que temos a "liberdade" de agir com rebeldia em relação à sexualidade sem sermos punidas. Basta contrastar as histórias de vida de Tina Turner e de Madonna para vermos as diferentes conotações que a agência sexual "selvagem" recebe quando é afirmada por uma mulher negra. Só recentemente Turner foi capaz de assumir o controle sobre a própria vida e carreira representando-se publicamente como um ser sexualmente ativo. Durante anos, a imagem pública de uma postura sexual agressiva projetada por Turner escondia o grau de abuso e exploração sexual que ela sofria em sua vida privada. Ela também foi explorada materialmente. A carreira de Madonna não seria tudo isso se não houvesse uma Tina Turner — e, ainda assim, ao contrário de sua contemporânea Sandra Bernhard, Madonna jamais expressa a dívida cultural que tem com as mulheres negras.

Em suas mais recentes apropriações da negritude, Madonna quase sempre imita a masculinidade negra fálica. Embora eu tenha lido muitos artigos que falavam sobre como ela se apropria de códigos masculinos, nenhum crítico parece reparar em sua ênfase na experiência do homem negro. No perfil que escreveu na revista *Playboy*, "Playgirl of the Western World" [Playgirl do mundo ocidental], Michael Kelly descreve o gesto de Madonna de segurar a virilha como "uma subversão visual eloquente do orgulho fálico masculino". E comenta que ela trabalhou com o coreógrafo Vince Paterson para aperfeiçoar o gesto. Embora Kelly diga aos leitores que Madonna estava imitando Michael Jackson conscientemente, ele não contextualiza sua interpretação do gesto para incluir esse ato de apropriação da cultura negra masculina. E, naquele contexto específico, o gesto de agarrar a virilha é uma afirmação do orgulho e da dominação fálicos que geralmente acontece em contextos exclusivamente masculinos. A imitação de Madonna poderia facilmente ser lida como uma expressão de inveja.

Ao longo de várias de suas entrevistas corre uma linha de pensamento que expressa o desejo de ter o poder que ela percebe que os homens têm. Madonna pode odiar o falo, mas deseja ter o seu poder. Ela está, em primeiro lugar e principalmente, sempre rivalizando com os homens para ver quem tem o pau maior. Ela anseia por afirmar o poder fálico e, como qualquer outro grupo nesta sociedade supremacista branca, claramente vê os homens negros como personificando uma qualidade de masculinidade que escapa ao homem branco. Portanto, os homens negros são o grupo que ela mais procura imitar, insultando os homens brancos com sua própria versão da "masculinidade negra". Quando se trata de rivais no mundo do entretenimento, Madonna claramente percebe estrelas como Prince e Michael Jackson como o padrão em relação ao qual se medir — e que no fim almeja transcender.

Fascinada e ao mesmo tempo invejosa do estilo negro, Madonna se apropria da cultura negra de formas que a ridicularizam e enfraquecem, fazendo com que sua apresentação se sobressaia. Isso é muito evidente no vídeo de "Like a Prayer" [Como uma oração]. Embora eu tenha lido inúmeros artigos que discutem o quanto as pessoas se sentiram ofendidas pelo videoclipe, nenhum destacou a questão da raça. Nenhum texto chamou a atenção para o fato de que Madonna ostenta sua agência sexual sugerindo que está rompendo suas amarras de mulher branca com o patriarcado branco para estabelecer laços com os homens negros. Contudo, é ela, e não os homens negros, que faz essa escolha. A mensagem é direcionada aos homens brancos. Dá a entender que eles só rotularam os homens negros como estupradores por medo de que as mulheres brancas os preferissem como parceiros. Críticos culturais que comentaram o vídeo não pareciam nem um pouco interessados em explorar os motivos pelos quais Madonna escolheu para esse vídeo um contexto cultural negro, isto é, a igreja e a experiência religiosa negras. Claramente, foi esse contexto que aumentou a controvérsia.

Em seu comentário no *Washington Post*, "Madonna: Yuppie Goddess" [Madonna: deusa *yuppie*], Brooke Masters escreveu:

> A maioria das descrições do vídeo polêmico foca seu imaginário católico: Madonna beija um santo negro e desenvolve chagas nas mãos semelhantes às de Cristo. Entretanto, o vídeo também é um conto de fadas feminista. Bela Adormecida e Branca de Neve esperaram pela vinda de seu príncipe, Madonna encontra seu homem e o acorda.

Perceba que essa escritora ignora completamente a questão de gênero e raça. A escolha de Madonna por um príncipe negro é parte do que tornou a representação potencialmente chocante e provocativa para um público supremacista branco. Contudo, sua tentativa de explorar e transgredir tabus raciais foi pouco comentada. Em vez disso, os críticos se concentraram em discutir se ela estava ou não violando tabus em relação a religião e representação.

Nos Estados Unidos, o catolicismo geralmente é visto como uma religião que tem poucos fiéis negros, ou nenhum, e o videoclipe de Madonna certamente perpetua esse estereótipo com a justaposição de imagens de representações negras não católicas com a imagem de um santo negro. Dada a importância da experiência religiosa e da teologia da libertação na vida negra, o uso desse imaginário pareceu particularmente ofensivo. Pois ela fez personagens negros agirem com cumplicidade enquanto ostentava agressivamente sua crítica aos modos católicos, seu ataque à religião organizada. No entanto, nenhuma das vozes negras que eu conheço veio à imprensa chamar a atenção para o fato de que o domínio do sagrado que é ridicularizado nesse clipe é o da experiência religiosa negra, que essa apropriação da experiência foi ofensiva para muitas pessoas negras. Assistindo ao vídeo com um grupo de alunos numa aula sobre políticas da sexualidade em que analisamos criticamente a forma como a raça e as representações da negritude são usadas para vender produtos, debatemos a forma como as pessoas negras no videoclipe são caricaturas refletindo estereótipos. Parecem grotescas. O único papel que as mulheres negras têm nesse vídeo é "segurar" (isto é, resgatar) a "angelical" Madonna quando ela está "caindo". Isso é apenas uma releitura contemporânea da mulher negra como a mãe preta. Colocados ali para servir como um fundo de apoio para o drama de Madonna, os personagens negros de "Like a Prayer" lembram cenas dos primórdios de Hollywood que retratavam negros escravizados cantando nas plantações, ou os filmes de Shirley Temple em que Bojangles aparecia para dançar com a senhorita Shirley e apimentar sua apresentação. O público não deveria se apaixonar por Bojangles, devia apenas ver o quanto a boa e velha menina branca Shirley Temple era realmente especial. De certa forma, Madonna é a Shirley Temple dos dias de hoje. Certamente, a afinidade que ela expressa com a cultura negra aumenta o seu valor.

Empolgada para assistir ao documentário *Na Cama com Madonna* porque ele prometia focar o aspecto da sexualidade transgressora da artista, que considero interessante, fiquei enfurecida com a representação da dominação dela sobre homens não brancos (certamente não sobre Warren Beatty ou Alek Keshishian, mas sobre pessoas não brancas e mulheres brancas da classe trabalhadora). Fiquei furiosa demais com isso para apreciar outros aspectos do filme dos quais eu poderia ter gostado. Em *Na Cama com Madonna*, ela claramente revelou que só pode pensar em exercer o poder dentro de linhas supremacistas brancas, capitalistas e patriarcais bem tradicionais. Submeter ao seu desejo pessoas que dependiam dela para sua sobrevivência imediata não foi charmoso nem sedutor para mim, nem para as pessoas negras que viram o filme com quem conversei. Achamos tragicamente irônico que Madonna tenha escolhido como parceiro de dança um homem negro com os cabelos tingidos de loiro. Se ele parecesse menos um homem negro identificado com os brancos, consumido pela "ambição loira", talvez pudesse tê-la ofuscado. Em vez disso, foi posicionado como um espelho, no qual Madonna e seu público poderiam olhar e ver apenas um reflexo dela mesma e a adoração pela "branquitude" que ela corporifica — que a cultura supremacista branca quer que todos personifiquem. Madonna usou seu poder para garantir que ele e outros homens e mulheres não brancos que trabalhavam para ela, assim como alguns subordinados brancos, servissem todos como pano de fundo para seu drama de garota branca rumo ao sucesso. Brincando sobre o filme com outras pessoas negras, comentamos que Madonna deve ter pesquisado muito e longamente para encontrar uma mulher negra que não fosse uma boa dançarina, uma que não desviasse a atenção dela. E é simbólico que, quando o filme reflete diretamente algo que não seja uma imagem positiva de Madonna, a câmera destaque a raiva que essa dançarina negra estava suprimindo. Ela vem à tona quando os "subordinados" têm um momento de folga e estão "relaxando".

    Como acontece com a maioria dos vídeos de Madonna, quando os críticos falam sobre esse filme, tendem a ignorar a raça.

No entanto, nenhum espectador pode olhar para o filme e não pensar em raça e representação sem se engajar em formas de negação. Depois de escolher o elenco de personagens de grupos marginalizados — pessoas não brancas, heterossexuais e gays, e homossexuais brancos —, Madonna publicamente os descreve como "aleijados emocionais". No contexto do filme, é claro, essa descrição parece resultar da forma como permitem que ela os explore, humilhe e domine. Os fãs de Madonna que estão determinados a vê-la como politicamente progressista deveriam se perguntar por que ela endossa completamente esses estereótipos racistas/machistas/classistas que quase sempre tentam retratar grupos marginalizados como "defeituosos". Vamos encarar: ao fazer isso, Madonna não está rompendo com a supremacia branca, com o status quo patriarcal; ela o está endossando e perpetuando.

Alguns de nós não acham legal nem bonito que Madonna se vanglorie de ter um "lado fascista", um lado bem documentado no filme. Bem, não vimos nada desse fascismo bonitinho em ação quando era Warren Beatty gritando com ela no documentário. Não, ali a imagem de Madonna era a da mulherzinha que sorri e fica quieta. O que ela entende como "alguém precisa comandar as coisas" é mais expressado em suas interações com os representantes de grupos marginalizados, que geralmente são os mais injustiçados pelos poderosos. Por que existe tão pouco ou nenhum debate sobre o quanto Madonna é racista ou sexista em suas relações com outras mulheres? O público ficaria encantado se algum artista branco rico nos dissesse que deve "bancar o pai" e supervisionar as ações dos menos poderosos, especialmente as mulheres e os homens não brancos? Então por que tantas pessoas acham encantador quando Madonna declara que domina o elenco inter-racial de gays e heterossexuais do filme porque eles são aleijados e ela "gosta de bancar a mãe"? Não, isso não é uma demonstração de poder feminista, é a mesma velha bobagem fálica centrada em uma buceta branca. E muitos de nós na plateia não ficamos apenas impassíveis — ficamos extremamente ofendidos.

Talvez seja o sinal de um sentimento coletivo de falta de poder que tenha feito com que permanecessem calados muitos espectadores negros, não brancos e brancos desse filme que se sentiram perturbados pela demonstração de racismo, machismo e heteronormatividade em *Na Cama com Madonna* — sim, é possível contratar pessoas gays, apoiar projetos sobre a aids e ainda ter um preconceito direcionado pela heterossexualidade fálica patriarcal. Às vezes é difícil encontrar palavras para fazer uma crítica quando nos vemos atraídos por algum aspecto de uma performance, mas incomodados por outros, ou quando um artista demonstra mais interesse em promover causa sociais progressistas do que o habitual. Podemos ver esse artista como à prova de críticas. Ou podemos sentir que nossa crítica não irá intervir na idolatria a esse artista como um ícone cultural.

Entretanto, não falar nada é ser cúmplice das mesmas forças de dominação que fazem a "ambição loira" necessária para Madonna alcançar o sucesso. Tragicamente, tudo no trabalho de Madonna que é transgressor e potencialmente empoderador para mulheres e homens feministas pode ser enfraquecido por tudo o que ele contém de reacionário e que não é, de forma alguma, incomum ou novo. Em geral são os elementos conservadores em seu trabalho, que convergem com o status quo, os que têm maior impacto. Por exemplo: diante da homofobia galopante nesta sociedade e a concomitante obsessão voyeurística heteronormativa com estilos de vida gay, até que ponto Madonna tenta desafiar isso de forma progressista se ela insiste em principalmente representar gays como de algum modo aleijados ou defeituosos emocionalmente? Ou quando Madonna responde à crítica de que explora homens homossexuais afirmando com arrogância: "O que significa exploração? [...] Em uma revolução, algumas pessoas se machucam. Para fazer as pessoas mudarem, você precisa virar a mesa. Alguns pratos são quebrados".

Eu só posso dizer que não soa como libertação para mim. Talvez quando Madonna explorar aquelas memórias de sua infância numa família problemática da classe trabalhadora de maneira que lhe permita compreender intimamente as políticas da exploração, da dominação e da submissão, ela terá uma conexão mais profunda com a cultura negra de resistência. Se e quando esse questionamento radical acontecer, ela terá o poder para criar produções culturais novas e diferentes, trabalhos que serão realmente transgressores — atos de resistência que transformam em vez de apenas seduzir.

11.
representações da branquitude na imaginação negra

Embora nunca tenha existido um grupo oficial de pessoas negras nos Estados Unidos que se reunissem como antropólogos ou etnógrafos para estudar a branquitude, as pessoas negras, da escravidão até hoje, vêm compartilhando em conversas um conhecimento "especial" sobre a branquitude, reunido a partir de uma observação atenta das pessoas brancas. Especial porque não é um modo de conhecimento que foi totalmente registrado por escrito; seu objetivo era ajudar as pessoas negras a lidar com e sobreviver em uma sociedade supremacista branca. Durante anos, empregados domésticos negros, trabalhando em lares brancos, agindo como informantes, trouxeram conhecimento para as comunidades segregadas — detalhes, fatos e leituras psicológicas do Outro branco.

Compartilhando da mesma fascinação com a diferença que as pessoas brancas expressaram coletiva e abertamente (às vezes de forma vulgar) enquanto viajaram ao redor do mundo em busca do Outro e da Alteridade, as pessoas negras, especialmente as que viveram durante o período histórico do apartheid e da segregação racial legal, mantiveram de modo similar uma curiosidade firme e constante em relação aos "fantasmas", "os bárbaros", essas estranhas aparições que eles foram obrigados a servir.

No capítulo sobre "Selvageria" em *Xamanismo, colonialismo e o homem selvagem*, Michael Taussig nos estimula a ampliar a imaginação e o entendimento do Outro para incluir inscrições que estão "nos limites da história oficial". Nomeando seu projeto crítico, identificando a paixão que traz para a empreitada de conhecer mais profundamente *esses que não somos nós*, Taussig explica:

> Estou tentando reproduzir um modo de percepção, um jeito de enxergar através do modo de falar, delineando o mundo por meio de um diálogo que se torna vivo, provido de uma súbita força transformadora, que irrompe pelas fendas, pausas e justaposições da vida cotidiana, tal como ocorre nas cozinhas do Putumayo ou nas ruas em torno da igreja, no caso da Niña Maria. É também um modo de representar o mundo, na "fala" sinuosa da colagem das coisas [...]. Trata-se de um modo de percepção que opera nos escombros da história [...].

Eu também estou em busca dos escombros da história. Estou tirando a poeira das conversas do passado para recordar parte do que era compartilhado antigamente quando as pessoas negras tinham pouco contato íntimo com os brancos, quando éramos mais abertos a respeito da forma como associávamos a branquitude com o misterioso, o estranho, o terrível. É claro, tudo mudou. Agora muitas pessoas negras vivem "em meio aos fantasmas" e nunca se viram separadas da branquitude. Eles não conhecem essa coisa que nós chamamos de "diferença". Sistemas de dominação, imperialismo, colonialismo e racismo coagem ativamente as pessoas negras a internalizarem percepções negativas da negritude, a se auto-odiarem. Muitos de nós sucumbem a isso. No entanto, negros que imitam os brancos (adotando seus valores, discursos, modos de ser etc.) continuam a observar a branquitude com desconfiança, medo ou mesmo ódio. Esse desejo contraditório de possuir a realidade do Outro, ainda que seja uma realidade que fere e nega, é uma expressão do desejo de entender o mistério, conhecer intimamente através da imitação, como se esse conhecimento, usado como uma máscara, um amuleto, pudesse afastar o mal, o terror.

Ao pesquisar as obras de críticos pós-coloniais, encontrei muitos textos que evidenciam a fascinação contínua pela forma como as mentes brancas, especialmente o viajante colonial imperialista, percebem a negritude, e pouco interesse pela representação da branquitude na imaginação negra. Críticos sociais e culturais negros fazem alusão a tais representações, embora só uns poucos ousem explicitar as percepções da branquitude que acreditam que provocarão o desconforto ou o antagonismo dos leitores. A coletânea de ensaios de James Baldwin *Notas de um filho nativo* explora essa questão com clareza e uma franqueza que não está mais na moda em um mundo onde as evocações de pluralismo e diversidade agem para obscurecer as diferenças impostas e mantidas arbitrariamente pela dominação racista. Ao abordar a forma como a branquitude existe sem o conhecimento da negritude ao mesmo tempo que estabelece o controle, Baldwin relaciona questões de reconhecimento à prática imperialista de dominação racial. Escrevendo sobre ser a primeira pessoa negra a visitar um vilarejo suíço apenas com moradores brancos no ensaio "Um estranho na aldeia", Baldwin registra sua reação ao ritual anual do vilarejo de pintar pessoas de preto e colocá-las como escravos, para que então os moradores possam celebrar sua preocupação com a conversão das almas dos "nativos":

> Pensei em homens brancos chegando pela primeira vez a uma aldeia africana, tão estranhos lá quanto eu sou aqui, e tentei imaginar a população atônita tocando seus cabelos e maravilhados com

a cor de sua pele. Mas há uma grande diferença entre ser o primeiro homem branco a ser visto pelos africanos e ser o primeiro homem negro a ser visto por brancos. O homem branco toma o espanto como uma homenagem, pois ele vem para conquistar e converter os nativos, cuja inferioridade em relação a si próprio não é nem sequer questionada; enquanto eu, sem nenhuma intenção de conquista, me encontro em meio a um povo cuja cultura me controla e que, em certo sentido, me criou, pessoas que me impuseram mais angústia e raiva do que elas jamais poderão imaginar, mas que no entanto nem sabem de minha existência. O espanto com que eu poderia tê-las recebido, se tivessem surgido na minha aldeia africana alguns séculos atrás, talvez alegrasse seus corações. Mas o espanto com que me recebem hoje só pode ter o efeito de envenenar o meu.

Meu pensamento sobre representações da branquitude na imaginação negra foi estimulado pelas discussões em sala de aula acerca da forma como a falta de reconhecimento é uma estratégia que facilita transformar um grupo em Outro. Nessas salas de aula aconteceram debates acalorados entre estudantes quando os alunos brancos responderam com descrença, choque e raiva enquanto ouviam os estudantes negros falarem de branquitude, quando foram obrigados a escutar sobre observações, estereótipos etc. que são apresentados como "informação" reunida a partir de investigação e estudos cuidadosos. Geralmente, alunos brancos reagem com uma incredulidade ingênua quando pessoas negras avaliam criticamente pessoas brancas de um ponto de vista a partir do qual "ser branco" é um símbolo de privilégio. Sua surpresa pelas pessoas negras observarem as brancas com um olhar etnográfico crítico é, em si, uma expressão de racismo.

Com frequência a raiva deles vem à tona porque acreditam que todas as formas de olhar que destacam a diferença subvertem a crença liberal em uma subjetividade universal (nós somos todos apenas pessoas) que eles pensam que fará o racismo desaparecer. Eles têm um investimento emocional profundo no mito da "homogeneidade", mesmo quando suas ações refletem o poderio da branquitude como um elemento que influencia quem são e como pensam. Muitos deles ficam chocados ao ver que pessoas negras pensam criticamente a respeito da branquitude porque o pensamento racista perpetua a fantasia de que o Outro que é subjugado, que é sub-humano, não tem a habilidade de compreender, de entender, de ver os feitos dos poderosos. Embora a maioria desses estudantes se considere politicamente liberal e antirracista, eles também aderem inconscientemente à ideia da branquitude como um mistério.

Numa sociedade supremacista branca, as pessoas brancas podem imaginar "seguramente" que são invisíveis para as pessoas negras, uma vez que o poder que garantiram historicamente — e que até hoje estabelecem coletivamente sobre as pessoas negras — concedeu-lhes o direito de controlar o olhar negro. Por mais fantástico que possa parecer, pessoas brancas racistas acham fácil imaginar que as pessoas negras não podem vê-las se, dentro de seu desejo, não querem ser vistos pelo Outro de pele escura. Uma marca da opressão era as pessoas negras serem obrigadas a assumir um manto de invisibilidade, a apagar todos os traços de sua subjetividade durante a escravidão e ao longo dos anos de apartheid racial, para assim serem servos melhores, menos ameaçadores. Uma estratégia efetiva do terror e desumanização da supremacia branca durante a escravidão estava centrada no controle branco sobre o olhar negro. Negros escravizados, depois servos libertos, podiam ser punidos brutalmente por olhar, por parecer observar os brancos enquanto estavam lhes servindo, pois apenas um sujeito pode observar, ou ver. Para ser totalmente um objeto, era preciso não ter a capacidade de ver ou reconhecer a realidade. Essas relações de olhar foram reforçadas conforme os brancos cultivaram a prática de negar a subjetividade dos negros (para melhor desumanizar e oprimir), relegando-os ao domínio do invisível. Criada em um lar no Kentucky onde servos negros viviam na mesma moradia que a família branca que os empregava, Sallie Bingham, herdeira de um jornal, recorda em sua autobiografia *Passion and Prejudice* [Paixão e preconceito]: "Os negros, eu percebi, eram simplesmente invisíveis para a maioria das pessoas brancas, exceto como um par de mãos oferecendo uma bandeja de prata ou uma bebida". Reduzidas ao maquinário corporal do trabalho braçal, pessoas negras aprenderam a aparecer diante dos brancos como se fossem zumbis, cultivando o hábito de voltar seu olhar para baixo, para não parecerem tão presunçosos. Olhar diretamente era uma afirmação de subjetividade, igualdade. A segurança residia numa falsa invisibilidade.

Embora a segregação racial não seja mais lei nos Estados Unidos, os hábitos que sustentaram e mantiveram a supremacia branca institucional permanecem. Uma vez que a maior parte dos brancos não tem que "ver" pessoas negras (aparecendo constantemente em outdoors, televisão, filmes, revistas etc.), eles nunca precisam ficar na defensiva nem vigiar as pessoas negras para estar seguros: podem viver enquanto as pessoas negras são invisíveis, e podem imaginar que também são invisíveis para os negros. Algumas pessoas brancas podem até imaginar que não existe representação da branquitude na imaginação negra, especialmente uma que seja baseada na observação concreta ou na conjectura mítica. Pensam que são vistas pelas pessoas negras apenas como querem parecer. Ideologicamente, a retórica da supremacia branca apresenta uma fantasia da branquitude. No ensaio "White" [Branco], Richard Dyer descreve essa fantasia que torna a branquitude sinônimo de bondade:

> O poder na sociedade contemporânea habitualmente se disfarça como a personificação do normal em oposição ao superior. Isso é comum a todas as formas de poder, mas funciona de maneira especialmente sedutora com a branquitude, devido à maneira como ela parece enraizada, no pensamento do senso comum, em outras coisas que não a diferença étnica. [...] É dito (mesmo em livros de teoria liberais) que existem associações inevitáveis do branco com a luz e, portanto, com a segurança, e do negro com o escuro e, por isso, com o perigo, e que isso explica o racismo (enquanto na verdade podemos argumentar sobre a segurança de estar envolto pela escuridão, e o perigo de estar exposto à luz); mais uma vez, com mais justiça, as pessoas apontam para o uso que o judaísmo e o cristianismo fazem do branco e do preto para simbolizar o bem e o mal, como ainda é transmitido por expressões como "lista negra", "magia branca", "denegrir a reputação" e por aí vai. Socializadas para acreditar na fantasia de que a branquitude representa a bondade e tudo de benigno e não ameaçador, muitas pessoas brancas supõem que as pessoas negras conceituam a branquitude dessa maneira. Não imaginam que a forma como a branquitude fez sua presença ser sentida na vida negra — com muita frequência como uma imposição aterrorizante, um poder que fere, magoa, tortura — é uma realidade que rompe com a fantasia da branquitude como representação da bondade.

Coletivamente, pessoas negras se mantêm bastante silenciosas a respeito da representação da branquitude na imaginação negra. Como antigamente, na época da segregação racial, quando os negros aprenderam a "usar a máscara", muitos de nós fingimos estar confortáveis diante da branquitude apenas para virar as costas e dar vazão a manifestações de graus intensos de desconforto. Fala-se especialmente da representação da branquitude como aterrorizante. Sem evocar uma dicotomia "nós e eles" simplista e essencialista — que sugere que as pessoas negras apenas invertem interpretações racistas estereotipadas, então o negro se torna sinônimo de bondade e o branco de maldade —, quero focar a representação da branquitude que não é formada como reação a estereótipos, mas que surge como uma resposta à dor traumática e à angústia que permanecem como consequência da dominação branca racista, um estado físico que influencia e molda como as pessoas negras "veem" a branquitude. Estereótipos que os negros mantêm sobre os brancos não são as únicas representações da branquitude na imaginação negra. Surgem principalmente como reações aos estereótipos que os brancos têm dos negros. Lorraine Hansberry argumenta que os estereótipos que os negros têm dos brancos surgem como um processo de desdobramento dos estereótipos brancos a respeito da negritude, onde há a projeção no Outro de tudo o que negamos em nós mesmos. Em *To Be Young, Gifted and Black* [Ser jovem, talentoso e negro], ela identifica estereótipos específicos sobre pessoas brancas que são mencionados comumente nas comunidades negras e nos convoca a não "celebrar essa loucura em nenhum dos sentidos":

> Não é "sabido" no gueto que as pessoas brancas, de modo coletivo, são "sujas" (especialmente as mulheres brancas — que nunca pare-

cem fazer sua própria faxina); intrinsecamente "cruéis" (as raízes frias e cruéis da Europa; quem mais poria todas aquelas pessoas em fornos de forma *científica*?); "inteligentes" (você realmente precisa reconhecer isso sobre os f.d.p.), e qualquer outra coisa que *não* frios e indiferentes (porque olhem quem teve que viver com pouco mais que suas paixões disfarçadas de amor e ódio todos esses séculos)? E por aí vai.

Embora sejam imprecisos, estereótipos são uma forma de representação. Como as ficções, são criados para servir como substitutos, postos no lugar da realidade. Não estão lá para dizer como as coisas são, mas para estimular e encorajar o fingimento. São fantasias, projeções sobre o Outro para torná-lo menos ameaçador. Estereótipos sobram quando existe distância. São uma invenção, um fingimento de que se sabe quando os passos que levariam ao verdadeiro conhecimento possivelmente não podem ser dados ou não são permitidos.

Olhando além dos estereótipos para refletir sobre as várias representações da branquitude na imaginação negra, apelo para a memória, para as minhas primeiras lembranças das formas como essas questões eram levantadas na vida negra. Voltando a recordações de ter crescido em circunstâncias criadas pelo apartheid racial, em espaços apenas para negros nos limites das cidades, reabito um local onde as pessoas negras associavam os brancos com o terrível, o aterrorizante. Pessoas brancas eram vistas como terroristas, especialmente aquelas que ousavam entrar nos espaços segregados dos negros. Quando eu era criança, não conhecia nenhuma pessoa branca. Eles eram estranhos, raramente vistos em nossos bairros. Os homens brancos "oficiais" que cruzavam a linha do trem vinham nos vender produtos, Bíblias e seguros. Eles aterrorizavam pela exploração econômica. O que me causava medo nos olhares daqueles homens brancos que cruzavam nossos limites? O que deixava uma criança negra incapaz de falar? Teriam eles alguma compreensão do quanto sua brancura parecia estranha em nossas salas de estar, do quanto era ameaçadora? Atravessariam eles a linha do trem numa jornada com o mesmo espírito "aventureiro" que outros homens brancos levaram para a África e a Ásia, para aqueles lugares misteriosos que um dia chamariam de "terceiro mundo"? Viriam eles à nossa casa para encontrar o Outro cara a cara e reencenar o papel do colonizador, nos dominar em nosso próprio território?

A presença deles me aterrorizava. Qualquer que fosse sua missão, pareciam muito com homens brancos não oficiais que vinham para realizar rituais de terror e tortura. Quando era criança, eu não sabia como diferenciá-los, como pedir às "pessoas brancas de verdade, por favor, fiquem de pé". O terror que eu sentia era algo que as pessoas negras compartilhavam. Brancos aprendem sobre isso de segunda mão. Em *Soul Sister* [Irmã de alma], Grace Halsell confessa que também começou a sentir esse terror depois de transformar sua pele para parecer "negra" e se mudar para o sul, e descreve a mudança em sua noção de branquitude:

> Surpreendida por esse clima de ódio, estou completamente tomada pelo terror, e procuro reconhecer em minha mente o motivo pelo qual estou cheia de medo do meu próprio povo. Ainda que não pareçam mais o meu povo, mas, em vez disso, o "inimigo" pronto para a batalha contra mim, em multidões, em algum território hostil. [...] Meu batimento cardíaco aceleradamente selvagem é uma espécie de terror de segunda mão. Eu sei que é impossível experimentar o que *eles*, as pessoas negras, experimentam.

Pessoas negras criadas no norte não escapam dessa sensação de terror. Em sua autobiografia, *Every Good-Bye Ain't Gone*, Itabari Njeri começa a narrativa de sua infância no norte com uma memória de raízes sulistas. Ao viajar para o sul depois de adulta para investigar o assassinato de seu avô por um branco que estava fazendo um racha e o atropelou na rua, Njeri recorda que, por muitos anos, "a violência distante e acidental que tirou a vida do meu avô não podia competir com o terror psicológico que começou a tomar conta de mim". No final, ela começa a relacionar aquele terror com a história das pessoas negras nos Estados Unidos, vendo-o como uma marca transmitida do passado para o presente:

> Conforme me tornei mais velha, meu avô assumiu proporções míticas em minha imaginação. Mesmo na ausência, ele enchia meu quarto com música e me vigiava quando eu estava com medo. Sua presença fantasiosa afastava os pensamentos dos ataques de raiva do meu pai bêbado. Com a idade, a fantasia passou, a imagem do meu avô se desvaneceu. O que permaneceu foi a lembrança do seu carinho, a dor de algo fazendo falta em minha vida, arrancada por jovens brancos inconsequentes. Eu tinha uma sensação crescente — o início de uma compreensão inevitável — de que a sociedade reserva aos negros uma quantidade desproporcional de dor e negação.

A jornada de Njeri a conduz através da dor e do terror do passado, mas as memórias não enfraquecem. Elas permanecem, assim como a dor e a amargura: "Contra um pano de fundo de perda pessoal, contra a evidência da história que me enche de conhecimento sobre o comportamento odioso dos brancos em relação aos negros, eu observo as pessoas de Bainbridge — e não posso confiar nelas. Não posso absolvê-las". Se é possível superar o terror por meio de um ritual de reconstituição, é isso o que faz Njeri. Ela volta até a cena do crime e ousa confrontar o inimigo. É esse confronto que faz o terror da história perder força.

Nomear o que a branquitude representa na imaginação negra é geralmente falar de terror. É preciso encarar histórias escritas que apagam e negam, que reinventam o passado para tornar a visão atual da harmonia racial e pluralismo mais plausível. Para carregar o fardo da memória, uma pessoa deve estar disposta a empreender uma jornada a lugares há muito inabitados, procurando nos escombros da história, por traços do inesquecível, todo o conhecimento que foi suprimido. Njeri lamenta que "ninguém realmente nos conhece". Ela escreve: "A ignorância institucionalizada de nossa história, nossa cultura, nossa existência diária é tanta que, geralmente, nós mesmos não nos conhecemos". Teorizando a experiência negra, buscamos revelar o encoberto, restaurar assim como desconstruir, para que novos caminhos, diferentes jornadas, sejam possíveis. De fato, em "Traveling Theory", Edward Said discute que a teoria pode "ameaçar a alteração dos fatos, e todo o sistema burguês do qual depende a coisificação, com a destruição". A necessidade de teorizar a experiência negra é desafiada constantemente e subvertida por vozes conservadoras que relutam mover-se de suas posições fixas. Said nos recorda:

> A teoria [...] é conquistada como resultado de um processo que começa quando a consciência primeiro experimenta sua própria terrível calcificação na coisificação geral de todas as coisas sob o capitalismo; então, quando a consciência generaliza (ou classifica) a si mesma como algo oposto a outros objetos, e sente sua própria contradição (ou crise) em relação à objetificação, emerge uma consciên-

cia de mudança no status quo; finalmente, se encaminhando para a liberdade e a realização, a consciência se direciona para a autorrealização completa, que é, claro, o processo revolucionário em curso ao longo do tempo, perceptível agora apenas como teoria ou projeção.

Viajando rumo ao passado, Njeri junta os fragmentos. Quem ela vê ao encarar o rosto do homem sulista que diziam ser o assassino? O terror no rosto dele espelha o do homem negro desavisado cuja morte não teve nome ou registro na história? Baldwin escreveu que "pessoas estão presas na história e a história está presa nelas". Existe apenas a fantasia de escapar, ou a promessa de que o que foi perdido será encontrado, redescoberto e devolvido. Para pessoas negras, reconstruir uma arqueologia de memórias possibilita o regresso, a jornada para um lugar que nunca podemos chamar de lar mesmo que o reabitemos para dar sentido às locações presentes. Tal jornada não pode ser incluída numa ideia convencional de viagem.

A partir do ensaio de Said, James Clifford celebra a ideia de realizar jornadas em "Notes on Travel and Theory" [Observações sobre teoria e viagem], e afirma:

> Esse sentimento de movimento mundano, "mapeado", é também por que talvez valha a pena se apegar ao termo "viagem", apesar de suas conotações de jornada "literária" ou recreativa de classe média, práticas especiais há muito associadas a experiências e virtudes masculinas. "Viajar" sugere, no mínimo, uma atividade profana, seguindo rotas públicas e trilhas gastas. Como diferentes populações, gêneros e classes viajam? Que tipos de conhecimentos, histórias e teorias produzem? Uma agenda crucial de pesquisa se revela.

Lendo esse ensaio e ouvindo Clifford falar sobre teoria e viagem, apreciei seus esforços de expandir a fronteira entre ambos para que possa ser mais inclusiva, mesmo que eu considere que responder às questões que ele propõe seja descontruir a ideia convencional de viagem, e colocar ao seu lado, ou em seu lugar, uma teoria da jornada que exponha até que ponto nos apegarmos ao conceito de "viagem" como o conhecemos também é uma forma de nos apegarmos ao imperialismo.

Para alguns indivíduos, apegar-se à ideia convencional de viagem permite que se mantenham fascinados com o imperialismo, que escrevam sobre isso, evocando sedutoramente o que Renato Rosaldo, em *Culture and Truth* [Cultura e verdade], chama habilmente de "nostalgia imperialista". Não por acaso, ele recorda aos leitores que "mesmo o público estadunidense politicamente progressista apreciou a elegância dos modos de governar relações de dominância e subordinação entre as 'raças'". Teorias de viagem produzidas fora dos limites convencionais podem querer que a Jornada se torne o roteiro em que o ato de viajar (como um ponto de partida para o discurso) é associado com diferentes destinos: ritos de passagem, imigração, mudança, migração forçada, escravidão, falta de um teto. Viajar não é uma palavra que pode ser evocada facilmente para falar da travessia do Atlântico em navios negreiros, da Trilha das Lágrimas,[17] do desembarque de imigrantes chineses, das mudanças forçadas dos nipo-estadunidenses ou das condições terríveis dos sem-teto. Teorizar diversas jornadas é crucial para entender qualquer política de lugar. Como Clifford afirma no final de seu ensaio:

---

17. A Trilha das Lágrimas ou Caminho das Lágrimas foi o nome dado às migrações forçadas impostas pelo governo dos Estados Unidos a diversos grupos indígenas nos anos 1830. [N.E.]

A teoria é sempre escrita a partir de um "onde", e esse "onde" é menos um lugar do que itinerários: histórias diferentes, concretas, de assentamento, imigração, exílio, migração. Isso inclui a migração de intelectuais do terceiro mundo para universidades metropolitanas, de passagem ou permanentemente, transformados por sua viagem, mas marcados pelos lugares de origem, por alianças e alienações peculiares.

Ouvindo Clifford evocar a ideia de viagem de um "jeito brincalhão", senti que tal evocação sempre dificultaria a existência de um reconhecimento de que a experiência de viajar não está ligada à diversão; é um encontro com o terrorismo. E é crucial reconhecermos que a hegemonia de uma experiência de viagem pode impossibilitar a articulação de outra experiência, ou que ela seja ouvida. A partir de determinados pontos de vista, viajar é se deparar com a força aterrorizante da supremacia branca. Para contar minhas histórias "de viagem", devo mencionar o movimento que fiz: de uma comunidade racialmente segregada no sul, de origens batistas e rurais, para uma universidade prestigiada com um ambiente branco. Preciso ser capaz de falar de como foi deixar a Itália depois de dar uma palestra sobre racismo e feminismo, organizada pelo parlamento, para depois ser mantida durante horas num interrogatório por oficiais brancos que não tinham que me responder quando eu questionava por que me faziam perguntas diferentes das que faziam para as pessoas brancas na minha frente. Pensando apenas que tinha que enfrentar esse interrogatório público, as pessoas ao redor me encarando, só porque a minha pele é negra, fiquei assustada quando me perguntaram se eu falo árabe, quando me disseram que mulheres como eu recebem presentes de homens sem sequer saber o que esses presentes são. Recordando de outra vez quando fui revistada por oficiais franceses, que paravam pessoas negras para se certificar de que não eram imigrantes ilegais ou terroristas, penso que uma fantasia da branquitude é a de que o Outro ameaçador é sempre um terrorista. Essa projeção possibilita a muitas pessoas brancas imaginarem que não existe representação da branquitude como terror, como aterrorizante. No entanto, essa é a representação da branquitude na imaginação negra, aprendida primeiro nos limites estreitos de uma comunidade pobre, negra e rural, e que é reforçada nas minhas viagens a diversos lugares.

Para viajar, devo sempre me mover em meio ao medo, confrontar o terror. Ajuda ser capaz de relacionar essa experiência individual à jornada coletiva do povo negro, à travessia do Atlântico, às migrações em massa das pessoas negras do sul para o norte dos Estados Unidos no início do século XX. Michel Foucault coloca a memória como um lugar de resistência. Na introdução de *Postmodernism and Politics* [Pós-modernismo e política], Jonathan Arac aponta que o processo de lembrar pode ser uma prática que "transforma a história de um julgamento do passado em nome de uma verdade no presente a uma 'contramemória' que combate nossas formas atuais de verdade e justiça, ajudando-nos a entender e alterar o presente ao situá-lo em uma nova relação com o passado". É útil, ao teorizar a experiência negra, examinar a forma como o conceito de "terror" está relacionado a representações de branquitude.

Na infância, diante da ausência de uma branquitude real, aprendi que para estar "segura" era importante reconhecer o poder dos brancos, até mesmo temê-los e evitar encontrá-los. Não havia nada de aterrorizante em compartilhar esse conhecimento de estratégias de sobrevivência; o terror se tornava real apenas quando eu ia da parte negra da cidade para uma área predominantemente branca perto da casa da minha avó. Eu tinha que passar por essa região para chegar à casa dela. Descrevendo essas jornadas de "atravessar a cidade" no ensaio "Homeplace: A site of Resistance" [Lar: um lugar de resistência], eu recordo:

> Era um movimento que me afastava da negritude segregada de nossa comunidade em direção a uma comunidade branca pobre. Eu me lembro do temor, de ter medo de andar até a Baba, a casa de nossa avó, porque teríamos que passar por aqueles brancos assustadores — aqueles rostos claros nas varandas nos encarando com ódio. Até mesmo as varandas vazias pareciam dizer *perigo*, você não pertence a este lugar, não está segura.

Oh, aquele sentimento de segurança, de chegada, de volta ao lar quando finalmente alcançávamos os limites do quintal dela, quando podíamos ver o rosto negro sujo de fuligem de nosso avô, Papai Gus, sentado em sua cadeira na varanda, sentir o cheiro de seu charuto, descansar no seu colo! Tal contraste, aquele sentimento de chegada, de volta ao lar — essa doçura e a amargura da viagem, aquele lembrete constante do poder e do controle dos brancos. Ainda que eu viva e me mova em espaços onde estou cercada pela branquitude, não há conforto que faça o terrorismo desaparecer. Todas as pessoas negras nos Estados Unidos, independentemente de seu status de classe ou inclinação política, convivem com a possibilidade de serem aterrorizadas pela branquitude.

Esse terror é descrito mais vividamente por autores negros em obras de ficção, particularmente no romance *Amada*, de Toni Morrison. Baby Suggs, a profetisa negra, que é quem mais se expressa sobre representações da branquitude, morre porque sofre de uma falta de cor. Cercada por uma ausência, um espaço vazio, ocupado pela branquitude, ela se recorda: "Aquelas coisas brancas tiraram tudo o que eu tinha ou sonhava, e quebraram as cordas do meu coração também. Não existe má sorte no mundo sem gente branca". Se a máscara da branquitude, o fingimento, representa-se sempre como benigna, benevolente, então o que essa representação encobre é a imagem do perigo, a sensação de ameaça. Durante o período de segregação racial, ainda conhecido por muitas pessoas como Jim Crow, era mais difícil para as pessoas negras internalizarem essa farsa, era difícil que não soubéssemos que as formas vestidas com lençóis brancos tinham a missão de ameaçar, aterrorizar. Aquela representação da branquitude, e sua associação com a inocência, que cercou e assassinou Emmett Till, era um sinal, feito para torturar com o lembrete de um terror futuro possível. No romance de Morrison, *Amada*, a memória do terror está inscrita tão profundamente no corpo e na consciência de Sethe, e a associação entre o terror e a branquitude é tão intensa, que ela mata a sua caçula para que ela nunca conheça o terror. Explicando seus atos para Paul D., ela diz que é sua obrigação "fazer eles ficarem longe daquilo que sei que é terrível". É claro que a tentativa de Sethe de acabar com a angústia histórica das pessoas negras apenas a reproduz de forma diferente. Ela domina o terror reencenando-o de modo perverso, por meio de resistência, usando a violência como meio para escapar de uma história que é um fardo pesado demais para ser carregado.

    Contar as nossas histórias é o que possibilita a autorrecuperação política. Na sociedade contemporânea, pessoas brancas e negras acreditam, de forma semelhante, que o racismo não existe mais. Esse apagamento, embora mítico, dispersa a representação da branquitude na imaginação negra como aterrorizante. Isso possibilita a assimilação e o esquecimento. A ansiedade com que a sociedade contemporânea descarta o racismo, substituindo o reconhecimento dele por evocações de pluralismo e diversidade que mascaram ainda mais a realidade, é uma reação ao terror. Isso também se tornou uma forma de perpetuar o terror concedendo-lhe um disfarce, um esconderijo. Pessoas negras ainda sentem o terror, ainda o associam à branquitude, mas raramente são capazes de articular as várias formas como somos aterrorizados porque é fácil silenciar diante de acusações de racismo reverso ou de insinuações de que as pessoas negras que falam sobre como se sentem aterrorizadas pelos brancos estão simplesmente evocando a vitimização para exigir tratamento especial.

Fui lembrada do modo como o discurso sobre raça tem se tornado cada vez mais apartado de qualquer reconhecimento das políticas do racismo quando participei de uma conferência de estudos culturais. Compareci à conferência porque estava confiante de que estaria acompanhada de pessoas com ideias afins, intelectuais progressistas, "conscientes", e fiquei perturbada quando os arranjos da hierarquia supremacista branca foram espelhados tanto em termos de quem falava, em como os corpos estavam posicionados no palco, quanto por quem estava na plateia. Tudo isso revelava as premissas subjacentes de quais vozes eram valorizadas para falar e serem ouvidas. Conforme a conferência prosseguia, comecei a sentir medo. Se essas pessoas progressistas, em sua maioria brancas, podiam reproduzir cegamente uma versão do status quo sem "perceber", pensar em como a política racial seria encenada "fora" dessa arena provocava horror. Aquele sentimento de terror que conheci tão intimamente na minha infância veio à tona. Sem sequer considerar se o público seria capaz de se afastar de um ponto de vista dominante e ouvir outra perspectiva, falei abertamente sobre essa sensação de terror. Mais tarde, ouvi relatos de mulheres brancas fazendo piada sobre o quanto era ridículo que eu (aos olhos delas, eu deveria representar a mulher negra durona e "má") falasse sobre me sentir aterrorizada. Sua inabilidade de conceber que o meu terror, como o de Sethe, era uma resposta ao legado da dominação branca e às expressões contemporâneas da supremacia branca é uma indicação de como essa cultura realmente entende pouco sobre o impacto psicológico profundo da dominação branca racista.

Nessa mesma conferência, eu me aproximei de uma mulher negra progressista e de seu companheiro, um homem branco. Assim como eu, eles estavam incomodados com o modo como as pessoas decidiram ignorar a forma como a supremacia branca influenciava a estrutura da conferência. Conversando com a mulher negra, perguntei a ela: "O que você faz quando está cansada de confrontar o racismo branco, cansada de atos diários casuais de terrorismo racial? Quero dizer, como você lida com voltar para casa e viver com uma pessoa branca?". Rindo, ela respondeu: "Ah, você quer dizer quando estou sofrendo de Síndrome de Fadiga de Gente Branca? Ele sente isso mais do que eu". Depois de darmos risada, falamos sobre a forma como as pessoas brancas que se mudam de um lugar para outro, como é o caso do companheiro dela, começam a ver o mundo de forma diferente. Entendendo como o racismo funciona, ele pode ver a forma como a branquitude age para aterrorizar sem ver a si mesmo como mau, ou ver todos os brancos como maus e todos os negros como bons. Repudiar as dicotomias entre "nós e eles" não significa que não deveríamos falar das maneiras pelas quais ver o mundo do ponto de vista da "branquitude" pode, de fato, distorcer a percepção, impedir o entendimento do modo como o racismo funciona no mundo como um todo e nas nossas interações íntimas.

Em *The Post-Colonial Critic* [A crítica pós-colonial], Gayatri Spivak incita uma mudança de posições, esclarecendo as possibilidades radicais que emergem quando o posicionamento é problematizado. Ela explica que "o que estamos pedindo é para que os discursos hegemônicos, e os portadores dos discursos hegemônicos, tornem suas posições não hegemônicas e aprendam a ocupar a posição de sujeito do outro". Em geral, esse processo de reposicionamento tem o poder de descontruir práticas racistas e tornar possível a desassociação da branquitude com o terror na imaginação negra. Como intervenção crítica, isso permite o reconhecimento de que o pensamento branco progressista que é antirracista pode ser capaz de compreender a forma como suas práticas culturais reforçam a supremacia branca sem promover uma culpa paralisante ou negação. Sem a capacidade de inspirar terror, a branquitude não significa mais o direito de dominar. Torna-se verdadeiramente uma ausência benevolente. Baldwin encerra seu ensaio "Um estranho na aldeia" com a declaração: "Este mundo não é mais branco, e nunca mais voltará a ser". Ao analisar criticamente a associação da branquitude como terror na imaginação negra, desconstruindo-a, nomeamos o impacto do racismo e ajudamos a romper com o seu domínio. Descolonizamos nossa mente e nossas imaginações.

12.
"renegados" revolucionários: americanos nativos, afro-americanos e indígenas negros

Somos impelidos por nossas origens assim como por nosso destino neste país a buscar alguma comunicação real com vocês, nossos ancestrais mais antigos nesta terra, os indígenas, americanos nativos, o povo. [...] vocês são únicos entre nós, em parte por causa de milênios de ocupação aqui, do poder de suas lições em palavras e ações, da sabedoria antiga que auxilia em nossa própria busca, e por causa de sua verdade que nos lembra de que "nosso primeiro professor é nosso próprio coração". [...] Nós ousamos buscar o perdão de vocês, de nós mesmos, pela ganância e a loucura que levou (e ainda leva) à nossa participação na aniquilação e no aprisionamento de seus ancestrais, de nossos ancestrais [...] cujos nomes agora são lembrados apenas pelos ventos (mas essa é uma recordação poderosa). [...] Vocês estão em nossos corações. Fazemos uma pausa para lhes agradecer, para nos unir a vocês em esperança e solidariedade. Prometemos ficar ao seu lado em sua busca contínua por justiça. Enquanto reconstruímos esta nação, enquanto tentamos recomeçar, precisamos de vocês [...] para serem professores e buscar visões junto conosco.

— Vincent Harding,
Hope and History [Esperança e história]

Os africanos que vieram antes de Colombo para estas Américas que agora nós chamamos de lar não vieram como estranhos. De acordo com o historiador Ivan Van Sertima em *They Came Before Columbus* [Eles vieram antes de Colombo], esses africanos trouxeram consigo formas de conhecimento similares às dos americanos nativos — a reverência pela natureza, pela vida, pelos ancestrais. Encarando suas diferenças, africanos e indígenas comunicaram ansiosamente o que tinham de compartilhável, em comum, familiar. Ter hábitos semelhantes de ser, formas de viver neste mundo, era um modo de estabelecer parentesco, não relações de sangue, mas laços de afinidade — duradouros e sustentáveis. Lembremos das palavras atribuídas ao líder chinook Chefe Seattle negando ter aspectos em comum com os brancos: "Somos duas raças distintas com origens e destinos separados. Há pouco em comum entre nós". Mesmo antes dos africanos fazerem a jornada para o "novo mundo", seu destino estava ligado ao dos indígenas. Negros e índios compartilhavam costumes. Não só porque, como escreveu José Martí, "o mesmo disparo que paralisa o índio nos aleija", mas porque entendimentos ontológicos semelhantes a respeito do mundo uniam os dois grupos. Sempre conscientes de que o reconhecimento dos ancestrais era vital para o sustento da cultura e da comunidade, africanos e índios no "novo mundo" compartilharam sistemas de crenças.

Antigamente, indígenas, africanos e afro-americanos acreditavam que os mortos permaneciam entre nós, para que não os esquecêssemos. Explicando aos brancos seu entendimento diferente sobre os mortos por volta de 1853, o Chefe Seattle apresentou a seguinte visão:

> Para nós, as cinzas de nossos ancestrais são sagradas e seu local de descanso é solo consagrado. Vocês vagam longe dos túmulos de

seus ancestrais e parecem não se arrepender disso. Sua religião foi escrita em tábuas de pedra pelo dedo de metal do seu Deus para que vocês não pudessem esquecer. O Homem Vermelho nunca poderia compreender nem se lembrar disso. Nossa religião são as tradições de nossos ancestrais — os sonhos de nossos anciãos, concedidos a eles nas horas solenes da noite pelo Grande Espírito; e as visões de nossos pajés; e está escrita nos corações de nosso povo. Seus mortos deixam de amar vocês e suas terras natais assim que eles passam pelos portais das sepulturas e vagam além das estrelas. Logo são esquecidos e nunca regressam. Nossos mortos nunca se esquecem do belo mundo que permitiu que existissem.

Os mortos nos conclamam a lembrar. Alguns de nós não abandonaram esses ensinamentos. Ouvimos a voz de nosso passado africano insistindo para que nos lembremos que "um povo sem ancestrais é como uma árvore sem raízes". Vamos nos lembrar, então, que no início desse encontro indígenas e africanos eram diferentes, mas Um, parte da mesma família neste mundo. Nós sabemos disso.

Os africanos que se aventuraram para o "novo mundo" antes de Colombo reconheceram seu destino comum com os povos nativos que lhe deram abrigo e um lugar para descansar. Não vieram para comandar, tomar, dominar ou colonizar. Não ansiavam por cortar seus laços com a memória; não haviam esquecido seus ancestrais. Esses exploradores africanos voltaram para casa pacificamente depois de um tempo de comunhão com os americanos nativos. Ao contrário da insistência colonial imperialista branca de que era "natural" para grupos diferentes entrar em conflito e disputas de poder, os primeiros encontros entre africanos e indígenas oferecem uma perspectiva contrária, uma visão de contato entre culturas onde a reciprocidade e o reconhecimento da primazia da comunidade são afirmados, onde o desejo de dominar e conquistar não era visto como a única maneira de confrontar o Outro que não somos nós. Essa mesma generosidade de espírito foi mencionada posteriormente com relação ao contato entre pessoas negras livres ou escravizadas e os indígenas. Explicando a forma como esse senso de comunidade moldou as relações entre negros escravizados e indígenas no ensaio "The Caribbean Writers and Exile" [Escritores caribenhos e exílio], Jan Carew escreve:

> Quando o africano chegou ao Novo Mundo, ele sabia que o colonizador que o trouxe para cá era um usurpador que tinha tomado a terra dos índios, profanado as sepulturas e os altares de seus ancestrais, e enviado inúmeros daqueles que tinham lhes recebido para a Floresta da Noite Longa. Era claro para o escravo vindo da África que, para escapar da terrível punição que era certa por fugir de seus senhores, tinha que fazer as pazes com os vivos e os mortos desta nova terra. [...] O africano tinha que recriar sua visão de si mesmo no universo, que com frequência era de ser violentamente desarraigado [...] ver a si mesmo apenas pelos olhos do senhor e até mesmo parecer cúmplice de suas ações odiosas o deixaria com uma herança permanente de auto-ódio, autoimagens distorcidas e culpa. Para reconstruir seu sistema ontológico, o africano era obrigado pela lógica de seu próprio passado cultural a estabelecer relações com seus anfitriões índios, independentes do homem branco.

Em consonância com o espírito do reconhecimento ancestral, a memória da comunhão anterior entre africanos e americanos nativos estabeleceu os fundamentos para uma interação baseada no respeito mútuo e na reciprocidade. Embora Carew enfatize apenas as relações entre homens em seu texto, mulheres africanas e indígenas eram, é claro, agentes ativas no esforço para estabelecer e manter a afinidades entre os dois grupos.

Com o tempo, as construções supremacistas brancas da história apagaram efetivamente da memória cultural pública o reconhecimento da solidariedade e comunhão entre indígenas, africanos e afro-americanos. Ainda que livros como *Black Africans and Native Americans* [Negros africanos e nativos americanos], de Jack Forbes, e *Black Indians* [Índios negros], de William Katz, documentem as interações entre os dois grupos, eles não enfatizam a sensibilidade e as visões compartilhadas. Contudo, esse é o laço que os conectava mais intimamente. A sensibilidade em comum possibilitava outros laços mais pragmáticos: o casamento, a luta conjunta contra inimigos brancos, o compartilhamento de conhecimentos médicos etc. Quando os exércitos brancos tentaram destruir a nação seminole, descobriram que os negros e os indígenas "se identificavam em interesses e sentimentos", e que os líderes negros traçaram estratégias para seus companheiros índios e influenciaram nas tomadas de decisão. Como Katz registra em *Black Indians*, afro-americanos que viveram entre povos nativos, quando tinham opção, preferiam ficar nessas comunidades. Katz relata que um grupo de cherokee negros, exigindo direitos iguais em 1879, declarou sua solidariedade irredutível e seu parentesco com os povos nativos: "A nação cherokee é o nosso país; lá nascemos e fomos criados; lá estão nossas casas construídas com o suor dos nossos rostos, lá estão nossas esposas e filhos, a quem amamos de todo coração, como se tivéssemos nascido com a pele vermelha em vez de negra". Ecoando esses sentimentos em 1884, os negros integrantes da nação chickasaw declararam: "Como nativos, estamos ligados ao povo entre o qual nascemos e fomos criados".

Incomodados pela solidariedade política e pelos laços de afinidade entre negros e indígenas, as pessoas brancas racistas de então e de hoje trabalham estrategicamente para separar os dois grupos. Uma tática importante tem sido o apagamento histórico e a supressão de documentos e informações que afirmem a profundidade desses laços, e a reescrita perversa da história a partir de um ponto de vista colonizador. Em seu estudo *Fantasies of the Master Race* [Fantasias da raça dominante], Ward Churchill enfatiza:

> Em qualquer situação colonial é dado que o poder colonizador supõe que sua cultura é inerentemente superior à dos colonizados. Portanto, ele se dá o direito [...] de explicar isso a seus súditos, tornando o colonizado ainda mais acomodado à "condição material" de sua dominação pelo senhor colonial, ainda mais submisso à inevitabilidade da exploração material pelo colonizador. Historicamente, a interpretação das culturas indígenas pelos seus conquistadores tem tido esse propósito claro.

Tem sido difícil tanto para afrodescendentes quanto para americanos nativos se recuperar desse processo de colonização e afirmar uma agência total para documentar e interpretar a própria realidade, seu laço mútuo. Identificando esse problema em *Spirit Woman* [Mulher de espírito], Bonita Wa Wa Calachaw lamenta:

> Poucos autores escreveram uma verdadeira reflexão a respeito da Vida do Índio Americano. [...] Eu me tornei cética com muitas das histórias do Homem Branco. Seus relatos históricos do Meu povo foram escritos por homens e mulheres enlouquecidos, cujo ódio os desvirtuou tanto que penso que sofriam de algum tipo de determinismo psíquico.

Embora estudiosos progressistas contemporâneos estejam trabalhando para revelar os fatos a respeito das relações entre afrodescendentes e americanos nativos, para reunir uma extensa documentação, seu trabalho geralmente é apresentado somente como uma correção do passado, e de modo algum busca afirmar um contínuo de afinidade entre afrodescendentes e americanos nativos.

Na verdade, os laços sagrados entre negros e indígenas, laços de sangue e parentesco metafísico, não podem ser documentados somente por evidências factuais que confirmem a extensa interação e a mistura; também são assuntos do coração. Esses laços são melhor abordados por aqueles que não estão apenas interessados na informação fria da história, mas por quem tem a "história escrita nos corações de nossos povos", quem então se apaixonou pela história, não só porque ela oferece fatos, mas porque isso desperta e sustenta conexões, renova e nutre relações atuais. Antes que a história que está em nosso coração possa ser falada, lembrada com paixão e amor, devemos discutir a miríade de formas com as quais a supremacia branca trabalha para impor o esquecimento, criando um estranhamento entre negros e indígenas que, embora diferentes, viviam como Um.

Mesmo os estudos mais progressistas de pessoas brancas sobre o tema dos negros e indígenas geralmente refletem, em maior ou menor grau, um ponto de vista supremacista branco. Essa contradição é evidente em *Black Indians*, de William Katz. Por um lado, ele faz o gesto progressista de revelar a história enterrada dos negros e dos americanos nativos, mesmo que direcione essa obra para um público supostamente branco ou identificado como branco. Em sua introdução a *Black Indians*, Katz começa:

Índios negros? Apenas as palavras já fazem a maioria das pessoas balançar a cabeça em descrença ou rir do que parece ser uma piada, um jogo de palavras. Ninguém se lembra de uma pessoa assim num texto da escola, livro de história ou num romance ocidental. Nunca alguém assim apareceu.

Quem são "a maioria das pessoas" de quem ele está falando? Certamente não são os nativos americanos negros ou afro-americanos com ascendência indígena. Por que essa introdução não inclui nenhuma palavra, nenhum convite de boas-vindas para aqueles que carregam em seu coração-memória a história dos nativos americanos negros, cujos entes queridos contemporâneos são "índios negros", que olham para o espelho diariamente e contemplam a evidência do legado dessa grande conexão? Claramente, esse parágrafo de abertura ilustra como uma sensibilidade supremacista branca (a crença de que tudo o que é branco é superior, mais "civilizado", mais inteligente e destinado a dominar) pode ser compartilhada por pessoas não brancas, aumentando assim o poder destrutivo dos modos de pensar e de ser perpetuados pela ideologia supremacista branca.

Falando principalmente para aquelas pessoas que sempre negaram muitas verdades da história dos Estados Unidos relacionadas à expansão imperialista, ao genocídio cultural e ao racismo, Katz faz parecer que o mais importante é convencer essa audiência de que "índios negros" existiram mesmo. Esse desejo, assim como a recusa de assumir abertamente um ponto de vista contra o racismo, pode explicar por que Katz não examina criticamente o modo como a supremacia branca, na forma em que é imposta pelos brancos a todos os grupos que internalizam o racismo, orquestra estrategicamente essa ignorância.

A supremacia branca nas instituições estabelece estruturas para a disseminação do conhecimento, seja nas escolas fundamentais, nas universidades ou na mídia de massa, por meio das quais todas as conexões entre africanos e indígenas são apagadas e o conhecimento de nossa história compartilhada, suprimido.

Em um contexto diferente, Winona LaDuke, da nação anishinaabe, lembra aos pensadores críticos contemporâneos que devemos "reaprender" formas de pensamento baseadas numa sensibilidade compartilhada. No ensaio "Natural to Synthetic and Back Again" [Do natural ao sintético, e de volta], LaDuke nos relembra de que "estamos nisso juntos, precisamos reconstruir, recriar, e retomar uma compreensão/análise que seja unicamente nossa". Suas palavras soam verdadeiras num contexto em que devemos reconceituar e alterar a forma como a maioria das pessoas pensa a respeito da identidade dos indígenas e de todos os povos negros independentemente de nosso grupo étnico. (Assim como existem indígenas negros, há asiáticos negros etc.) Para os americanos nativos, especialmente aqueles que são negros, e para os afro-americanos, descolonizar nossas mentes, retomar a palavra que é nossa história — conforme nos foi contada por nossos ancestrais, não como foi interpretada pelo colonizador — é um gesto de resistência ao modo como a cultura dominante pensa a história, a identidade e a comunidade.

Antigamente, anciãos negros (mesmo aqueles que não foram criados em comunidades indígenas) recordavam seus laços com a cultura primordial (que agora nós chamamos de nativa americana). Quando falavam a história, identificavam esses laços, chamavam seus ancestrais negros e índios pelo nome. Minha avó me disse que "eles eram o povo da primeira neve". Eu expliquei a ela que na escola aprendemos a chamá-los de índios. Orgulhosa de ter sido tirada da escola porque precisavam de sua força de trabalho para cuidar da terra, ela me disse: "Você vai para a escola para aprender os modos do homem branco — nós temos nosso próprio modo". Eu me lembrei das palavras dela quando li pela primeira vez sobre o redespertar em 1890 do ritual religioso nativo centrado na dança fantasma — a forma como os brancos interpretaram aquelas práticas como sinais de loucura. Wovoka, membro dos Paiute, espalhou a mensagem de que os mortos viriam se fossem convocados por espíritos dançantes, trazendo com eles o búfalo, e tudo o que foi perdido seria recuperado. Quando os Sioux começaram a dançar, em 1890, agentes brancos do governo reagiram com histeria, telegrafando mensagens desesperadas para o encarregado de Assuntos Indígenas: "Os índios estão dançando na neve e estão selvagens e loucos. Informo a vocês que os empregados e a propriedade do governo nesta agência não têm proteção e estão à mercê desses dançarinos". Deve ter sido realmente chocante para os brancos racistas que, depois de passar por um grave ataque genocida, rituais culturais característicos pudessem ser usados para despertar um espírito de resistência em um povo arrasado e devastado. Mesmo quando muito fora perdido, os indígenas, assim como os afro-americanos, se apegaram a visões redentoras que sustentavam a vida.

Para entender totalmente como as relações com os ancestrais são rompidas, como nossas visões são perdidas, é preciso nomear sem vergonha ou medo a maneira como a dominação branca racista e imperialista e sua base ideológica, a supremacia branca, trabalharam estrategicamente para destruir os laços entre africanos, afro-americanos e americanos nativos. Dois momentos históricos, ambos moldados pelo imperialismo branco, afetaram profundamente as relações estabelecidas entre os povos negro e indígena: a realocação forçada dos nativos americanos em campos (reservas) e a posterior migração em massa das pessoas negras das regiões rurais para cidades do norte. Nesses dois casos, os laços com a terra foram, em grande parte, rompidos. Pessoas negras nas cidades, sem cultivar a terra, começaram a perder sua reverência pela natureza. Os costumes rurais do sul, de compartilhar testemunhos orais sobre o passado, perderam espaço. Infelizmente, uma vez que pessoas brancas com frequência ridicularizavam e zombavam de pessoas negras que davam testemunhos orais documentando a ancestralidade indígena, os negros aprenderam a "controlar a língua" em relação a esses assuntos. Quando pessoas negras colonizadas também começaram a sugerir que os negros que afirmavam ter ascendência indígena se auto-odiavam, que queriam negar a negritude, falar do passado se tornou um estigma. Ao mesmo tempo, americanos nativos que internalizaram o racismo também procuravam se dissociar da negritude (o sistema racial de castas por cor que se tornou a norma nas comunidades negras também se estabeleceu em muitas comunidades indígenas, e grupos de pele escura eram vistos como inferiores, feios etc.). Mesmo os índios de pele escura, cujos cabelos eram uma mistura de liso e crespo, como muitos dos Lumbee, não queriam ser vistos como "negros".

As representações dos indígenas na mídia de massa têm sido uma importante força "colonizadora". Em filmes e na televisão, indígenas são retratados de pele clara e cabelo liso e escuro. Essa aparência transmite uma imagem precisa de muitos americanos nativos, mas não é a única. Como todos os outros grupos, existem diversos tons de pele e traços que caracterizam os indígenas. Ninguém fez ainda um trabalho acadêmico extenso a respeito de até que ponto as representações de indígenas foram influenciadas pela percepção branca de como um "índio" deveria se parecer. Ambos, negros e indígenas, foram profundamente afetados pelas representações degradantes que continuam sendo as imagens dominantes apresentadas em filmes e na televisão. Retratados como covardes, canibais, incivilizados, as imagens dos "índios" nas telas espelham as imagens dos africanos. Quando a maioria das pessoas assiste a imagens degradantes de negros e indígenas diariamente na televisão, não pensa sobre o quanto essas imagens nos causam dor e sofrimento.

Durante o auge dos faroestes na televisão dos Estados Unidos, qualquer um que assistisse veria um espetáculo de homens brancos destruindo centenas de indígenas. Nenhum estudo psicanalítico analisou o impacto psicológico nos indivíduos (especialmente nos americanos nativos) que sofreram um holocausto e ataques genocidas para então viver em uma cultura em que o principal meio de comunicação reapresenta essa tragédia para "entretenimento". Entretanto, essa tem sido a situação para os indígenas desde sempre. Quando os faroestes eram exibidos regularmente na televisão, era possível testemunhar diariamente pessoas brancas assassinando nações inteiras. Crianças naturalmente imitavam esse drama genocida e brincavam de caubóis e índios. Mesmo filmes de Hollywood contemporâneos como *Mississippi Masala* (1991), dirigido pela cineasta asiática Mira Nair, reproduzem a fascinação infantil com a narrativa de caubói e índio. No filme, espectadores veem crianças do sul da Ásia que vivem no sul dos Estados Unidos brincando de faroeste.

Quando eu era criança, minha avó me ensinou a me identificar com "o povo da primeira neve" — reconhecer nosso destino compartilhado. Por isso, em minhas fantasias de *cowgirl*, eu sabia que a minha missão nas fronteiras era proteger os índios dos homens brancos inimigos. Entretanto, esse ponto de vista descolonizado tornou impossível que eu assistisse passivamente, sem angústia ou dor, às imagens de indígenas em faroestes. Embora fosse apresentado como uma "alternativa" à tradicional matança de povos indígenas promovida por Hollywood, o filme *Dança com Lobos* (1990) foi doloroso de assistir. Qualquer espectador que reconheça essa matança como uma tragédia em andamento, embora agora assuma formas diferentes, não consegue se entreter com aquelas imagens.

Globalmente, sobreviventes de holocausto (sejam os japoneses vítimas do ataque nuclear, judeus e ciganos nos campos de concentração nazistas, ou africanos escravizados na travessia do Atlântico) consideram difícil, se não completamente impossível, falar dos horrores pelos quais passaram. Enquanto existe um interesse atual pela forma como as crianças judias sobreviventes foram afetadas pela tortura e perseguição de seus ancestrais, houve poucas tentativas de compreender como os horrores da escravidão e do ataque genocida aos americanos nativos afetaram suas crianças sobreviventes. Uma vez que muitos ataques genocidas de viés racial contra esses dois grupos continuam a ser perpetrados de formas menos agressivas do que o massacre propriamente dito, é fácil para todos nesta sociedade agir como se pessoas negras e indígenas não sofressem de um trauma contínuo. Ninguém fala sobre a dor que nossos ancestrais suportaram e carregaram no coração e na psique, moldando nossa visão de mundo contemporânea e nosso comportamento social. Nos Estados Unidos, é raro alguém reconhecer publicamente que afrodescendentes e indígenas são sobreviventes de um holocausto, de uma guerra genocida deflagrada contra pessoas negras e indígenas pelo imperialismo branco racista. Com frequência, é apenas nos domínios da ficção que essa realidade pode ser reconhecida, que o indizível pode ser nomeado. O romance *Amada*, de Toni Morrison, tenta reconhecer o trauma do holocausto da escravidão, a dor que permanece, as feridas e a distorção da psique de suas vítimas, deixando suas marcas no corpo para sempre.

Pesquisadores brancos que escrevem sobre o passado dos indígenas raramente reconhecem a experiência presente de trauma psíquico que aflige os sobreviventes, seus filhos, seus netos. Momentos específicos de realocação forçada, como a Trilha das Lágrimas, são reconhecidos como terríveis, horrendos, e no entanto são vistos como eventos raciais excepcionais. Toda a história dos Estados Unidos, na maneira como foi moldada pelos brancos racistas, tenta apagar os horrores cometidos contra os povos indígenas. Devastados pelo ataque genocida e a invasão, pela colonização branca racista, todas as nações americanas nativas e comunidades sobreviventes sofreram. Quando reconta o passado, o colonizador invariavelmente minimiza esse sofrimento.

A obra de Theodora Kroeber *Ishi: In Two Worlds* [Ishi: em dois mundos] é um exemplo perfeito dessa tendência. Com o subtítulo "uma biografia do último índio selvagem", a capa da primeira edição é ilustrada com uma fotografia de um indígena, o olhar tranquilo, nenhuma emoção em seu rosto, cercado por um fundo branco iluminado, vestindo terno e gravata. A contracapa mostra como Ishi estava quando foi "capturado" pela primeira vez por pessoas brancas. Essa foto foi tirada contra um fundo escuro. Ele é mostrado sem roupas visíveis e com um olhar angustiado. Seus olhos estão quase fechados e seu cabelo, desgrenhado. Esse homem indígena de pele escura foi o único sobrevivente do ataque genocida contra os Yahi na Califórnia. Ao testemunhar a morte trágica de parentes e entes queridos, a presença de Ishi era um lembrete vivo do "mundo antes da chegada do homem branco". O texto visual apresentado na capa do livro de Kroeber não transmite essa tragédia; a história apresentada é o contraste entre o Ishi "civilizado" e o Ishi "selvagem". Quando ele foi aprisionado pela primeira vez depois de vagar por uma cidade branca, foi chamado de "o selvagem de Oroville". Essa capa confirma a conquista e a dominação branca do "selvagem" e de seu povo ainda que lamente — por meio da nostalgia imperialista — tudo o que foi perdido. Embora o livro fale do holocausto, a contracapa anuncia que a obra "combina a atrocidade chocante do extermínio dos Yahi com a comédia melancólica e tocante de Ishi em San Francisco". A tragédia de Ishi é reescrita como um espetáculo para entreter a imaginação branca colonizada.

Embora Kroeber reconheça que o trauma experimentado por Ishi foi debilitante, ela não faz nenhuma conexão entre sua sobrevivência a um holocausto e os medos que o atormentavam em sua nova vida. Tentando descrever a visão de mundo de Ishi, Kroeber escreve:

> Sua solidão não era aquela de temperamento, mas de situação cultural, e desde o início a consciência que ele tinha disso era uma evidência de sua inteligência sofisticada. Ele se sentia tão diferente, tão distinto, que enxergar-se ou ser enxergado pelos outros como "um deles" era impensável. "Eu sou um; vocês são outros; essa é a natureza inevitável das coisas", é uma tradução aproximada do julgamento que ele fazia de si. Era um julgamento duro, que despertava a compaixão de seus amigos, e então o respeito. Ele estava com medo e tímido no começo, mas nunca disperso, e seu medo não paralisou seu pensamento como paralisou seus gestos. Ele encarava as áreas de sua total ignorância, a disparidade entre a cultura yahi e a branca, e o conhecimento de que não poderia começar tão defasado e se inteirar.

Refletindo a mentalidade racista da época, Kroeber nunca reconhece que o mundo de San Francisco habitado por Ishi não era completamente branco — que poderiam existir grupos de pessoas com modos de ser e valores que não pareceriam a Ishi tão estranhos e distantes quanto o mundo branco.

Mantido como "espécime sobrevivente" no museu de antropologia de San Francisco, Ishi não falava de seu passado. Seu silêncio sempre foi interpretado pelos brancos como uma questão cultural (afinal, índios não expressavam seus sentimentos abertamente). Isso nunca foi interpretado como uma reação a um trauma horrível ou a uma supressão psíquica profunda com o objetivo de sobreviver. Se Ishi preservasse as memórias do extermínio da comunidade yahi pelas pessoas brancas, dando testemunhos orais constantemente, poderia se tornar incapaz de viver entre os brancos com boa vontade. Ele nunca se esqueceu de sua história. Simplesmente se recusou a relatá-la. Tal compartilhamento poderia ridicularizar a intensidade de sua dor, poderia torná-lo cúmplice de seus opressores. Pois com quais palavras alguém pode descrever para o colonizador branco como ele devastou sua amada comunidade, as pessoas que lhe eram mais próximas? Ishi escolheu "controlar sua língua" se recusando até mesmo a revelar seu nome yahi. Refletindo a respeito dessa recusa, Kroeber explica: "Ele *nunca* revelou seu nome yahi próprio, secreto. Era como se seu nome tivesse sido queimado na pira funeral junto das pessoas que ele amava". É possível interpretar a omissão de seu nome como um gesto de resistência, pelo qual Ishi manteve separado o mundo de seus ancestrais desse novo mundo que passou a habitar.

A nostalgia imperialista, que expressa a si mesma como um desejo do colonizador pelos modos de vida que ele mesmo destruiu ou alterou, é o que melhor descreve as atitudes dos brancos em relação a Ishi. Em *Culture and Truth* [Cultura e verdade], Renato Rosaldo indica que a nostalgia imperialista "se desenvolve em torno de um paradoxo":

> Uma pessoa mata alguém, então fica de luto pela vítima. De forma mais atenuada, alguém deliberadamente altera um modo de vida, e então se lamenta pelas coisas não permanecerem como eram antes da intervenção. Em outra forma mais distanciada, as pessoas destroem o meio ambiente, e então idolatram a natureza. Em qualquer uma dessas versões, a nostalgia imperialista usa uma postura de "anseio inocente" para capturar a imaginação das pessoas e para dissimular sua cumplicidade com uma dominação frequentemente cruel.

Talvez mais do que em qualquer outro tempo na história dos Estados Unidos, a nostalgia imperialista influencia o pensamento contemporâneo a respeito dos indígenas. Enquanto as pessoas brancas estão mais inclinadas a expressar essa nostalgia, outros grupos, incluindo os afro-americanos, que não têm conhecimento da história e da luta dos nativos americanos, permitem-se romantizações simplistas e nostálgicas. Eles só conhecem o que lhes é mostrado nas representações da mídia de massa.

Antes da migração em massa para o norte urbanizado, antes da integração racial, muito da história afro-estadunidense, especialmente histórias de família (reconhecimento ancestral), era compartilhado por testemunhos orais e histórias contadas pelos anciãos que frequentemente não sabiam ler nem escrever. Esses idosos mantinham vivas as memórias e os laços com as culturas indígenas. Tinham orgulho dessas conexões. Ainda que esse orgulho às vezes fosse evocado para mascarar a vergonha sentida da herança africana, da negritude, essa contradição não altera a realidade de que os dois grupos se misturaram. Morar em Oberlin, Ohio, e dar aulas na universidade onde Wildfire, também conhecida como Edmonia Lewis, estudou, foi uma inspiração para que eu escrevesse este ensaio, uma vez que ela tentou lidar com um ambiente branco hostil que não estava pronto para respeitar totalmente suas ambições artísticas e seu desejo de continuar em contato com o mundo chippewa de sua mãe e o mundo afro-americano de seu pai.

Hoje em dia, poucas pessoas negras falam publicamente sobre a necessidade da solidariedade política entre indígenas e afro-americanos. Em vez disso, os dois grupos geralmente são percebidos pelos brancos, e percebidos por seus próprios integrantes, como se não tivessem interesses comuns ou bases para uma relação de laços culturais compartilhados. Quando eu era criança, minha avó me falava sobre a cultura indígena, me ensinou que havia muita sabedoria a se aprender com o povo indígena. Criada em Kentucky, onde havia comunidades shawnee, cherokee e algumas chickasaw, os mais velhos se lembravam dos tempos em que pessoas negras e indígenas viviam juntas. Minha avó me disse que sua mãe, minha ancestral Bell Blair Hooks, cuja memória mantenho viva usando seu nome como pseudônimo, deixou sua comunidade nativa para se casar com meu bisavô que "parecia com um homem branco, mas era um criolo". Contando histórias de como Bell Hooks misturou seus modos de viver no mundo com as tradições negras, minha avó me falava sobre os espíritos que habitam em todas as coisas vivas e a necessidade de respeitar esses espíritos. Ela falava sobre caçar e plantar, sobre fazer colchas de retalhos, sobre o respeito que devemos aos mortos.

Aprendi desde cedo a não repetir essas histórias, a não voltar para casa com minha cabeça "cheia de bobagens" por medos de que nossas visitas fossem restringidas. Em seu quarto especial havia uma reprodução emoldurada de um homem indígena em seu cavalo no topo de uma montanha, os braços abertos em direção ao céu, a cabeça voltada para cima. Essa imagem transmitia harmonia, uma comunhão com a natureza e o poder que recebemos quando estendemos nossas mãos em súplica. Na imagem, a presença nativa é uma parte da natureza. É uma cena de verdadeira comunhão. Ninguém sabe o que aconteceu com essa imagem quando ela morreu. Hoje, quando pergunto sobre a "verdade" nas palavras dela, ninguém diz nada, ninguém se lembra. Querem esquecer esse passado.

Na lógica do patriarcado racista, machista e supremacista branco, o esquecimento é encorajado. Quando as pessoas não brancas se lembram de si mesmas, se recordam dos diversos modos como nossas culturas e comunidades foram arrasadas pela dominação branca, geralmente ouvimos das pessoas brancas que somos "amargos demais", que somos "cheios de ódio". A memória sustenta um espírito de resistência. Muitas pessoas negras e indígenas vivem num estado de esquecimento, adotando uma mente colonizada para que possam ser melhor assimilados no mundo branco. Em tal estado, cultivar a solidariedade uns com os outros já não é valorizado. A competição pela atenção dos brancos, por reparações comerciais, fez com que alguns indígenas acreditassem que a sua causa é melhor tratada se não estiver ligada às lutas por libertação de outros povos não brancos, especialmente das pessoas negras. Ao mesmo tempo, muitas pessoas negras não se esforçam para entender e apoiar as políticas da luta indígena.

Infelizmente, para os americanos nativos isso significa ser vítimas de um sistema racial de castas de cores dentro da cultura indígena, baseado no racismo internalizado. Pessoas brancas que podem rastrear e documentar ancestrais indígenas podem ser aceitas com mais prontidão do que pessoas negras cuja linhagem é mais direta, que podem ter passado a vida inteira dentro de uma comunidade indígena. Em seu prefácio à edição mais recente de *Black Indians*, Katz conta como aquele título "provocou polêmica entre pessoas com ancestrais africanos que há muito tempo tinham se aceitado como indígenas". Mais uma vez, essa insistência numa "pureza étnica" é uma herança da supremacia branca, a recusa em reconhecer a mistura e o parentesco. Americanos nativos negros que eu conheço geralmente se apressam em negar qualquer conexão com o povo negro porque a negritude ainda é considerada motivo de vergonha. Katz também afirma que a obra "despertou preocupações entre indígenas que ainda estão batalhando contra um governo que tradicionalmente se agarra a qualquer desculpa (como a mistura com africanos) para violar tratados, demarcação de terras e direitos humanos". Katz não identifica esse governo como supremacista branco nem relaciona as proscrições que ele tenta impor aos indígenas como racismo institucional. (Um exemplo da repressão racista em andamento foram os rituais indígenas colocados na ilegalidade, prática particularmente reforçada durante os governos de Ronald Reagan [1981-1989] e George H. W. Bush [1989-1993].) No entanto, o governo dos Estados Unidos põe em funcionamento uma estrutura de barganha que exige que os povos nativos não demonstrem aliança, solidariedade e parentesco com outros não brancos.

Apesar do movimento pelos direitos civis e das mudanças na natureza do apartheid racial nos Estados Unidos, o pensamento supremacista branco continua a influenciar e moldar a forma como a maioria das pessoas pensa a respeito de raça, etnicidade, cor de pele e identidade. Por que tantos críticos responderam com hostilidade e raiva quando *Black Indians* foi publicado pela primeira vez? Qual a participação da cultura coletiva na negação contínua das conexões entre negros e indígenas? Por que as pessoas duvidam que americanos nativos negros existam, que muitos afro-americanos tenham uma ancestralidade semelhante?

Aparentemente, a maioria das pessoas consegue aceitar que "soldados búfalos" negros existiram e lutaram ao lado do governo dos Estado Unidos contra os indígenas, ainda que esses soldados fossem um grupo muito pequeno. Assim como houve indígenas que foram donos de escravos, que foram cúmplices na manutenção do imperialismo branco, os soldados búfalos ajudaram a exterminar diversas comunidades americanas nativas. O fato da canção "Buffalo Soldier", de Bob Marley, alcançar popularidade internacional indica a aceitação pública dessa realidade. A letra de Marley declara: "Se você conhecesse sua história/ você saberia de onde está vindo/ e não teria que me perguntar/ quem diabos eu penso que sou./ Sou apenas um soldado búfalo no coração da América".[18] O que é impensável é que o mesmo povo nativo que concedeu o título "soldado búfalo" para os homens negros que lutaram contra os próprios indígenas possivelmente estava concedendo a seus oponentes negros, devido ao respeito e reverência dos índios pelo búfalo, um reconhecimento e um respeito que não era dado aos inimigos brancos. Isso sugere um senso histórico de solidariedade entre africanos e americanos nativos.

Assim como não deveríamos celebrar indígenas donos de escravos, ainda que possivelmente fossem menos duros do

---

[18]. No original: "If you know your history/ Then you would know where you coming from/ Then you wouldn't have to ask me/ Who the heck do I think I am/ I'm just a Buffalo Soldier/ In the heart of America". [N.T.]

que os senhores brancos, não deveríamos celebrar o soldado búfalo, ainda que reconheçamos as forças que levaram os afro-americanos a participarem das guerras imperialistas brancas de extermínio. Minha reclamação é simplesmente de que esses atos tendem a receber mais atenção do que os gestos de solidariedade entre pessoas negras e indígenas não só porque negam nossas conexões mas também porque justificam implicitamente a dominação branca ao fazer a exploração racista parecer um comportamento humano universal. Quando soldados búfalos negros assassinaram indígenas, eles estavam matando partes deles mesmos. É importante lembrar essa história, pois ela nos recorda de como é fácil o colonizado ser cooptado, chegar a um acordo em favor da própria sobrevivência material, esquecer-se de quem é. As histórias negra e indígena mostram que os momentos em que ambos os grupos agiram em cumplicidade com a dominação branca geralmente são muito mais conhecidos do que qualquer fato registrando solidariedade.

Quando a solidariedade entre negros e indígenas é declarada, quando celebramos a história compartilhada, quase sempre somos questionados para provar que tal conexão existe. Nunca haverá provas suficientes, documentação o bastante, uma vez que muitos dados foram perdidos e nunca será possível recuperá-los. Contudo, a necessidade de "prova" deve ser confrontada. Com frequência são as vozes do preconceito e da discriminação que exigem evidências. O que realmente muda quando a mente racista lê *Black Indians* e encontra documentação de laços entre indígenas e afrodescendentes? O curta metragem de Saundra Sharp *Picking Tribes* [Coletando tribos] (1989) mostra a confusão e a angústia de uma jovem negra que deseja se identificar com suas duas ascendências, indígena e afro-americana. Quando ela diz a um grupo de meninas negras na escola que seus ancestrais também são indígenas, elas pedem que prove. O fardo da prova pesa muito no coração daqueles que não têm documentação escrita, que confiam no testemunho oral passado de geração em geração. Dentro de uma cultura supremacista branca, não ter documentação é não ter uma história legítima. Na cultura do esquecimento, a memória sozinha não significa nada.

Conforme pessoas negras descolonizam suas mentes, deixamos de dar valor somente ao documento escrito. Nós nos devolvemos a memória. Reconhecemos que nossos ancestrais falam conosco em um lugar além da história escrita. Poeticamente evocando a insurreição desses conhecimentos subjugados em seu romance *The Temple of My Familiar* [O templo de meus familiares], Alice Walker usa ficção para criar uma consciência dos laços entre pessoas negras e indígenas. Quando uma personagem negra é questionada sobre por que ama os americanos nativos, ela responde:

> Eles abrem portas dentro de mim. É como se tivessem as chaves. Dos cômodos dentro de mim. Eu encontro uma porta lá dentro e é como se ouvisse um murmúrio atrás dela, então quando chego lá dentro, de alguma forma, com a chave que os antigos me deram, e enquanto tropeço pela escuridão do quarto, começo a sentir uma comoção em mim, o murmúrio do quarto, e meu coração começa a se expandir com um sentimento absoluto de bravura ou amor, ou audácia, ou compromisso. Surge uma luz, e esta luz entra em mim, por osmose, e parte de mim que antes não era clara foi esclarecida.

Walker evoca um processo de recordação que é essencial para a autorrecuperação política de pessoas colonizadas e oprimidas.

A nostalgia de uma parte perdida de nós é inútil caso nos paralise e nos mantenha aprisionados à memória do luto de tal forma que não consigamos nos envolver ativamente na luta. É poderoso permitir que nossos ancestrais vivam entre nós e convidar sua sabedoria a entrar em nós. Somos nutridos pela presença. Essa verdade tem sido passada através de gerações. Dada a grave crise que encaramos na sociedade moderna, precisamos mais do que nunca nos aproximar de recursos opositores. Embora falasse supostamente para pessoas brancas, Chefe Seattle nos convoca a lembrar de nossos ancestrais, a apreciar sua presença e seu poder. Ao concordar com a realocação forçada, ele exige que o direito de visitar os túmulos de seus ancestrais seja respeitado. Compartilhando o conhecimento de que os ancestrais vivem entre nós, fez a seguinte declaração:

> Cada parte deste solo é sagrado na estima do meu povo. Cada colina, cada vale, cada planície e sulco foi consagrado por um acontecimento triste ou feliz em dias que há muito se foram. [...] a própria poeira sobre a qual vocês estão de pé reage mais carinhosamente aos passos deles do que aos seus, porque está cheia do pó de nossos ancestrais, e nossos pés descalços estão conscientes do toque compreensivo. [...] mesmo as crianças pequenas que viveram aqui e se alegraram por algumas estações ainda amam essas solidões sérias, ao mesmo tempo que começam a temer os espíritos que regressam. E quando o último homem vermelho perecer, a memória da minha tribo se tornará um mito entre os homens brancos, estas costas estarão tomadas pelos mortos invisíveis de minha tribo [...] os mortos não são impotentes. Morto — eu digo? Não existe a morte, apenas uma mudança de mundos.

Dentro de mundos em mudança, pessoas negras e indígenas olham mais uma vez para os espíritos de nossos ancestrais, recuperando visões de mundo e visões que sustentam a vida que renovam nosso espírito e restauram em nós o desejo de resistir à dominação. Embora certamente não seja uma obra perfeita, *Black Indians*, como todos os outros estudos que tentam restaurar uma história enterrada, pode ajudar nesse processo. Destacando a necessidade de tal obra em seu prefácio, Katz declara:

> Claramente, a estimativa de 1920 de que um terço dos afro-americanos tem sangue indígena precisa ser refeita. Hoje quase todas as famílias afro-americanas têm um ramo indígena. Enquanto os europeus forçaram sua entrada nos laços sanguíneos africanos, os povos nativos e africanos se misturaram por escolha, convite e amor. Essa profunda diferença não pode ser subestimada — e explica por que famílias que compartilham essa herança birracial sentem tanto conforto e orgulho.

A celebração da história compartilhada entre afro-americanos e americanos nativos apenas terá um impacto duradouro se estiver ligada a esforços para construir e manter uma solidariedade política contínua. Nós afirmamos os laços do passado, os vínculos do presente, quando reaprendemos nossa história e nutrimos a sensibilidade compartilhada que tem sido retida no presente, ligando esses gestos à luta de resistência, a um movimento de libertação que busque erradicar a dominação e transformar a sociedade.

bibliografia selecionada

AIDOO, Christina Ama Ata. *Our Sister Killjoy: Or Reflections from a Black--Eyed Squint*. Nova York: NOK, 1979.

ALI, Shahrazad. *The Blackman's Guide to Understanding the Blackwoman*. Filadélfia: Civilized Publications, 1990.

ARAC, Jonathan (Org.). *Postmodernism and Politics*. Minneapolis: University of Minnesota, 1986.

ARGUETA, Manlio. *One Day of Life*. Nova York: Vintage, 1983.

BALDWIN, James. *The Fire Next Time*. Nova York: Dell, 1988. [Ed. bras.: *Da próxima vez, o fogo: o racismo nos Estados Unidos*. Trad. de Christiano Monteiro Oiticica. Rio de Janeiro: Biblioteca Universal Popular, 1967.]

BALDWIN, James. *No Name in the Street*. Nova York: Dell, 1986.

BALDWIN, James. *Notes of a Native Son*. Boston: Beacon, 1990. [Ed. bras.: *Notas de um filho nativo*. São Paulo: Companhia das Letras, 2020.]

BAMBARA, Toni Cade. *The Salt Eaters*. Nova York: Random House, 1980.

BAMBARA, Toni Cade (Org.). *The Black Woman*. Nova York: New American Library, 1970.

BAUDRILLARD, Jean. *Fatal Strategies*. Nova York: Autonomedia, 1990. [Ed. bras.: *As estratégias fatais*. Rio de Janeiro: Rocco, 1996.]

BEAM, Joseph. "No Cheek to Turn". In: HEMPHILL, Essex (Org.). *Brother to Brother: New Writings by Black Gay Men*. Boston: Alyson, 1991.

BINGHAM, Sallie. *Passion and Prejudice: A Family Memoir*. Nova York: Applause Theatre, 1991.

BROOKS, Peter. *The Melodramatic Imagination: Balzac, Henry James, Melodrama and the Mode of Excess*. Nova York: Columbia University Press, 1984.

BROWN, Cynthia Stokes (Org.). *Ready from Within: Septima Clark and the Civil Rights Movement*. Navarro: Wild Trees, 1986.

BURCHILL, Julie. *Girls on Film*. Nova York: Pantheon, 1986.

BUTLER, Johnella. "Difficult Dialogues". *Women's Review of Books*, Wellesley: Old City, v. 6, n. 5, p. 16, fev. 1989.

CAREW, Jan. "The Caribbean Writer and Exile". *Komparatistische Hefte*, Bayreuth: Lorenz Ellwanger, v. 9, n. 10, pp. 23-39, 1984.

CARTER, Angela. *The Sadeian Woman*. Nova York: Pantheon, 1988.

CHISHOLM, Shirley. *Unbought and Unbossed*. Nova York: Avon, 1970.

CHURCHIL, Ward. *Fantasies of the Master Race*. Monroe: Common Courage, 1992.

CLÉMENT, Catherine. *Opera, or the Undoing of Women*. Minneapolis: University of Minnesota Press, 1988. [Ed. bras.: *A ópera ou a derrota das mulheres*. Rio de Janeiro: Rocco, 1993.]

CLIFF, Michelle. *No Telephone to Heaven*. Nova York: Dutton 1988.

CLIFF, Michelle. "Women Warriors: Black Women Writers Load the Cannon". *Voice Literary Supplement*, Nova York: Village Voice Media, pp. 20-22, mai. 1990.

CLIFFORD, James. "Notes on Travel and Theory". *Traveling Theorist's Inscriptions*, Santa Cruz, CA: University of California Santa Cruz, v. 5, n. 5.29, p. 11, 1989.

CLIFFORD, James. *The Predicament of Culture*. Cambridge, MA: Harvard University Press, 1988.

COCKS, Joan. *The Oppositional Imagination*. Nova York: Routledge, 1989.

CONE, James. *A Black Theology of Liberation*. Nova York: Orbis, 1990.

CONE, James. *My Soul Looks Back*. Nova York: Orbis, 1986.

CROUCH, Stanley. *Notes of a Hanging Judge*. Nova York: Oxford University Press, 1990.

DAVIS, Angela. *Angela Davis: An Autobiography*. Nova York: Random House, 1974. [Ed. bras.: *Uma autobiografia*. São Paulo: Boitempo, 2019.]

DE LAURENTIS, Teresa. *Technologies of Gender: Essays on Theory, Film and Fiction*. Bloomington: Indiana University Press, 1987.

DELANEY, Martin. *The Condition, Elevation, Immigration and Destiny of the Colored People of the United States, Politically Considered*. New Hampshire: Ayer, 1968.

DIAWARA, Martin. "Black British Cinema: Spectatorship and Identity Formation in Territories". *Public Culture*, Durham: Duke University Press, v. 3, n. 1, p. 33-48, jan. 1990.

DIAWARA, Martin. "Black Spectatorship: Problems of Identification and resistance". *Screen*, Oxford: Oxford University Press, v. 29, n. 4, pp. 66-79, out. 1988.

DOANE, Mary Ann. "Remembering Women: Psychical and Historical Constructions in Film Theory". In: KAPLAN, E. Ann (Org.). *Psichoanalysis and Cinema*. Londres: Routledge, 1990.

DOANE, Mary Ann. "Womans Stake: Filming the Female Body". In: PENLEY, Constance (Org.). *Feminism and Film Theory*, Nova York: Routledge, 1988.

DOUGLASS, Frederick. *Narrative of the Life of Frederick Douglass*. Org. de Benjamin Quarles. Cambridge, MA: Belknap, 1969. [Ed. bras.: *Narrativa da vida de Frederick Douglass*. São Paulo: Companhia das Letras, 2021.]

EHRENREICH, Barbara. *The Hearts of Men: African Dreams and the Flight from Commitment*. Nova York: Doubleday, 1984.

EISENSTEIN, Zillah. *The Female Body and the Law*. Berkeley: University of California Press, 1988.

EWEN, Stuart. *All Consuming Images: The Politics of Style in Contemporary Culture*. Nova York: Basic, 1990.

EWEN, Stuart; EWEN, Elizabeth. *Channels of Desire: Mass Images and the Shaping of American Consciousness*. Nova York: McGraw Hill, 1982.

FANON, Franz. *Black Skin, White Masks*. Nova York: Monthly Review, 1967. [Ed. bras.: *Pele negra, máscaras brancas*. Salvador: EDUFBA, 2008.]

FAURSHOU, Gail. "Fashion and the Cultural Logic of Postmodernity". In: KROKER, Arthur; KROKER, Marilouise (Orgs.). *Body Invaders: Panic Sex in America*. Montréal: New World Perspectives, 1988.

FORBES, Jack. *Black Africans and Native Americans*. Cambridge, MA: Blackwell, 1980.

FOSTER, Hal. *Recoding: Art, Spectacle, Cultural Politics*. Seattle: Bay, 1985.
FOUCAULT, Michel. *Language, Counter-memory, Practice: Selected Essays and Interviews*. Org. de Donald F. Bouchard, trad. de Donald F. Bouchard e Sherry Simon. Ithaca: Cornell University Press, 1977.
FOUCAULT, Michel. *Power/Knowledge: Selected Interviews and Other Writings*. Org. de Colin Gordon, trad. de Colin Gordon et al. Nova York: Pantheon, 1980.
FRIEDBERG, Anne. "A Denial of Difference: Theories of Cinematic Identification". In: KAPLAN, E. Ann (Org.). *Psychoanalysis and Cinema*. Londres: Routledge, 1990.
FRYE, Marilyn. "The Problem that Has No Name". In: FRYE, Marilyn. *Politics of Reality: Essays in Feminist Theory*. Trumansburg: The Crossing, 1983.
FUSS, Diana. *Essentially Speaking: Feminism, Nature and Difference*. Nova York: Routlegde, 1989.
GALLOP, Jane. *Thinking Through the Body*. Nova York: Columbia University Press, 1990.
GAMMAN, Lorraine; MARSHMENT, Margaret. *Female Gaze: Women as Viewers of Popular Culture*. Seattle: Real Comet, 1989.
GARCÍA MARQUEZ, Gabriel. *Fragrance of Guava*. Trad. de Ann Wright. Londres: Verso, 1983. [Ed. bras.: *Cheiro de goiaba: Conversas com Plinio Apuleyo Mendoza*. Rio de Janeiro: Record, 1983.]
GILMAN, Sander L. "Black Bodies, White Bodies: Toward an Iconography of Female Sexuality in Late Nineteenth-Century Art, Medicine, and Literature". *Critical Inquiry*, Chicago: The University of Chicago Press, v. 12, n. 1, pp. 204-242, outono 1985.
GIOVANNI, Nikki. "Woman Poem". In: BAMBARA, Toni Cade. *The Black Woman*. Nova York: New American Library, 1970.
GUTIERREZ, Gustavo. *On Job: God Talk & The Suffering of the Innocent*. Trad. de Matthew J. O'Connell. Nona York: Orbis, 1987.
HALSELL, Grace. *Soul Sister*. Connecticut: Fawcett, 1969.
HANSBERRY, Lorraine. *Les Blancs: The Collected Last Plays of Lorraine Hansberry*. Org. de Robert Nemiroff. Nova York: Signet, 1970.
HARAWAY, Donna. "A manifesto for Cyborgs". In: NICHOLSON, Linda J. (Org.). *Feminism/Postmodernism*. Nova York: Routledge, 1990. [Ed. bras.: "Manifesto ciborgue: Ciência, tecnologia e feminismo-

socialista no final do século XX. In: HARAWAY, Donna; KUNZRU, Hari; TADEU, Tomaz. *Antropologia do ciborgue: As vertigens do pós-humano*. Belo Horizonte: Autêntica, 2009.]

HARAWAY, Donna. *Primate Visions*. Nova York: Routledge, 1989.

HARDING, Vincent. *Hope and History: Why We Must Share the Story of the Movement*. Maryknoll,: Orbis, 1987.

HOCH, Paul. *White Hero, Black Beast: Racism, Sexism and the Mask of Masculinity*. Londres: Pluto, 1979.

HOOKS, bell. *Ain't I a Woman: Black Women and Feminism*. Boston: South End, 1981. [Ed. bras.: *E eu não sou uma mulher? Mulheres negras e feminismo*. Rio de Janeiro: Rosa dos Tempos, 2019.]

HOOKS, bell. *Feminist Theory: From Margin to Center*. Boston: South End, 1984. [Ed. bras.: *Teoria feminista: da margem ao centro*. São Paulo: Perspectiva, 2019.]

HOOKS, bell. *Talking Back: Thinking Feminist, Thinking Black*. Boston: South End, 1989. [Ed. bras.: *Erguer a voz: pensar como feminista, pensar como negra*. São Paulo: Elefante, 2019.]

HOOKS, bell. *Yearning: Race, Gender, and Cultural Politics*. Boston: South End, 1990. [Ed. bras.: *Anseios: raça, gênero e políticas culturais*. São Paulo: Elefante, 2019.]

HOOKS, bell; WEST, Cornel. *Breaking Bread: Insurgent Black Intellectual Life*. Boston: South End, 1991.

JACKSON, George. *Blood in My Eye*. Baltimore: Black Classic, 1990.

JACKSON, George. *Soledad Brother: The Prison letters of George Jackson*. Nova York: Bantam, 1970.

JACOBS, Harriet. *Incidents in the life of a Slave Girl*. Nova York: Harcourt Brace Jovanovich, 1973.

JIMENEZ, Marilyn. "The Changeling: Race, Sex and Property". Não publicado.

KAPLAN, E. Ann (Org.). *Psychoanalysis and Cinema*. Nova York: Routledge, 1989.

KATZ, William. *Black Indians*. Nova York: Macmillan Children's, 1986.

KEEN, Sam. *The Passionate Life*. San Francisco: Harper 1983.

KROEBER, Theodora. *Ishi in Two Worlds: A Biography of the Last Wild Indian in North America*. Berkeley: University of California Press, 1961.

KUHN, Annette. *Power of the Image: Essays on Representation and Sexuality*. New York: Routledge, 1985.

LADUKE, Winona. "Natural to Synthetic and Back Again". In: CHURCHILL, Ward. *Marxism and Native Americans*. Boston: South End, 1983.

LARSEN, Nella. *Quicksand and Passing*. New Brunswick: Rutgers University Press, 1989.

LEWIS, Victor. "Healing the Heart of Justice". *Creation Spirituality*, mar./abr. 1991.

LORDE, Audre. *Sister Outsider*. Traumansburg, Nova York: Crossing Press, 1984. [Ed. bras.: *Irmã outsider*. Belo Horizonte: Autêntica, no prelo.]

MADHUBUTI, Haki R. *Black Men: Obsolete, Single, Dangerous? Afrikan American Families in Transition: Essays in Discovery, Solution and Hope*. Chicago: Third World, 1990.

MAJORS, Richard; BILSON, Janet Mancini. *Cool Pose: The Dilemmas of Black Manhood in America*. Nova York: MacMillan, 1991.

MARCUS, Greil. *Lispstick Traces*. Cambridge: Harvard University Press, 1989.

MARSHALL, Paule. *Praisesong for the Widow*. Nova York: Dutton, 1984.

MEHREZ, Samia. *The Bounds of Race*. Ithaca: Cornel University Press, 1991.

MENCHU, Rigoberta. *I, Rigoberta Menchu: An Indian Woman in Guatemala*. Nova York: Routledge, Chapman and Hall, 1985.

MICHEAUX, Oscar. *Philadelphia Afro-American*, 24. jan. 1925.

MINH-HA, Trinh. "Outside In, Inside Out". In: PINES, Jim (Org.). *Questions of Third World Cinema*. Londres: British Film Institute, 1989.

MORRISON, Toni. *Beloved*. Nova York: Knopf, 1987. [Ed. bras.: *Amada*. Trad. de José Rubens Siqueira. São Paulo: Companhia das Letras, 2007.]

MORRISON, Toni. *The Bluest Eye*. Nova York: Holt, Rinehart and Winston, 1970. [Ed. bras.: *O olho mais azul*. Trad. de Manoel Paulo Ferreira. São Paulo: Companhia das Letras, 2003.]

MORRISON, Toni. *Sula*. Nova York: Knopf, 1973. [Ed. bras.: *Sula*. São Paulo: Companhia das Letras, 2021.]

MULVEY, Laura. *Feminism and Film Theory*. Nova York: Routlegde, 1988.

MULVEY, Laura. *Visual and Other Pleasures*. Bloomington: Indiana University Press, 1989.

NAYLOR, Gloria. *Mama Day*. Nova York: Ticknor and Fields, 1988.

O'NEALE, Sondra. "Inhibiting Midwives, Usurping Creators: The Struggling of Black Women in American Fiction". In: DE LAURETIS, Teresa (Org.). *Feminist Studies/Critical Studies*. Bloomington: Indiana University Press, 1986.

PENLEY, Constance. *Feminism and Film Theory*. Nova York: Routledge, 1988.

PENLEY, Constance. *The Future of an Illusion*. Minneapolis: University of Minessota Press, 1989.

PODHORETZ, Norman. "My Negro Problem and Ours". *Commentary*. Nova York: The American Jewish Committee, pp. 93-101, fev. 1963.

RADFORD-HILL, Sheila. "Considering Feminism as a Model for Social Chance". In: DE LAURETIS, Teresa (Org.). *Feminist Studies/Critical Studies*. Bloomington: Indiana University Press, 1986.

RORTY, Richard. *Contingency, Irony, and Solidarity*. Nova York: Cambridge University Press, 1989.

ROSALDO, Renato. *Culture & Truth: The Remaking of Social Analysis*. Boston: Beacon, 1989.

ROSE, Phillis. *Jazz Cleopatra: Josephine Baker in Her Time*. Nova York: Harper Collins, 1989. [Ed. bras.: *A Cleópatra do Jazz: Josephine Baker e seu tempo*. São Paulo: Rocco, 1990.]

ROSS, Andrew. *No respect: Intellectuals and Popular Culture*. Nova York: Routledge, 1989.

SAADAWI, Nawal El. *Women at Point Zero*. Nova Jersey: Humanities, 1983.

SAID, Edward. "Traveling Theory". *Raritan*, New Jersey: Rutgers University, v. 1, n. 3, pp. 41-67, inverno 1982.

SCOTT, James. *Domination and the Arts of Resistance*. New Haven: Yale University Press, 1990.

SHANGE, Ntozake. *For Colored Girls Who Have Considered Suicide When the Rainbow is Enuf*. San Lorenzo: Shameless Hussy, 1975.

SPIVAK, Gayatri. *In Others Worlds: Essays in Cultural Politics*. Nova York: Methuen, 1987.

SPIVAK, Gayatri. *The Post-Colonial Critic: Interviews, Strategies, Dialogues*. Nova York: Routledge, 1990.

STAPLES, Brent. "White Girl Problem". *New York Woman*, Nova York: Esquire Magazine Group, mar. 1989.

STEELE, Shelby. *The Content of Our Character: A New Vision of Race in America*. Nova York: Harper Perennial, 1991.
TAUSSIG, Michael T. *Shamanism, Colonialism and the Wild Man: A Study in Terror and Healing*. Chicago: University of Chicago Press, 1986. [Ed. bras.: *Xamanismo, colonialismo e o homem selvagem: Um estudo sobre o terror e a cura*. Rio de Janeiro: Paz e Terra, 1993.]
THIONG'O, Ngugi Wa. *Decolonising the Mind*. Londres: Heinemann, 1986.
TORGOVNICK, Marianna. *Gone Primitive: Savage Intellects, Modern Lives*. Chicago: University of Chicago Press, 1990.
TURNER, Tina. *I, Tina: My Life Story*. New York: Avon, 1987. [Ed. bras.: *Eu, Tina: A história de minha vida*. Rio de Janeiro: Rocco, 1993.]
VAN SERTIMA, Ivan. *They Came Before Columbus*. Nova York: Random House, 1987.
WALKER, Alice. *The Color Purple*. New York: Washington Square Press, 1982. [Ed. bras.: *A cor púrpura*. Rio de Janeiro: José Olympio, 2009.]
WALKER, Alice. *Meridian*. San Diego: Harcourt Brace Jovanovich, 1989. [Ed. bras.: *Meridian*. Rio de Janeiro: José Olympio, 2022.]
WALKER, Alice. *The Temple of My Familiar*. San Diego: Harcourt Brace Jovanovich, 1989.
WALKER, Alice. *The Third Life of Grange Copeland*. Nova York: Harcourt Brace Jovanovich, 1970. [Ed. bras.: *A terceira vida de Grange Copeland*. Rio de Janeiro: José Olympio, 2021.]
WALLACE, Michelle. *Black Macho and the Myth of the Superwoman*. Nova York: Dial, 1970.
WARE, Vron. *Beyond the Pale: White Women, Racism, and History*. Londres: Verso, 1992.
WHITE, E. Frances. "Africa on My Mind: Gender, Counter Discourse and African-American Nationalism". *Journal of Women's History*, Baltimore: Johns Hopkins University Press, v. 2, n. 1, pp. 73-97, primavera 1990.
WHITE, Evelyn C. (Org.). *The Black Women's Health Book: Speaking for Ourselves*. Seattle, Washington: Seal Press, 1990.
WRIGHT, Richard. *Native Son*. Nova York: Harper Collins, 1969. [Ed. bras.: *Filho nativo*. Trad. de Jusmar Gomes. São Paulo: Best Seller, 1987.]

Foto: Shea Carmen Swan / New School News

bell hooks nasceu em 1952, em Hopkinsville, então uma pequena cidade segregada do Kentucky, no Sul dos Estados Unidos, e morreu em 2021, em Berea, também no Kentucky, aos 69 anos, depois de uma prolífica carreira como professora, escritora e intelectual pública. Batizada como Gloria Jean Watkins, adotou o pseudônimo pelo qual ficou conhecida em homenagem à bisavó, Bell Blair Hooks, "uma mulher de língua afiada, que falava o que vinha à cabeça, que não tinha medo de erguer a voz". Como estudante, passou pelas universidades de Stanford, Wisconsin e da Califórnia, e lecionou nas universidades Yale, do Sul da Califórnia, no Oberlin College e na New School, entre outras. Em 2014, fundou o bell hooks Institute. É autora de mais de trinta obras sobre questões de raça, gênero e classe, educação, crítica cultural e amor, além de poesia e livros infantis, das quais a Elefante já publicou *Erguer a voz* e *Anseios*, em 2019; *Ensinando pensamento crítico*, em 2020; *Tudo sobre o amor* e *Ensinando comunidade*, em 2021; *A gente é da hora*, *Escrever além da raça* e *Pertencimento*, em 2022.

© Editora Elefante, 2019
© Gloria Watkins, 2019

Primeira edição, fevereiro de 2019
Quinta reimpressão, maio de 2023
São Paulo, Brasil

Título original:
Black Looks: Race and Representation, bell hooks
© All rights reserved, 2014
Authorized translation from the English language edition published by Routlegde, a member of the Taylor & Francis Group LLC.

Dados Internacionais de Catalogação na Publicação (CIP)
Angélica Ilacqua CRB-8/7057

---

hooks, bell
  Olhares negros: raça e representação / bell hooks; tradução de Stephanie Borges. São Paulo: Elefante, 2019.
  352 p.

  ISBN 978-85-93115-21-9
  Título original: Black Looks: Race and Representation

  1. Negras 2. Negras — Condições sociais 3. Racismo — Estados Unidos 4. Mulheres — Relações raciais I. Título II. Borges, Stephanie

19-0101   CDD 305.48896073

Índices para catálogo sistemático:
1. Negras - Relações sociais

---

elefante
editoraelefante.com.br   Aline Tieme [vendas]
contato@editoraelefante.com.br Katlen Rodrigues [mídia]
fb.com/editoraelefante   Leandro Melito [redes]
@editoraelefante   Samanta Marinho [financeiro]

fontes H.H. Samuel e Calluna
papéis Cartão 250 g/m² & Pólen natural 70 g/m²
impressão BMF Gráfica